ABITUR

Prüfungsaufgaben
mit Lösungen

2014

Englisch

Leistungskurs
Gymnasium
Sachsen

2007–2013

STARK

ISBN 978-3-8490-0657-0

19. ergänzte Auflage
www.stark-verlag.de

Inhalt

Fortsetzung siehe nächste Seite

Abiturprüfungsaufgaben

Jeweils im Herbst erscheinen die neuen Ausgaben
der Abiturprüfungsaufgaben mit Lösungen.

Autoren

Jacob, Rainer:	Operatorenliste
Klimmt, Robert:	Lösungen zu den Abiturprüfungsaufgaben
Redaktion:	Kurzgrammatik
Schmidt, Dr. Michael R.:	Literary Terms

Allgemeine Hinweise

Die Schüler in Sachsen schreiben ein Zentralabitur, d. h., die schriftlichen Aufgaben werden, für alle Schüler gleich, vom Kultusministerium erstellt. Ab 2014 nimmt Sachsen am länderübergreifenden Abitur teil. Das bedeutet, dass die Bundesländer Sachsen, Bayern, Hamburg, Mecklenburg-Vorpommern, Niedersachsen, und (ab 2015) Schleswig-Holstein eine gemeinsame Sprachmittlungsaufgabe stellen. Das schriftliche Abitur im Leistungskurs Englisch beinhaltet neben der schriftlichen Prüfung, die 270 Minuten dauert, auch einen praktischen Prüfungsteil von ca. 20 Minuten.

Schriftliche Abiturprüfung
Die zu bearbeitende Textvorlage umfasst etwa 750 bis ca. 900 Wörter. Es können Ihnen literarische, aber auch komplexe Sachtexte vorgelegt werden.

Im Prüfungsteil B sollen Sie eine Sprachmittlungsaufgabe (Mediation) bearbeiten. Der Ausgangstext hat in etwa die Länge von 600 Wörtern. In Ihrer Lösung sollen Sie diesen auf ca. 250 Wörter kürzen.

Als Hilfsmittel sind ein- und zweisprachige Wörterbücher sowie ein Nachschlagewerk der deutschen Rechtschreibung zugelassen.

Praktischer Prüfungsteil
Der praktische Teil wird als Partnergespräch zwischen zwei Prüfungsteilnehmern gestaltet. Die Prüflinge haben keinen Einfluss auf die Auswahl des Partners. Es gibt keine Vorbereitungszeit. Hilfsmittel sind nicht erlaubt.

Bewertungsmaßstab

Teil A	
Textproduktion	
– Textverständnis *(comprehension)*	10 BE
– Stellungnahme *(comment* o. Ä., auch *creative writing)*	10 BE
Sprachliche Leistung	
– Sprachliche Korrektheit	20 BE
– Ausdrucksvermögen	10 BE
Teil B	
– Mediation	20 BE
Praktischer Prüfungsteil	20 BE
gesamt	90 BE

Kriterien für die Bewertung sind

Inhalt
- vollständiges Erfassen und Lösen der Aufgabe
- sachlich richtige, klar dargestellte Aussagen ohne unnötige Abschweifungen und Wiederholungen
- themenbezogene Einbeziehung von Kenntnissen aus der Landeskunde sowie Fachtermini

Sprachliche Korrektheit
Sprachrichtigkeit und Ausdrucksvermögen werden ganzheitlich, mit Hilfe einer Bewertungsmatrix bewertet.

Ausdrucksvermögen
Hier wird bewertet, wie reichhaltig, treffsicher, logisch und selbstständig der Prüfling sprachliche Mittel einsetzt. Die Bereiche Lexik, Syntax und Textgestaltung sind dabei die wichtigsten Kategorien.

Sollten nach Erscheinen dieses Bandes noch wichtige Änderungen in der Abitur-Prüfung 2014 vom Kultusministerium bekannt gegeben werden, finden Sie aktuelle Informationen dazu im Internet unter:
www.stark-verlag.de/info.asp?zentrale-pruefung-aktuell

Stichwortverzeichnis

Points of Interest

Hinweise und Tipps

1 Anforderungsebenen und ausgewählte Operatoren (Schlüsselwörter)

Die folgenden Erläuterungen zu einzelnen Arbeitsanweisungen sollen Ihnen einen Einblick vermitteln, wie die Aufgabenstellung zu verstehen ist und welche Leistung von Ihnen erwartet wird. Ganz genau und endgültig kann dies jedoch nicht festgelegt werden, da es immer darauf ankommt, in welchem Kontext eine Arbeitsanweisung gestellt wird. Mit ein und demselben Operator lassen sich unterschiedlich komplexe Aufgaben formulieren. Sie müssen also die Aufgabe genau lesen.
Rückschlüsse auf den Umfang Ihrer Lösung können Sie ziehen, wenn Sie sich die Formulierung der Aufgabe noch einmal klar machen. Bei einer globalen Arbeitsanweisung *(Analyse the poem …)* müssen Sie selbstverständlich weiter ausholen, als wenn Sie z. B. aufgefordert werden, einen bestimmten Begriff zu definieren.

1. **analyse:** Beschreiben und erklären Sie etwas genau, indem Sie die Grundbestandteile, nämlich Inhalt und Form, untersuchen, und dann ihre Funktion klären. Sie untersuchen also, *was* ein Autor sagt (Inhalt), *wie* er es sagt (Form) und *warum* er es so sagt (Funktion). Das Verständnis des Ganzen soll durch die Zergliederung in seine Einzelteile ermöglicht werden.

   Beispiel: *Analyse the opening paragraph.*

   Wenn Sie einen Textanfang analysieren sollen, müssen Sie beschreiben, wovon die Passage handelt, wie der Autor sie gestaltet hat und warum.
   Dem Beginn eines Textes kommt immer eine besondere Bedeutung zu. Die wichtigsten Funktionen sind die Hinführung zum Thema bzw. zur Geschichte und die Motivation des Lesers, d. h. diesen anzuregen, weiter zu lesen.
   - Sachtext: Journalisten versuchen häufig die Aufmerksamkeit des Lesers zu gewinnen, indem sie ihren Text wie eine Geschichte aufbauen: *"President Bush sat in his office when the phone rang and the director of the CIA …"* Ein Sachtext kann auch mit der Erwähnung eines aktuellen Ereignisses oder der Klärung eines zentralen Begriffes einsetzen: *"When scientists talk of biodegradable products they mean …"*
   - Literarischer Text: Der Anfang eines Romans oder einer Kurzgeschichte kann ebenfalls dazu dienen, den Leser zum Weiterlesen einzuladen: *"I once saw a bloke try to kill himself"* (Alan Sillitoe, „On Saturday Afternoon"). Hier wird im ersten Satz der Kurzgeschichte auch die Erzählperspektive *(point of view)* festgelegt: Ich-Erzählung *(first-person narration)*.
     Einem Autor kann es auch darum gehen, am Beginn den Schauplatz der Handlung darzustellen, eine Person einzuführen oder eine bestimmte Atmosphäre zu schaffen. Letztere Funktion ist eng mit der sprachlichen Gestaltung verbunden. Schauen Sie sich die Wortwahl genau an (im Besonderen die Adjektive).

2. **characterise:** Beschreiben und analysieren Sie eine Person.

   Beispiel: *Characterise the protagonist of the story.*

   Wenn man eine Figur charakterisiert, beginnt man zunächst mit der Beschreibung des Äußeren, d. h. mit Gestalt, Kleidung, Alter, Familienstand, Herkunft, sozialer Stellung etc. Untersuchen Sie dann, ob der Protagonist vom Autor oder von anderen Personen bzw. aus deren Sicht beschrieben wird (direkte Charakterisierung) oder ob seine Eigenschaften durch sein Verhalten anderen gegenüber gezeigt werden (indirekte Charakterisierung).

3. **classify/categorise:** Gruppieren Sie Personen oder Dinge nach gemeinsamen Merkmalen.

   Beispiel: *Classify the various forms of pollution the author mentions in his article.*

   Hier werden Ihr Verständnis des Inhalts und Ihr Abstraktionsvermögen geprüft. Sie müssen zunächst gemeinsame Merkmale finden und dann das, was Sie gefunden haben, strukturieren, d. h. Gemeinsames zueinander stellen. Im obigen Beispiel könnten das die Bereiche der Umweltverschmutzung sein, die der Verfasser angesprochen hat: *air pollution, water pollution, noise pollution.*

4. **comment:** Äußern Sie eine begründete persönliche Meinung zu einem bestimmten Thema, Problem oder Standpunkt.

   Beispiel: *Comment on the government's assessment of the economic crisis.*

   Erwartet wird Ihre persönliche Meinung, ob die Regierung die Wirtschaftskrise richtig oder falsch eingeschätzt hat. Voraussetzung für eine gute Lösung sind Sachkenntnis, die meist aus dem vorliegenden Text gewonnen werden kann, und die Fähigkeit, eine Meinung überzeugend zu vertreten. Es geht weniger darum, das Problem noch einmal von mehreren Seiten zu beleuchten – das wäre eine Erörterung. Stattdessen sollen Sie zeigen, dass Sie argumentieren können. Halten Sie in einem Einleitungssatz noch einmal kurz das Thema/Problem fest und leiten Sie dann zu Ihrer Meinung über. Folgen Sie dem dreistufigen Aufbau einer guten Argumentation:
   - Behauptung/These *(In my view the government's way of dealing with the crisis is rather weak/ineffective/convincing …)*
   - Begründung *(because …)*
   - Beleg/Beispiel *(As we can see from …)*

   Schließen Sie Ihre Beweisführung mit einer Schlussfolgerung, einem Fazit, ab: *Therefore I would say/think … As a result … Consequently …*
   Eine gute Note ist nicht davon abhängig, ob Sie – in diesem Beispiel – das Vorgehen der Regierung positiv oder negativ werten, oder ob Sie – in einem anderen Fall – für oder gegen eine Maßnahme sind. Sie lösen die Aufgabe gut, wenn Ihre Argumentationskette inhaltlich und sprachlich überzeugt.

5. **compare:** Stellen Sie Ähnlichkeiten und Unterschiede zwischen zwei oder mehreren Dingen dar und ziehen Sie Schlüsse daraus.

   Beispiel: *Compare the British and the German forms of government.*

   Auch in dieser Aufgabe geht es um Ihre Sachkenntnis und Ihr Inhaltsverständnis. Sie müssen die typischen Merkmale der beiden Regierungssysteme herausarbeiten und dann Gemeinsamkeiten und Unterschiede aufzeigen. Anschließend sollen Sie eine Schlussfolgerung ziehen. Hier könnten Sie eine Gemeinsamkeit z. B. im Bereich der Legislative in beiden Ländern ausmachen. Beide besitzen das Zwei-Kammer-System *(two-chamber-system).* In Großbritannien werden die Gesetze durch das *House of*

Commons und das *House of Lords* verabschiedet, in Deutschland sind dafür Bundestag und Bundesrat zuständig. Unterschiede könnten Sie bei der Exekutive herausarbeiten, indem Sie z. B. die Stellung des britischen Premierministers *(British Prime Minister)* mit der des deutschen Bundeskanzlers *(German Chancellor)* vergleichen. Eine Schlussfolgerung könnte sein: Die Position des Prime Ministers ist stärker als die des deutschen Kanzlers. Er kann relativ unabhängig vom Parlament agieren, d. h., er verfügt immer über eine klare Mehrheit.

6. **contrast:** Stellen Sie Informationen, Sachverhalte, Argumente, Urteile etc. einander beschreibend gegenüber.

   Beispiel: *Contrast the attitudes of different EU member states towards the Euro.*

   Hier handelt es sich um eine Aufgabenstellung, die eine ähnliche Vorgehensweise wie beim Operator *compare* verlangt. Sie sollen sich jedoch auf die Unterschiede konzentrieren. Dazu müssen Sie in unserem Beispiel wissen bzw. dem Text entnehmen, welche Auffassungen die einzelnen EU-Länder in Bezug auf die Euro-Währung haben. Dann sollen Sie auffällige Unterschiede in den Vorstellungen der einzelnen Regierungen aufzeigen. Die Aufgabenstellung wird sich in der Regel nur auf Themenbereiche beziehen, bei denen Sie klare Unterschiede herausarbeiten können.

7. **criticise:** Drücken Sie Ihre Missbilligung eines Verhaltens oder einer Einstellung einer Person gegenüber aus oder beurteilen Sie die Vor- oder Nachteile des Verhaltens, einer Entscheidung usw.

   Beispiel: *Criticise the government's decision to do away with military service.*

   Mit dieser Anweisung werden Sie aufgefordert, zu einem Sachverhalt Stellung zu nehmen. Anders als bei einer Erörterung (siehe Arbeitsanweisung *discuss*) sind Sie nicht der neutrale Betrachter, der abwägt, sondern der Kritiker, der seine Meinung zum Ausdruck bringt. Bei den einzelnen Argumenten gehen Sie wie bei der Erörterung vor: Sie stellen Ihre persönliche These auf, die Sie durch eine sinnvolle Begründung und ein anschauliches Beispiel belegen. Es ist oft ratsam, auch auf gegnerische Argumente einzugehen, d. h., an sie anzuknüpfen, um dann eine abweichende Auffassung vorzubringen und die Argumente des Gegners als irrig darzustellen.

   Beispiel: *Criticise the National Theatre's production of "Macbeth".*

   Eine sehr anspruchsvolle Aufgabe im Bereich der literarischen Wertung. Ausgehend von einer intensiven Sachkenntnis geben Sie ein Werturteil, in diesem Fall über die Aufführung eines Theaterstücks, ab. Begründete Kritik ist immer berechtigt, sie hat nichts mit Besserwisserei zu tun, denn frei nach G. E. Lessing gilt: „Wer etwas kritisiert, muss es nicht unbedingt besser können."

8. **define:** Erklären Sie die Bedeutung eines Ausdrucks oder Begriffs klar und prägnant.

   Beispiel: *Define what is meant by the term "ecology".*

   Dies ist eine Aufgabenstellung zur Überprüfung Ihres Wortschatzes. Erwartet wird, dass Sie die Bedeutung eines wichtigen Begriffs erläutern, d. h., Sie sollen zeigen, dass Sie das Wort verstanden haben. Wenn Sie einen abstrakten Begriff bestimmen, können Sie zunächst klären, wer das Wort in welchem Zusammenhang verwendet und danach umschreiben, was es bedeutet: *"ecology" is a term used by …* oder *scientists use the term "ecology" to/when …* oder ähnlich.

   Beispiel: *Define what is meant by the term "baby boomer."*

   Wenn es sich um einen konkreten Begriff handelt, können Sie vom Allgemeinen zum Besonderen gehen, d. h., Sie suchen zuerst einen Oberbegriff und geben dann eine ergänzende Umschreibung: *A "baby boomer" is a person who was born at a time when many children were born, for example after the Second World War when the soldiers fighting abroad returned home to their wives.*

9. **describe:** Beschreiben Sie eine Sache, eine Situation oder eine Person (verlangt ist eine treffende bildhafte Darstellung).

   Beispiel: *Describe Scott's appearance on the night of the Halloween party.*

   Diese Aufgabe ist gewöhnlich der erste Teil einer Personencharakterisierung und beschränkt sich auf äußere Merkmale oder offensichtliche Verhaltensweisen.

   Beispiel: *Describe the living conditions in the suburb.*

   Hier sollen Sie einen detaillierten Bericht über bestimmte Umstände liefern. Führen Sie einige Beispiele aus dem Text an, um Ihre Darstellung zu verdeutlichen, aber achten Sie darauf, in eigenen Worten zu antworten.

10. **discuss:** Beleuchten Sie ein Problem von allen Seiten, indem Sie die Argumente ausführen – belegt durch Details, Beispiele, weitere Informationen – und sinnvoll ordnen.

    Beispiel: *Discuss attempts to legalise certain soft drugs.*

    Diese Aufgabenstellung ist vergleichbar mit einer Erörterung. Sie sollen ein Problem, hier die Freigabe von sogenannten weichen Drogen, zunächst identifizieren und dann erörtern, d. h. Argumente pro und kontra erfassen und die zugehörigen Begründungen darstellen. Beachten Sie, dass sich hier fast immer zwei verschiedene Arten von Problemen ableiten lassen: Sachprobleme *(What are soft drugs? – What are the advantages of genetic tests?)* und Wertprobleme *(Is it right to legalise soft drugs? – Should insurance companies be allowed to make use of genetic test information?).* Bei der Erörterung eines Sachproblems sollten Sie auf relativ gesicherte und nachweisbare Tatsachen zurückgreifen (Statistik, allgemeine Lebenserfahrung): *There is statistic evidence that the legalisation of drugs …* Werturteile sind schwieriger zu begründen, da man hier unterschiedliche Einstellungen vertreten kann. Es liegt in der Natur der Sache, dass persönliche Meinungen umstritten sind: *I am of the opinion that the government ought to be stricter …* Wichtig ist, dass Ihre Argumentation logisch ist und einleuchtet.

11. **evaluate:** Geben Sie ein Werturteil ab, stellen Sie eine negative oder positive Behauptung nach sorgfältiger Abwägung auf. Dabei sollen Sie Ihre Antwort durch Belege, beispielsweise Fakten und Zahlen, absichern.

    Beispiel: *Evaluate the success of the steps taken to reduce the amount of household rubbish.*

    Hier handelt es sich um die Bearbeitung eines Wertproblems: *In my view the government has not done enough to force people …* Erwartet wird, dass Ihr Urteil begründet ist. Besonders geeignete – weil kaum widerlegbare – Argumente für eine These sind u. a. nachprüfbare Tatsachen, Statistiken und verallgemeinerte Erfahrungen: *There is statistic evidence that the amount of rubbish produced by households between 2000 and 2010 did not …* Es ist unausweichlich, dass Ihre Einschätzung nicht von jedermann geteilt wird. Werturteile, persönliche Meinungen und Gefühle sind immer umstritten, da man bei (fast) allen Problemen verschiedener Auffassung sein kann. Wenn Sie z. B. die Meinung äußern *I think people should pay for their rubbish by weight* müssen Sie darauf vorbereitet sein, dass Sie mit dieser Aussage auf Widerspruch stoßen werden. Deshalb ist es wichtig, dass Sie sich treffende Begründungen für Ihre Argumentation zurechtlegen, damit man Ihre Einschätzung, wenn schon nicht übernehmen, so doch zumindest nachvollziehen kann.

12. **explain:** Erläutern Sie etwas, machen Sie etwas verständlich.

Mit dem Operator *explain* können verschiedene Aufgabenstellungen verbunden werden. Gemeinsam ist allen, dass mit dieser Aufgabe das sprachliche und/oder das inhaltliche Verständnis einer Textstelle oder des gesamten Textes überprüft werden.

Beispiel:
Explain the following expressions within the given context: "this old mother soil."

Meist handelt es sich hier um bildhafte Fügungen, die Sie „entschlüsseln" sollen oder um schwierigere Wörter, die Sie mit Ihren eigenen – im Normalfall einfacheren – Vokabeln erklären sollen. Diese Aufgabenstellung ähnelt einer mit *define* eingeleiteten Aufgabe. Weiter ausholen müssen Sie natürlich, wenn mit der Aufforderung *explain* die Darstellung eines Sachverhalts verlangt wird.

Beispiel:
Explain why the relationship between the USA and Great Britain has always been a significant one. Find evidence in history, culture or politics.

Mit dieser anspruchsvollen Aufgabenstellung werden Ihre Kenntnisse im Bereich der Landeskunde USA und Großbritannien überprüft. Damit Sie hier erfolgreich abschneiden, müssen Sie sich vor der Prüfung die wichtigsten Fakten angeeignet haben. Auf Grundlage Ihres Vorwissens schreiben Sie dann einen Aufsatz. Sie können ihn folgendermaßen aufbauen:
A. Introduction: ein kurzer Satz, um zum Thema hinzuführen.
B. Main Part: Darlegung der Fakten; z. B. im politischen Bereich: Verhältnis zur Kolonialzeit (Unabhängigkeitskrieg), im und nach dem Ersten bzw. Zweiten Weltkrieg, heute: Kampf gegen den Terrorismus. Im kulturellen Bereich: Einflüsse auf dem Gebiet der Literatur, der Popkultur, des Films.
C. Conclusion: Anknüpfung an die Einleitung oder Ausblick.
Ein sehr umfangreiches Thema, wie Sie sehen. Daher sollten Sie sich vorher einen Plan machen, in dem Sie Ihre wichtigsten Gesichtspunkte aufführen.

13. **interpret:** Untersuchen Sie etwas (eine Vorlage) ausführlich, um die Aussage, die der Verfasser treffen möchte, deutlich zu machen. Dabei kommt es darauf an, dass Sie ihre Sachkenntnis und Ihr Wirklichkeitsverständnis mit dem vorgelegten Material in Beziehung setzen.

Beispiel: *Interpret the poem .../short story ...*

Diese Aufgabenstellung ist recht global, weil Sie keine weiteren Hilfsfragen gestellt bekommen. Daher müssen Sie wissen, was bei einer literarischen Interpretation zu tun ist, nämlich den inhaltlichen Aufbau, die sprachlichen Gestaltungsmittel und den Zusammenhang zwischen beidem herauszuarbeiten. So gehen Sie dabei vor: Nach sorgfältigem mehrmaligem Lesen halten Sie fest, wovon das Gedicht/die Kurzgeschichte handelt. Versuchen Sie die Absicht des Verfassers als Arbeitshypothese zu formulieren. Danach klären Sie den Aufbau des literarischen Textes und untersuchen die sprachlichen Mittel, die verwendet werden. Beschreiben Sie die Wirkung von Gestaltungselementen. Überprüfen Sie Ihre Arbeitshypothese auf ihre Richtigkeit – vielleicht müssen Sie Ihren ersten Eindruck revidieren. Sie sollten daran denken, dass es hier keine richtige oder falsche Lösung gibt. Ihre Arbeit wird danach beurteilt, ob Ihre Auslegung stimmig ist. Das bedeutet, Ihre Interpretation muss nachvollziehbar und einleuchtend sein. Das erreichen Sie, indem Sie immer wieder überprüfen, ob Ihre Deutungen durch den Text gesichert sind.

14. **illustrate:** Erklären oder verdeutlichen Sie etwas durch Beispiele.

Beispiel: *Illustrate the way in which school life in Britain differs from that in Germany.*

15. **justify:** Sagen Sie, warum eine Meinung, ein Standpunkt oder eine Maßnahme richtig oder angemessen ist. Eine Rechtfertigung ist in der Regel positiv. Heben Sie die Vorteile eines Standpunkts gegenüber seinen Nachteilen hervor.

Beispiel: *Justify the steps taken against drug addicts.*

Bei dieser Arbeitsanweisung sind Sie nicht mehr frei, Ihre persönliche Meinung zu äußern und zu begründen, sondern sollen eine Rolle übernehmen, in diesem Beispiel die des Verteidigers von Maßnahmen gegen Drogensüchtige. Diese Aufgabe ist eine Art rhetorische Übung, bei welcher der Schwerpunkt auf der Technik des Argumentierens liegt. Dabei soll Ihre eigene Meinung ganz bewusst zur Seite geschoben werden. Es kommt bei solchen Rhetorikübungen darauf an, die Zuhörer zu überzeugen. Wenn Sie eine Aufgabe mit dem Operator *justify* bearbeiten, können Sie wie bei einer linearen Erörterung vorgehen. Sie suchen Argumente, führen Sie mit einem Beleg und einem Beispiel aus und ordnen Sie dann in steigernder Form an, d. h., Sie gehen vom weniger wichtigen zum wichtigsten Argument für oder gegen eine Maßnahme oder einen Vorschlag.

16. **outline:** Sie sollen eine Inhaltsangabe verfassen. Dabei gehen Sie vor wie bei *summarise*.

Beispiel: *Outline the main events that lead to Doris' return to England.*

Sie konzentrieren Ihre Darstellung auf die wichtigsten Elemente des Handlungsverlaufs. Fragen Sie sich dabei, was ein Leser, der den Originaltext nicht kennt, unbedingt wissen muss, damit er die Handlung versteht. Verwenden Sie das Präsens: *The Malay woman shows up at their house.*
Der Operator kann Ihnen beispielsweise auch in einer Mediationsaufgabe begegnen.

Beispiel: *Outline the pros and cons of genetic engineering as described in the German newspaper article.*

Häufig werden Sie nicht den gesamten Text zusammenfassen müssen. Statt dessen wird erwartet, dass Sie bestimmte Aspekte *(„the pros and cons of genetic engineering“)* aus dem Text herausarbeiten, die Sie dann in einem englischen Text zusammenfassen.

17. **summarise:** Fassen Sie die Hauptgedanken eines Textes in knapper Form ohne Veranschaulichungen und Beispiele zusammen.

Beispiel: *Summarise the article.*

Beispiel: *Summarise the author's arguments against abortion.*

Die Aufgabe verlangt, dass Sie einen Text oder eine Argumentation knapp und sinnvoll zusammenfassen. Hier wird zweierlei überprüft: Ihr Textverständnis und Ihre Sprachfertigkeit. Zunächst müssen Sie die wichtigsten Aussagen aus der Vorlage herausfiltern und sie danach mit eigenen Worten knapp wiedergeben. Auch dieser Operator wird Ihnen oft in Mediationsaufgaben begegnen. Wichtigste Voraussetzung für eine gute Lösung dieser Aufgabe ist, dass Sie das Original gut verstanden haben. Lesen Sie deshalb den Text mehrmals sehr sorgfältig und kennzeichnen Sie die Stellen, die Ihnen wichtig erscheinen. Auch die Passagen, die Ihnen noch nicht ganz klar sind, sollten Sie markieren. Meist werden Ihnen diese Stellen beim dritten oder vierten Durchgang aus dem Zusammenhang klar. Gehen Sie den Text Abschnitt für Abschnitt durch und verfolgen Sie den Gedankengang. Unterscheiden Sie dabei zwischen Haupt- und Nebengedanken. Identifizieren Sie dann Wiederholungen, Belege und Beispiele, die der Autor für seine Argumentation verwendet. Das sind die Teile der Vorlage, auf die Sie in Ihrer Zusammenfassung verzichten werden. Im Allgemeinen wird erwartet, dass Sie die Vorlage auf ein Drittel bis ein Fünftel ihres ursprünglichen Umfangs kürzen. Das hängt ganz von der Dichte des Originaltextes, d. h. von seiner Informationsfülle, ab. Es ist eine bewährte Methode, nach dem sorgfältigen Durcharbeiten des Textes jeden einzelnen Abschnitt knapp – vielleicht mit einem Satz – zusammenzufassen. Achten Sie bei Ihrer Lösung darauf, dass Sie keine neuen Gedanken oder neue Beispiele einführen oder eigene Wertungen abgeben. Was die Formulierung betrifft: Zeigen Sie, dass Sie über einen guten Wortschatz verfügen. Lösen Sie sich sprachlich von der Vorlage, indem Sie, sofern es sich nicht um Fachbegriffe handelt, den ursprünglichen Text durch Synonyme und Umschreibungen wiedergeben. Verfassen Sie Ihre Zusammenfassung im Präsens.

2 Hilfreiche Wendungen

Prägen Sie sich diese Wendungen ein und nutzen Sie sie, wenn Sie sich schriftlich oder mündlich äußern sollen.

Meinungsäußerung
In my opinion/view …
To my mind …
(Personally,) I think …
To be honest, …
As far as I am concerned, …
If you ask me, …
I really think that …
After all/I mean … is excellent/extraordinary/outstanding/very special.
Actually, I think that …
I believe …
I am convinced …
I suppose …
I assume …
I must admit that …
As far as I know …
To my astonishment/surprise/disappointment …
Apparently …/Obviously …/Evidently …
It is obvious that …
I would like to point out that …

Vorschläge
I suggest to …
My (first) choice would be …
Personally, I would go for …
We should take into consideration that …

Meinungen erfragen
What do you think (about …)?
Why do you think so?

What is your opinion?
Wouldn't you say that …?/Don't you think that …?
Which one do you think would …?
How about …?

Zustimmungen
That's a good point/idea.
I (entirely) agree with that view/you.
(Yes,) that's what I think too.
I couldn't agree more.

Widersprechen
I'm afraid I don't agree with you (at all).
I'm not sure I agree with you/that notion.
I understand what you mean, but …
I'm afraid we'll have to agree to differ!
It's all right if you prefer …, but I …
You may be right, but I still think …

Vergleichen/Begründen
The problem with … is that …
Compared with …, … is much more intellectually/artistically demanding than …
You need to be good with … for/in order to …
… might be the best option because …
… and besides/what's more/moreover …
Well, in that case …

Wendungen allgemeiner Art (Bezug auf Text/Einschränkungen/Gegenüberstellung)
With reference to …
With regard to …
With respect to …
Concerning …
In spite of …
Despite …
Although …
Nevertheless …
However …
In this regard …
In this respect …
It is no use (trying to) …
It is true, … but …
In one way or another …
On the one hand …, on the other hand …
Both … and …
On the contrary …
Otherwise …

Logische Ordnung und Hinzufügung von Gesichtspunkten
Above all …
At first sight …
In the beginning/In the end …
At the beginning of something …/At the end of something …
First …/First of all …/In the first place …

To begin with …
Let me begin by stating that …
Second …/Secondly …/In the second place …
Another thing is …
Furthermore …
Moreover …
In addition …
There is also …
Apart from …
Independently of … there is also …
Similarly …
In the same way …
Equally important is the fact that …
It is also important to mention that …
Therefore …
Whereas …
While …
Hence …
For that reason …
That is why …
Because of that …
Besides …
Consequently …
In general …/In particular …
Generally …
At last …
Eventually …
Finally …
From time to time …
Occasionally …
In the course of time …
All in all …
In other words …
In a word …
Briefly …
According to all evidence …
Taking everything into consideration/account …
To come to the conclusion that …
Summing up …/To sum up …
In conclusion …

Anführung von Beispielen
For instance …
For example …
e. g. …
… such as …
… like …

3 Literary Terms

1. **Alliteration** ***(Alliteration, Stabreim)***
   Repetition of consonant sounds at the beginning of neighbouring words, usually found in stressed syllables.

   Example: O wild West Wind, thou breath of Autumn's being
   (Percy Bysshe Shelley: Ode to the West Wind)

2. **Allusion** ***(Allusion, Anspielung)***
   A reference to a famous person or event. It can be taken from history, literature, film, religion etc.

   Example: This sweltering summer of the Negro's legitimate discontent will not pass unless there is an invigorating autumn of freedom and equality.
   (Martin L. King: I have a dream)

   King freely alludes to Gloucester's monologue in Shakespeare's *Richard The Third:* "Now is the winter of our discontent"

3. **Anacoluthon** ***(Anakoluth, Satzbruch)***
   Sentence or construction lacking grammatical sequence but serving as an effective rhetorical device when applied in a speech.

   Example: Your business is to paint the souls of men –
   Man's soul, and it's a fire, smoke … no, it's not …
   It's a vapour done up like a new-born babe –
   (In that shape when you die it leaves your mouth)
   It's … well, what matters talking, it's the soul.
   (Robert Browning: Fra Lippo Lippi)

4. **Anaphora** ***(Anapher)***
   Device of repetition where the same word or expression is repeated at the beginning of two or more lines, clauses, sentences.

   Example: The epoch ends, the world is still.
   The age has talked and worked its fill –
   The famous orators have shone,
   The famous poets sung and gone,
   (Matthew Arnold: Bacchanalia; or, The New Age)

5. **Anticlimax** ***(Antiklimax)***
   Often surprising descent from the important to the unimportant, normally occurring in a series of statements.

   Example: He pawned his life, his watch and his word.

6. **Antithesis** ***(Antithese)***
   Contrasting statements are balanced against each other to create emphasis.

   Example: To err is human, to forgive divine.
   (Alexander Pope: An Essay on Criticism)

7. **Antonym *(Antonym, Gegenwort)***

Word in the same language containing the opposite meaning.

Example: easy – difficult; strong – weak

8. **Apostrophe *(Apostrophe)***

Words addressed to an absent person, animal or inanimate entity.

Example: O NIGHTINGALE! thou surely art
A creature of a 'fiery heart': –
(William Wordsworth: Poems of Imagination)

9. **Aside *(Beiseitesprechen)***

Remark spoken by a character in a play which is intended to be heard by the audience, but not by the other characters on stage.

Example: CAIUS: Pray you, go and vetch me in my closet une boitine verde; a box, a green-a box: do intend vat I speak? a green-a box.
QUICK: Ay, forsooth; I'll fetch it you. (Aside.)
I am glad he went not in himself; if he had found the young man, he would have been horn-mad.
(William Shakespeare: The Merry Wives of Windsor)

10. **Assonance *(Assonanz)***

The sounds between vowels in two or more syllables are similar. The rhyme, however, demands exact correspondence.

Example: What shall I do with this absurdity –
O heart, O troubled heart – this caricature,
Decrepit age that has been tied to me
As to a dog's tail?
(William B. Yeats: The Tower)

11. **Asyndeton *(Asyndeton, unverbundene Reihung von Satzgliedern)***

Words or phrases appear in a series without being linked by conjunctions. They are separated only by commas.

Example: Down at street level another poster, torn at one corner, flapped fitfully in the wind, alternately covering and uncovering the single word INGSOC.
(George Orwell: Nineteen Eighty-Four)

12. **Blank Verse *(Blankvers)***

Verse without rhyme, normally containing lines of ten syllables each. The accent lies on the second, fourth, sixth, eighth and tenth syllable (= iambic pentameter). It is often found in English dramatic and poetic works of renowned authors of the Elizabethan Age like Christopher Marlowe, William Shakespeare and John Milton.

Example: GONERIL: Sir, I love you more than words can wield the matter;
Dearer than eye-sight, space, and liberty;
Beyond what can be valu'd, rich or rare;
No less than life, with grace, health, beauty, honour;
(William Shakespeare: King Lear)

13. **Catastrophe** ***(Katastrophe)***
It usually ends a tragedy with the death of the hero. In a comedy the plot or the intrigue is unravelled and leads to a happy ending.

14. **Chiasmus** ***(Chiasmus, Überkreuzung)***
The syntactic structure is criss-crossed: inversion in second phrase of order followed in first.

Example: He stole the watch, the watch belonged to me.

15. **Climax** ***(Klimax)***
Words are arranged according to the value of their importance. The most important term is the climax. In dramatic and in narrative works the **climax** is the turning-point of the action.

Example: We strive for the good, we aim at the better, we seize the best.

16. **Couplet** ***(Paarreim)***
Two successive lines of verse rhyme **aa** and contain an entire statement that does not depend on the previous verses. The couplet is the characteristic ending of the Shakespearean Sonnet.

Example: I am to wait, though waiting so be hell,
Not blame your pleasure, be it ill or well.
(William Shakespeare: Sonnet 58)

17. **Digression** ***(Digression)***
Narrative device that is often found in 18th and 19th century fiction. The narrator interrupts the plot to insert a comment, reflection or to address the reader.

Example: Reader, take care, I have unadvisedly led thee to the top of as high a hill as Mr Allworthy's, and how to get thee down without breaking thy neck, I do not well know. However, let us e'en venture to slide down together, for Miss Bridget rings her bell, and Mr Allworthy is summoned to breakfast, where I must attend, and, if you please, shall be glad of your company.
(Henry Fielding: Tom Jones)

18. **Ellipsis** ***(Ellipse)***
One or more words are omitted that are necessary for the sentence, but which can be supplied by the reader.

Example: When I consider how my light is spent,
Ere half my days, in this dark world and wide,
And that one Talent which is death to hide
Lodg'd with me useless, though my Soul more bent
To serve therewith my Maker and present
My true account, least he returning chide,
Doth God exact day-labour, <u>light deny'd</u>,
(= though the light is denied to me)
(John Milton: On His Blindness)

19. **Enjambment *(Enjambement, Zeilensprung)***
A clause or sentence runs across two lines.
Example: I wandered lonely as a cloud
That floats on high o'er vales and hills
(William Wordsworth: Daffodils)

20. **Epipher *(Epipher)***
Repetition of one or more words at the end of two or more lines or clauses (opposite: **anaphora**)
Example: Whirl up, sea –
Whirl your pointed pines,
Splash your great pines
On our rocks
(Hilda Doolittle: Oread)

21. **Euphemism *(Euphemismus)***
A rhetorical device whereby a direct statement is replaced by an indirect one to avoid bluntness. It is used to express an unpleasant idea in an agreeable way.
Example: to put an animal to sleep = to kill it deliberately because it is ill

22. **Flashback *(Rückblende)***
Insertion of an earlier episode or incident into the plot of a novel, play or movie.
Example: On a stormy night, in the tempestuous times of the French Revolution, a young German was returning to his lodgings, at a late hour, across the old parts of Paris. The lightning gleamed, and the loud claps of thunder rattled through the lofty narrow streets – But I should first tell you something about this young German.
Gottfried Wolfgang was a young man of a good family.
(Washington Irving: The Adventure of the German Student)

23. **Foot *(Versfuß)***
Measure or unit of rhythm in verse or prose.
Example: **iambus**: – / (unstressed – stressed) e. g. today, come on;
trochee: / – (stressed – unstressed) e. g. morning, Monday;
anapest: – – / e. g. from the seas and the streams;
dactyl: / – – e. g. everyone, Saturday:

24. **Hyperbole *(Hyperbel)***
Figure of speech used for exaggeration. It can attract the reader's or audience's attention and emphasise statements.
Example: Sue is extremely rich. She is rolling in money.

25. **Interior monologue *(Innerer Monolog)***
A technique in the streams of consciousness novels in which the thoughts, impressions and associations of the character are described as they occupy his or her mind.
Example: Not until we were sailing through the Jersey countryside did my spirits begin to rise. Then my old confidence and optimism revived, and I tried to plan my time

in the North. I would work hard and serve my employer so well that he would shower Dr Bledsoe with favourable reports. And I would save my money and return in the fall full of New York culture.
(Ralph Ellison: Invisible Man)

26. **Inversion *(Inversion, Satzumstellung)***
Change of the normal word order in a sentence to put emphasis on a statement or to dramatise an event.

Example: "Stop thief! Stop thief!" The cry is taken up by a hundred voices, and the crowd accumulate at every turning. Away they fly, splashing through the mud, and rattling along the pavements; up go the windows, out run the people, onward bear the mob.
(Charles Dickens: Oliver Twist)

27. **Irony *(Ironie)***
A meaning is expressed that is the opposite of the intended one. In literature, especially in drama, we often find **dramatic irony**. Characters on the stage are ignorant of facts which are known either to other characters or to the audience.

Example: [...] The noble Brutus
Hath told you Caesar was ambitious;
If it were so, it was a grievous fault,
And grievously hath Caesar answer'd it.
Here under leave of Brutus and the rest, –
For Brutus is an honourable man.
(William Shakespeare: Julius Caesar)

28. **Litotes *(Litotes)***
An understatement, sometimes ironical, expressing an affirmative by the negative of its contrary.

Example: not bad – good; not too far away – near

29. **Metaphor *(Metapher)***
A figure of speech that implies a comparison without direct expressions such as *like* or *as*.

Example: Weapons in peace grow hungry, and will eat
Themselves with rust; but war allows them meat.
(Thomas Bancroft: Peace and War)

30. **Metonomy *(Metonymie)***
A word is substituted by another with which it is associated.

Example: **crown** stands for **monarchy**

31. **Onomatopeia *(Onomatopoesie, Lautmalerei)***
Word whose sound tries to imitate its meaning.

Example: Once upon a midnight dreary, while I pondered, weak and weary,
Over many a quaint and curious volume of forgotten lore –

While I nodded, nearly napping, suddenly there came a tapping,
As of some one gently rapping, rapping at my chamber door.
(Edgar Allan Poe: The Raven)

32. **Oxymoron *(Oxymoron)***
    Two contradictory terms are used together in a phrase.
    Example: sweet death; wise fool; cruel love

33. **Paradox *(Paradoxon)***
    A statement which is obviously absurd or contradictory, but has a deeper meaning.
    Example: The King is dead. Long live the King!

34. **Parallelism *(Parallelismus)***
    Arrangement of phrases, sentences and paragraphs, so that structure and/or meaning are similar. It is a form of repetition.
    Example: Cannon to right of them,
    Cannon to left of them,
    Cannon behind them
    Volleyed and thundered.
    (Alfred Lord Tennyson: The Charge of the Light Brigade)

35. **Parenthesis *(Parenthese)***
    It is a phrase or sentence put within brackets or commas in a passage that usually serves as an explanation.
    Example: Mount Isa, 220 miles south of Brinawa, is a mining centre – silver, lead, zinc and copper – and a focal point for surrounding cattle stations.

36. **Personification *(Personifikation)***
    A figure of speech that attributes a human quality to animals or abstract or inanimate things.
    Example: Art thou pale for weariness
    Of climbing Heaven, and gazing on the earth,
    Wandering companionless
    Among the stars that have a different birth.
    (Percy Bysshe Shelley: To the Moon)

37. **Point of view *(Erzählperspektive)***
    This literary term is used for the perspective from which a narrative is told. Two points of view are to be distinguished.

    - **First-person point of view**
      The narrator is involved in the action and relates what he observes, experiences and thinks. His point of view is limited.
      Example: Daniel Defoe: *Robinson Crusoe*
      J. D. Salinger: *The Catcher in the Rye*

- **Third-person point of view**
  a) The omniscient narrator *(allwissender Erzähler)*
  He is not to be mixed up with the **author**, who has invented the narrator only to make him tell the story. The **omniscient narrator** knows everything about the characters' thoughts, ideas and actions and can shift from one place to the other like a camera. Sometimes he interrupts the story to address the reader or to give him further instructions which are important for the understanding of the novel (cf. **digression**).
  Example: Henry Fielding: *Tom Jones, Joseph Andrews*
  Laurence Sterne: *The Life and Opinions of Tristram Shandy*
  Charles Dickens: *Oliver Twist, Hard Times*

  b) Third-person point of view of one character *(personaler Erzähler)*
  The third-person narrator may also tell the story from the point of view of a character. The reader is – in contrast to the omniscient narrator – hardly aware of the narrator's presence. Very often he learns about the characters' thoughts and ideas from the **interior monologue**.
  Example: James Joyce: *Ulysses*
  Virginia Woolf: *To the Lighthouse*

38. **Portmanteau Word *(Kontamination)***
Two words are used to form a new one.

Example: breakfast + lunch = brunch
work + alcoholic = workaholic

39. **Pun *(Wortspiel)***
A humorous play on words that sound similar, but have different meanings.

Example: These sausages are unidentified frying objects.

40. **Repetition *(Wiederholung)***
Words or phrases are repeated to emphasise ideas, especially in speeches and narratives.

Example: Fact, fact, fact, everywhere in the material aspect of the town; fact, fact, fact, everywhere in the immaterial. The M'Choakumchild school was all fact, and the school of design was all fact […].
(Charles Dickens: Hard Times)

41. **Rhetorical question *(Rhetorische Frage)***
A question asked for rhetorical effect and not expecting an answer.

Example: A simple child,
That lightly draws its breath,
And feels its life in every limb,
What should it know of death?
(William Wordsworth: We are Seven)

42. **Rhyme *(Reim)***
The rhyme is based on the similarity or identity of vowels of the accented syllables in one or more words. If the rhyme is to be perfect, the preceding consonants must be different.
Different rhyme structures are to be distinguished:

- **End-rhyme *(Paarreim)***
  Example: All human things are subject to decay, a
  And when Fate summons, monarchs must obey a
  (John Dryden: Mac Flecknoe)
- **Cross-rhyme *(Kreuzreim)***
  Example: In the drinking – well a
  Which the plumber built her, b
  Aunt Eliza fell, a
  We must buy a filter. b
  (Harry Graham: Aunt Eliza)
- **Embracing rhyme *(Umfassender Reim)***
  Example: When you are old and grey and full of sleep, a
  And nodding by the fire, take down this book, b
  And slowly read, and dream of the soft look b
  Your eyes had once, and of their shadows deep; a
  (William B. Yeats: When you are old)

43. **Simile *(Simile, Vergleich)***
One thing is compared with another, saying it is **like** the other thing.

Example: My mistress' eyes are nothing like the sun;
Coral is far more red than her lips' red;
(William Shakespeare: Sonnet 130)

44. **Soliloquy *(Monolog)***
A speech spoken by a character in a drama when he or she is alone on stage. By the soliloquy the audience learns about the character's thoughts, feelings or intentions for the actions he has in mind.

Example: Hamlet's famous monologue "To be or not to be."
(William Shakespeare: Hamlet)

45. **Spondee *(Spondeus)***
A foot containing two accented syllables (opposite: **Pyrrhic**).

Example: In every cry of every Man,
In every Infant's cry of fear,
In every voice, in every ban,
The mind-forg'd manacles I hear. (– / // – – –/)
(William Blake: London)

The last line contains both a spondee and a pyrrhic.

46. **Syllepsis** ***(Zeugma)***
A single word modifies or governs two or more other words although it only fits with one. This grammatical construction often has a comic effect.
Example: He took leave and his hat.

47. **Synaesthesia** ***(Synästhesie)***
Words describing different sensations (e.g. colour, smell, vision) are linked to express another sensation.
Example: murmuring light; cold colour

48. **Synecdoche** ***(Synekdoche)***
A figure of speech that uses a part of something to refer to the whole.
Example: The thief was sentenced to only four weekends serving behind **bars**. (= prison)

49. **Tautology** ***(Tautologie, synonyme Wortwiederholung)***
Superfluous repetition of words that does not clarify a statement, but is used for emphasis.
Example: to divide into <u>four quarters</u>

50. **Volta** ***(Volta)***
The Italian term volta – meaning turn – refers to the change in thought in a sonnet after the first eight lines.
Example: Look in thy glass, and tell the face thou viewest
Now is the time that face should form another;
Whose fresh repair if now thou not renewest,
Thou dost beguile the world, unbless some mother.
For where is she so fair whose unear'd womb
Disdains the tillage of thy husbandry?
Or who is he so fond will be the tomb
Of his self-love, to stop posterity?
Thou art thy mother's glass, and she in thee
Calls back the lovely April of her prime;
So thou through windows of thine age shalt see,
Despite of wrinkles, this thy golden time.
    But if thou live remember'd not to be,
    Die single, and thine image dies with thee.
(William Shakespeare: Sonnet 3)

4 Praktischer Prüfungsteil

Im praktischen Teil des Abiturs sollen Sie nachweisen, dass Sie sich in einem Gespräch zu einem Thema inhaltlich sinnvoll und sprachlich angemessen äußern können. Die Prüfung wird, wie der Rest des Abiturs, zentral erstellt und dauert 20 Minuten. Sie erfolgt als Partnerprüfung bzw. im Ausnahmefall auch als Dreierprüfung (25 Minuten). Es darf kein Wörterbuch benutzt werden.

Wie läuft die Prüfung ab?
Sie werden einem Partner zugelost. Wer Ihr Partner ist, erfahren Sie einen Werktag vor der eigentlichen Prüfung. Sie haben also einen Tag Zeit, sich miteinander „anzufreunden" und sich gemeinsam vorzubereiten.
Am Tag der Prüfung erhalten Sie und Ihr Partner je eine Prüfungsaufgabe. Diese besteht aus je einem Blatt mit einem sogenannten „Impuls", z. B. in Form einer Grafik, einer Karikatur oder eines Zitats, sowie eine sich auf das Thema beziehende weiterführende Frage. Dabei erhalten beide Partner unterschiedliche „Impulse" zum gleichen Thema.
Die Vorbereitungszeit ist kurz. Nach ca. 3 Minuten wird von Ihnen erwartet, dass Sie sich zunächst zusammenhängend zu dem „Impuls" äußern *(Comment on …)*.
Nachdem beide Partner ihre „Impulse" kommentiert haben, sollen sie nun in Form eines Gesprächs das vorgegebene Thema diskutieren – mit jeweils gleichen Redeanteilen.

Was wird von Ihnen erwartet?
Das Augenmerk der Prüfer gilt Ihrer Argumentation und Interaktion, d. h., man erwartet von Ihnen, dass Sie sowohl zur Sache sprechen, also Fakten bzw. Argumente sinnvoll miteinander verknüpfen, als auch mit Ihrem Partner angemessen kommunizieren, d. h. miteinander reden, auf Ihren Partner eingehen – und nicht nur einfach Ihren Text abspulen. Sie sollten also, je nach Gesprächssituation, Ihren Partner ergänzen, zustimmen oder aber auch widersprechen. Zur kommunikativen Kompetenz gehört natürlich auch das nonverbale Verhalten, also den Partner ansehen, ihm durch die Körpersprache zu verstehen geben, dass man ihm aufmerksam zuhört. Insgesamt ist zu beachten, dass Sie möglichst differenziert auf das Thema und Ihren Partner eingehen, also Ihre Äußerungen begründen und evtl. mit Beispielen belegen. Hier benötigen Sie Fachwissen (Geschichte, Landeskunde, Allgemeinwissen) verbunden mit dem entsprechenden Sprachwissen (Vokabular).

Wozu dieses Buch?
Auf den praktischen Prüfungsteil kann man sich gut langfristig vorbereiten. Erarbeiten Sie zunächst allein und später mit einem Partner gemeinsam die angegebenen Themen in diesem Buch. Berücksichtigen Sie die Vorbereitungstipps *(Checklist),* bereiten Sie sich sprachlich und argumentativ gut vor und führen Sie das Gespräch mit Ihrem Partner „live". Wenn Sie können, zeichnen Sie das Gespräch auf, sodass Sie nach „Prüfungsende" das Ganze noch einmal in Ruhe nachvollziehen können: Ist das, was wir sagen, schlüssig? Gibt es Fakten, die überzeugen? Gehen wir aufeinander ein oder reden wir aneinander vorbei? Benutzen wir die entsprechenden *discourse markers?*
Als zweiten Schritt sollten Sie sich die Lösungsvorschläge in diesem Buch anschauen. Seien Sie nicht verwundert, wenn Ihre Lösungen sich von denen des vorliegenden Buches unterscheiden. Es gibt in diesem Zusammenhang nicht die Lösung, gerade inhaltlich bieten die Aufgabenstellungen viele Möglichkeiten. Sie können allerdings vergleichen, inwieweit Sie sprachlich und rhetorisch (stilistisch) vergleichbar gearbeitet haben.

Tipps und Hinweise

Sprachliche Kompetenz
Die im Abitur zu erwartenden Themen sind relativ allgemeiner Art, z. B. *school, media, health, jobs, learning strategies, immigration.* Trotzdem braucht man einen gewissen Wortschatz, um sich angemessen, d. h. qualifiziert, zu diesen Themen äußern zu können.

Tipp: Fertigen Sie zu diesen Themen in Form eines *brainstorming* eine Sammlung von Ideen an (s. u.). Bei der Formulierung dieser Ideen werden Sie automatisch die entsprechenden Sprachmittel *(expressions)* aktivieren. Die Sprachmittel sollten nicht nur einzelne

Vokabeln sein, sondern gleich in eine treffende Formulierung (eine sogenannte Kollokation) eingebaut werden.

Beispiel: *elementary school*

→ Der Übergang von der Grundschule zu den weiterführenden Schulen ist oft problematisch.

→ *The transition from the elementary to the secondary schools is often problematic.*

Im nächsten Schritt sollten Sie die verschiedenen Ideen inhaltlich miteinander verknüpfen (z. B. in einer Gegenüberstellung von *pros and cons* oder einer Argumentationskette). Auf diese Weise versuchen Sie, Ihre Ideen/Ansichten zu formulieren und merken, wenn Ihnen noch Wörter fehlen. Schlagen Sie entsprechend im Wörterbuch nach, aber bedenken Sie, dass Sie **in der Prüfung kein Wörterbuch** benutzen dürfen. Versuchen Sie also zunächst, unbekannte Ausdrücke soweit es geht zu umschreiben.

Kommunikative Kompetenz

Ganz wichtig ist, dass Sie Ihrem Partner zuhören. Eventuell ist es sinnvoll, sich entsprechende Notizen zu machen, damit man qualifiziert auf das Gesagte eingehen kann. Durch den Einsatz rhetorischer Mittel können Sie den Gesprächsverlauf und das Gesprächsklima beeinflussen, z. B., indem Sie Ihren Partner fragen, kritisieren, ergänzen, ermutigen, ihm zustimmen. Dabei helfen sogenannte *discourse markers,* die eigenen Äußerungen (logisch) zu strukturieren/verknüpfen (z. B. *First of all, second*).

Wie fülle ich das Thema angemessen aus?

Versuchen Sie, die Aufgabe möglichst allumfassend zu beantworten, also nicht nur einen Aspekt zu benennen, sondern das Thema sowohl in seiner Breite (Anzahl der verschiedenen Aspekte) als auch in der Tiefe (Gründlichkeit in der Behandlung eines Aspektes) zu bearbeiten (s. u.). Wenn Sie Einzelaspekte zu schnell „abhaken" und gleich zum nächsten Punkt übergehen, wird sich das Thema schnell erschöpfen und das Gespräch wird sich im Kreise drehen.

Begründen und illustrieren Sie Ihre Aussagen, z. B. durch historische Beispiele oder/und indem Sie einen persönlichen Kontext herstellen, sich auf Ihre eigenen Lebenserfahrungen bzw. Ihr Allgemeinwissen beziehen. Zeigen Sie Entwicklungen und Perspektiven auf: z. B. *"What does all this lead up to? Where will this all end? What will be the effect on our future society?"* Diskutieren Sie Lösungsmöglichkeiten für ein Problem *("Perhaps it would be a good idea to ...").* Dabei können Sie ruhig auf Ihre eigenen (Wissens-)Grenzen aufmerksam machen *("Well this is a rather complex issue. So don't expect me to come up with a solution to that problem, I mean, even the experts seem to be at a loss when it comes to ..."* oder *"I'm afraid there are no easy solutions to that problem!").*

Tipps zur Verbesserung der Sprechfertigkeit

Die hier aufgelisteten Ausdrücke sollen Ihnen eine Idee geben, wie man sich in einem Vortrag bzw. Gespräch ausdrücken kann. Natürlich erhebt die Liste keineswegs den Anspruch auf Vollständigkeit. Anderseits hat es wenig Sinn, alle diese Formulierungen „einfach so" auswendig zu lernen. Oft ist es so, dass man bestimmte Formulierungen lieber als andere benutzt. Suchen Sie sich die Formulierungen aus, die Ihnen „liegen" und versuchen Sie, diese im Englischunterricht und beim Üben für das Abitur anzuwenden.

1. ***Qualifying expressions***
   "I don't quite agree" oder *"I'm afraid, I can't quite agree with you here"* klingt wesentlich eleganter bzw. diplomatischer als ein einfaches *"I don't agree!"*

Beispiele:
Quite; rather; tend to …; more or less; apparently; seems to be; indeed; definitely; certainly; perhaps; maybe; possibly ; He appears to be …; It looks as if he was …; This seems to be …

2. ***Discourse markers***
Sogenannte *discourse markers* sind relativ kurze Ausdrücke, die Ihnen helfen, Texte und Aussagen zu strukturieren, z. B. etwas zu kontrastieren, zu ergänzen, eine Schlussfolgerung zu ziehen.

   Beispiele:
   With regard to; regarding; as regards; as far as … is concerned; as for …; on the one hand, on the other hand; while; whereas, however; nonetheless; nevertheless; moreover; furthermore; in addition; therefore; as a result; consequently; by the way; at least; so to speak; admittedly

3. **Erläutern der Aufgabenstellung**
Beispiele:
Well, I have been asked to comment on a cartoon which was taken from The Times. *It depicts …/It shows …*
I have been given a quotation from … It says that …
This implies/indicates/could stand for/might refer to …
The graph/the statistics show(s) that apparently there has been an increase/decrease of …
As you can see in the graph/picture …
The statistics/graph/chart seem to suggest that/point out …

4. **Überleitung zur und Gestaltung der Erörterung *(Comment)***
Beispiele:
Let us now take a closer look to what it says in …/turn to …/examine other factors such as …/turn/focus our attention to/on …
Nowadays a great deal is being written and said about …
The question whether … has been preoccupying me/the experts for some time.
Nowadays it is hardly possible to open a newspaper without being confronted with …
It is a well-known fact that …
It is generally agreed today that …. However, one wonders … and this leads one to assume that …
One should seriously ask oneself if/whether it is feasible/practicable to …/how it works out in practice.
It would hardly be an exaggeration to say …
History offers us numerous examples of …
Today we are repeatedly confronted with …
This raises the question whether …
Such remarks are often heard. We will therefore examine …
It therefore seems to be appropriate to have a closer look at …
… deserves closer attention.
The argument against this cannot be ignored, but on the other hand we should consider that …
Do these arguments really give sufficient ground for such drastic measures?
However, the opposite may be equally true.
… but one must/should not overestimate the fact that …
Some people tend to blow things out of proportion.
Fact is that …

5. **Auf den Partner eingehen, seine Meinung wiedergeben**

   Beispiele:
   Sorry, I didn't quite understand. What do you mean by …?
   How do you feel about …?
   You have just made a really relevant point here. Let me just add …
   I generally agree with your opinion. Perhaps we should emphasise that …
   It might be a good idea if we looked at/considered another aspect …
   What would you do/say in such a situation?
   Actually, I think/assume/am afraid I can't agree with you here.
   I have no particular opinion about/on that topic.
   Personally, I find it quite hard to judge …
   It (really) depends on what you mean by …
   I for my part would consider this a rather bad choice.
   My point of view is that …
   I would prefer … to …
   I see, you seem to have a marked preference for …
   Honestly, you are mistaken if …
   Yes, I do object to …
   I'm quite opposed to any such solution.
   I wouldn't dream of changing all this right now.
   Well, I have been toying with the idea of doing …, but …
   There is absolutely no question of me/my doing …
   I have no intention (whatsoever) of accepting that kind of offer.

Weitere nützliche Ausdrücke finden Sie unter „Hilfreiche Wendungen".

5 Mediation (Sprachmittlung)

Sachsen beteiligt sich ab 2014 am länderübergreifenden Abitur. Das bedeutet, dass Sie im Leistungskurs nicht wie bisher zwischen Mediation und Übersetzung wählen können, sondern in jedem Fall eine Sprachmittlungsaufgabe bearbeiten müssen. Diese unterscheidet sich von den Vorgaben im Wesentlichen nicht von den Aufgaben, die bereits seit 2009 im sächsischen Abitur enthalten sind. Anders als bisher ist die Aufgabeninstruktion auf Deutsch. Zudem ist die zu schreibende Wortzahl angegeben und es wird eine klare Textsorte verlangt. Am 5. November 2013 wird vorbereitend auf die Aufgabe im Abitur in den betroffenen Bundesländern eine Übungsklausur geschrieben.

Was ist unter einer Mediation bzw. Sprachmittlung zu verstehen?
Unter Mediation, auch Sprachmittlung genannt, versteht man das singgemäße Übertragen oder Zusammenfassen des wesentlichen Gehalts eines oder mehrerer deutschsprachiger Texte ins Englische. Die deutschsprachige Textvorlage besteht dabei aus ca. 600 Wörtern. Bewertet werden zu je 50 %:

- Inhalt (Wurde das Wesentliche erfasst?) und Textstruktur (Ist der Text in sich „rund", also gut strukturiert und nachvollziehbar?)
- Sprache (Wie angemessen bzw. korrekt ist Ihr Englisch?)

Die Mediation ist eine Übertragung (Sprachmittlung) und keine Übersetzung. Es geht somit nicht darum, einen Text Satz für Satz zu übersetzen, sondern die wesentlichen Inhalte (je nach Fragestellung) auf Englisch auszudrücken. Von daher ist eine Mediation wesentlich freier. Komplizierte Sätze können Sie in einfachen Worten zusammenfassen, da Sie

nicht daran gebunden sind, sich an bestimmte Satzstrukturen oder Stilmittel des Ausgangstextes zu halten.
In der Regel wird von Ihnen erwartet, dass Sie einen längeren oder zwei kürzere Texte auf Englisch zusammenfassen. Die Textsorte Zusammenfassung bzw. Synopse *(summary)* mit ihren Textmerkmalen sollte Ihnen also geläufig sein.

Welches sind die wichtigsten Textmerkmale einer Mediation?

1. **Überschrift:** Je nach geforderter Textsorte kann eine Überschrift stehen (z. B. Artikel). Sie müssen dabei nicht den Originaltitel übersetzen, sondern können selbst eine geeignete Überschrift wählen, die das Thema bzw. die Aufgabenstellung gut widerspiegelt.

   Beispiel: *Coming to grips with unemployment in East Germany*

2. **Einleitungssatz** *(umbrella sentence)*: Beginnen Sie Ihre Mediation mit einem Einleitungssatz, der die Quelle (woher?) bzw. die Textsorte (Roman? Zeitungsartikel?), den Autor sowie den thematischen Schwerpunkt (Worum geht es?) des Textes enthält.

   Beispiel: *The Leipziger Volkszeitung article of May 13, 2008, written by Jens Kolbe, tells the reader about the high rate of unemployment in East Germany and puts forward some ideas on how to improve the situation.*

3. **Hauptteil:** Die Gliederung des Hauptteils ergibt sich aus der Aufgabenstellung, aus den sogenannten Leitfragen (z. B.: Fassen Sie die wesentlichen Lösungsansätze zusammen). Welche Intentionen hat der Autor? Will er „nur" informieren oder verfolgt er politische Absichten? Ist er für oder gegen etwas? Wie baut sich die Argumentation des Textes auf?

4. **Auswahl:** Was ist wirklich wichtig? Was ist Beiwerk bzw. Ausschmückung oder Wiederholung und sollte weggelassen werden?

5. **Sachliche Wiedergabe:** Inhaltlich gilt, dass der Text möglichst „objektiv" wiedergeben wird, d. h. keine eigenen Meinungsäußerungen oder zusätzliche, nicht im Ausgangstest enthaltene, Informationen eingebracht werden.
   Wichtig: keine direkte Rede, keine Zitate

6. **Textaufbau:** Hinsichtlich der Textlogik sollten Sie geradlinig und sachlich schreiben. Dabei kann es sich durchaus ergeben, dass Sie die Argumentationsstruktur des Ausgangstextes nicht eins zu eins nachvollziehen, sondern zusammenfassend und „geradeaus" wiedergeben müssen. So könnte z. B. eine vom Autor am Ende seines Textes gesetzte These bei Ihrer Mediation bereits am Anfang stehen.

   Beispiel: *The author is in favour of more subsidies being given to local employers.*

   Beachten Sie bei der Bearbeitung der Aufgabe den Kontext, in den sie eingebettet ist. Meist wird Ihnen eine bestimmte Textsorte vorgegeben. Der Kontext wirkt sich auch auf den Aufbau und den Sprachstil, die Sie verenden sollten, aus.

7. **Zeit:** Zusammenfassungen werden im Präsens als der Ausgangszeit verfasst. Im Text vorkommende Nach- und Vorzeitigkeit (z. B. „Im Jahre 1968 gab es in Leipzig noch viele Buchdruckereien") bleiben erhalten.

8. **Bezüge:** Zeit-, Orts- und Personenbezüge werden entsprechend umgeformt – wie bei der indirekten Rede.

   Beispiel: *letzte Woche* → *the week before; hier* → *there*

Adverbien drücken aus, wie jemand etwas tut oder wie etwas geschieht.

Kurzgrammatik

Besonderheiten einiger Wortarten

1 Adjektive und Adverbien – *Adjectives and Adverbs*

Bildung und Verwendung von Adverbien – *Formation and Use of Adverbs*

Bildung	
Adjektiv + *-ly*	glad → gladly
Ausnahmen:	
• *-y* am Wortende wird zu *-i*	easy → easily funny → funnily
• auf einen Konsonanten folgendes *-le* wird zu *-ly*	simple → simply probable → probably
• *-ic* am Wortende wird zu *-ically* Ausnahme:	fantastic → fantastically public → publicly

Beachte:	
• Unregelmäßig gebildet wird:	good → well
• Endet das Adjektiv auf *-ly*, so kann kein Adverb gebildet werden; man verwendet deshalb: *in a* + Adjektiv + *manner/way*	friendly → in a friendly manner
• In einigen Fällen haben Adjektiv und Adverb dieselbe Form, z. B.:	daily, early, fast, hard, long, low, weekly, yearly
• Manche Adjektive bilden zwei Adverbformen, die sich in der Bedeutung unterscheiden, z. B.:	

Adj./Adv.	**Adv. auf *-ly***		
hard schwierig, hart	*hardly* kaum	The task is hard. *Die Aufgabe ist schwierig.*	(adjective)
late spät	*lately* neulich, kürzlich	She works hard. *Sie arbeitet hart.*	(adverb)
near nahe	*nearly* beinahe	She hardly works. *Sie arbeitet kaum.*	(adverb)

Verwendung Adverbien bestimmen	
• Verben,	She <u>easily</u> <u>found</u> her brother in the crowd. *Sie fand ihren Bruder leicht in der Menge.*
• Adjektive,	This band is <u>extremely</u> <u>famous</u>. *Diese Band ist sehr berühmt.*
• andere Adverbien oder	He walks <u>extremely</u> <u>quickly</u>. *Er geht äußerst schnell.*
• einen ganzen Satz näher.	<u>Fortunately</u>, <u>nobody was hurt</u>. *Glücklicherweise wurde niemand verletzt.*

Beachte: Nach bestimmten Verben steht nicht das Adverb, sondern das Adjektiv:	
• Verben, die einen **Zustand** ausdrücken, z. B.: *to be* sein *to become* werden *to get* werden *to seem* scheinen *to stay* bleiben	Everything <u>seems</u> <u>quiet</u>. *Alles scheint ruhig zu sein.*
• Verben der **Sinneswahrnehmung**, z. B.: *to feel* sich anfühlen *to look* aussehen *to smell* riechen *to sound* sich anhören *to taste* schmecken	This dress <u>looks</u> <u>fantastic</u>! *Dieses Kleid sieht toll aus!*

Steigerung des Adjektivs – *Comparison of Adjectives*

Bildung Man unterscheidet:	
• Grundform/Positiv *(positive)*	Peter is <u>young</u>.
• Komparativ *(comparative)*	Jane is <u>younger</u>.
• Superlativ *(superlative)*	Paul is <u>the youngest</u>.

Steigerung auf *-er, -est*	
• einsilbige Adjektive	old, older, oldest *alt, älter, am ältesten*
• zweisilbige Adjektive, die auf *-er, -le, -ow* oder *-y* enden	clever, cleverer, cleverest *klug, klüger, am klügsten* simple, simpler, simplest *einfach, einfacher, am einfachsten* narrow, narrower, narrowest *eng, enger, am engsten* funny, funnier, funniest *lustig, lustiger, am lustigsten*
Beachte:	
• stummes *-e* am Wortende entfällt	simple, simpler, simplest
• nach einem Konsonanten wird *-y* am Wortende zu *-i-*	funny, funnier, funniest
• nach kurzem Vokal wird ein Konsonant am Wortende verdoppelt	fit, fitter, fittest
Steigerung mit *more …, most …*	
• zweisilbige Adjektive, die nicht auf *-er, -le, -ow* oder *-y* enden	useful, more useful, most useful *nützlich, nützlicher, am nützlichsten*
• Adjektive mit drei und mehr Silben	difficult, more difficult, most difficult *schwierig, schwieriger, am schwierigsten*
Unregelmäßige Steigerung	
Die unregelmäßig gesteigerten Adjektive muss man auswendig lernen. Einige sind hier angegeben:	good, better, best *gut, besser, am besten* bad, worse, worst *schlecht, schlechter, am schlechtesten* many, more, most *viele, mehr, am meisten* much, more, most *viel, mehr, am meisten* little, less, least *wenig, weniger, am wenigsten*

Steigerungsformen im Satz – *Sentences with Comparisons*

Es gibt folgende Möglichkeiten, Steigerungen im Satz zu verwenden:

- **Positiv:** Zwei oder mehr Personen oder Sachen sind **gleich oder ungleich:** *(not) as* + Grundform des Adjektivs + *as*

  Anne is as tall as John (and Steve).
  Anne ist genauso groß wie John (und Steve).

  John is not as tall as Steve.
  John ist nicht so groß wie Steve.

- **Komparativ:** Zwei oder mehr Personen/Sachen sind **verschieden** (größer/besser ...): Komparativform des Adjektivs + *than*

  Steve is taller than Anne.
  Steve ist größer als Anne.

- **Superlativ:** Eine Person oder Sache wird besonders hervorgehoben (der/die/das größte/beste ...): *the* + Superlativform des Adjektivs

  Steve is the tallest boy in class.
  Steve ist der größte Junge in der Klasse.

Steigerung des Adverbs – *Comparison of Adverbs*

Adverbien können wie Adjektive auch gesteigert werden.

- Adverbien auf *-ly* werden mit *more, most* bzw. mit *less, least* gesteigert.

  She talks more quickly than John.
  Sie spricht schneller als John.

- Adverbien, die dieselbe Form wie das Adjektiv haben, werden mit *-er, -est* gesteigert.

  fast – faster – fastest
  early – earlier – earliest

- Manche Adverbien haben unregelmäßige Steigerungsformen, z. B.:

  well – better – best
  badly – worse – worst
  little – less – least
  much – more – most

Die Stellung von Adverbien im Satz

Adverbien können verschiedene Positionen im Satz einnehmen:

- Am **Anfang des Satzes**, vor dem Subjekt *(front position)*

  Tomorrow he will be in London.
  Morgen [betont] wird er in London sein.
  Unfortunately, I can't come to the party.
  Leider kann ich nicht zur Party kommen.

• **Im Satz** *(mid position)* vor dem Vollverb,	She often goes to school by bike. *Sie fährt oft mit dem Rad in die Schule.*
nach *to be*,	She is already at home. *Sie ist schon zu Hause.*
nach dem ersten Hilfsverb.	You can even go swimming there. *Man kann dort sogar schwimmen gehen.*
• Am **Ende des Satzes** *(end position)*	He will be in London tomorrow. *Er wird morgen in London sein.*
Gibt es mehrere Adverbien am Satzende, so gilt die **Reihenfolge**: Art und Weise – Ort – Zeit *(manner – place – time)*	The snow melts slowly in the mountains at springtime. *Im Frühling schmilzt der Schnee langsam in den Bergen.*

2 Artikel – *Article*

Der **bestimmte Artikel** steht, wenn man von einer **ganz bestimmten Person oder Sache** spricht.	The cat is sleeping on the sofa. *Die Katze schläft auf dem Sofa. [nicht irgendeine Katze, sondern eine bestimmte]*
Beachte: Der bestimmte Artikel steht unter anderem **immer** in folgenden Fällen:	
• **abstrakte Begriffe**, die näher erläutert sind	The agriculture practised in the USA is very successful. *Die Landwirtschaft, wie sie in den USA praktiziert wird, ist sehr erfolgreich.*
• **Gebäudebezeichnungen**, wenn man vom Gebäude und nicht von der Institution spricht	The university should be renovated soon. *Die Universität sollte bald renoviert werden.*
• **Eigennamen im Plural** (Familiennamen, Gebirge, Inselgruppen, einige Länder etc.)	the Johnsons, the Rockies, the Hebrides, the Netherlands, the USA
• Namen von **Flüssen** und **Meeren**	the Mississippi, the North Sea, the Pacific Ocean

Der **unbestimmte Artikel** steht, wenn man von einer **nicht näher bestimmten Person oder Sache** spricht.	A man is walking down the road. *Ein Mann läuft gerade die Straße entlang. [irgendein Mann]*

Beachte: In einigen Fällen steht **stets** der unbestimmte Artikel:	
• **Berufsbezeichnungen** und **Nationalitäten**	She is an engineer. *Sie ist Ingenieurin.* He is a Scot(sman). *Er ist Schotte.*
• Zugehörigkeit zu einer **Religion** oder **Partei**	She is a Catholic. *Sie ist katholisch.* He is a Tory. *Er ist Mitglied der Tories.*

In diesen Fällen steht **kein Artikel**:	
• **nicht zählbare** Nomen wie z. B. **Stoffbezeichnungen**	Gold is very valuable. *Gold ist sehr wertvoll.*
• **abstrakte Nomen** ohne nähere Bestimmung	Buddhism is widespread in Asia. *Der Buddhismus ist in Asien weit verbreitet.*
• **Kollektivbegriffe**, z. B. *man, youth, society*	Man is responsible for global warming. *Der Mensch ist für die Klimaerwärmung verantwortlich.*
• **Institutionen**, z. B. *school, church, university, prison*	We went to school together. *Wir gingen zusammen zur Schule.*
• **Mahlzeiten**, z. B. *breakfast, lunch*	Dinner is at 8 p.m. *Das Abendessen ist um 20 Uhr.*
• *by* + **Verkehrsmittel**	I went to school by bike. *Ich fuhr mit dem Fahrrad zur Schule.*
• **Personennamen** (auch mit Titel), **Verwandtschaftsbezeichnungen**, die wie Namen verwendet werden	Tom, Mr Scott, Queen Elizabeth, Dr Hill, Dad, Uncle Harry
• Bezeichnungen für **Straßen, Plätze, Brücken, Parkanlagen**	Fifth Avenue, Trafalgar Square, Westminster Bridge, Hyde Park
• Namen von **Ländern, Kontinenten, Städten, Seen, Inseln, Bergen**	France, Asia, San Francisco, Loch Ness, Corsica, Ben Nevis

3 Pronomen – *Pronouns*

Possessivpronomen – *Possessive Pronouns*

Possessivpronomen *(possessive pronouns)* verwendet man, um zu sagen, **wem etwas gehört**.
Steht ein Possessivpronomen allein, so wird eine andere Form verwendet als in Verbindung mit einem Substantiv:

mit Substantiv	ohne Substantiv		
my	*mine*	This is my bike.	– This is mine.
your	*yours*	This is your bike.	– This is yours.
his/her/its	*his/hers/–*	This is her bike.	– This is hers.
our	*ours*	This is our bike.	– This is ours.
your	*yours*	This is your bike.	– This is yours.
their	*theirs*	This is their bike.	– This is theirs.

Reflexivpronomen – *Reflexive Pronouns*

Reflexivpronomen *(reflexive pronouns)* **beziehen sich auf das Subjekt** des Satzes **zurück**. Es handelt sich also um dieselbe Person:

myself	I will buy myself a new car.
yourself	You will buy yourself a new car.
himself / herself / itself	He will buy himself a new car.
ourselves	We will buy ourselves a new car.
yourselves	You will buy yourselves a new car.
themselves	They will buy themselves a new car.

Beachte:

- Einige Verben stehen ohne Reflexivpronomen, obwohl im Deutschen mit „mich, dich, sich etc." übersetzt wird.

I apologize …
Ich entschuldige mich …
He is hiding.
Er versteckt sich.

- Einige Verben können sowohl mit einem Objekt als auch mit einem Reflexivpronomen verwendet werden. Dabei ändert sich die Bedeutung, z. B. bei *to control, to enjoy, to help, to occupy.*

He is enjoying the party.
Er genießt die Party.
She is enjoying herself.
Sie amüsiert sich.

He is helping the child.
Er hilft dem Kind.
Help yourself!
Bedienen Sie sich!

Reziprokes Pronomen – *Reciprocal Pronoun* ("each other/one another")

each other/one another ist unveränderlich. Es bezieht sich auf **zwei oder mehr Personen** und wird mit „sich (gegenseitig)/einander" übersetzt.	They looked at each other and laughed. *Sie schauten sich (gegenseitig) an und lachten.* *oder:* *Sie schauten einander an und lachten.*
Beachte: Einige Verben stehen ohne *each other*, obwohl im Deutschen mit „sich" übersetzt wird.	to meet — *sich treffen* to kiss — *sich küssen* to fall in love — *sich verlieben*

4 Präpositionen – *Prepositions*

Präpositionen *(prepositions)* drücken **räumliche, zeitliche oder andere Arten von Beziehungen** aus.	The ball is under the table. He came home after six o'clock.
Die wichtigsten Präpositionen mit Beispielen für ihre Verwendung:	
• *at* Ortsangabe: *at home*	I'm at home now. *Ich bin jetzt zu Hause.*
Zeitangabe: *at 3 p.m.*	He arrived at 3 p.m. *Er kam um 15 Uhr an.*
• *by* Angabe des Mittels: *by bike*	She went to work by bike. *Sie fuhr mit dem Rad zur Arbeit.*
Angabe der Ursache: *by mistake*	He did it by mistake. *Er hat es aus Versehen getan.*
Zeitangabe: *by tomorrow*	You will get the letter by tomorrow. *Du bekommst den Brief bis morgen.*
• *for* Zeitdauer: *for hours*	We waited for the bus for hours. *Wir warteten stundenlang auf den Bus.*
• *from* Ortsangabe: *from Dublin*	Ian is from Dublin. *Ian kommt aus Dublin.*
Zeitangabe: *from nine to five*	We work from nine to five. *Wir arbeiten von neun bis fünf Uhr.*
• *in* Ortsangabe: *in England*	In England, they drive on the left. *In England herrscht Linksverkehr.*

Zeitangabe: *in the morning*	They woke up in the morning. *Sie wachten am Morgen auf.*
• *of* Ortsangabe: *north of the city*	The village lies north of the city. *Das Dorf liegt nördlich der Stadt.*
• *on* Ortsangabe: *on the left,* *on the floor*	On the left you see the London Eye. *Links sehen Sie das London Eye.*
Zeitangabe: *on Monday*	On Monday she will buy the tickets. *(Am) Montag kauft sie die Karten.*
• *to* Richtungsangabe: *to the left*	Please turn to the left. *Bitte wenden Sie sich nach links.*
Angabe des Ziels: *to London*	He goes to London every year. *Er fährt jedes Jahr nach London.*

5 Modale Hilfsverben – *Modal Auxiliaries*

Zu den **modalen Hilfsverben** *(modal auxiliaries)* zählen z. B. *can, may* und *must.*

Bildung • Die modalen Hilfsverben haben für alle Personen **nur eine Form**: kein *-s* in der 3. Person Singular.	I, you, he/she/it, we, you, they } must
• Auf ein modales Hilfsverb folgt der **Infinitiv ohne *to*.**	You must listen to my new CD. *Du musst dir meine neue CD anhören.*
• **Frage und Verneinung** werden nicht mit *do/did* umschrieben.	Can you help me, please? *Kannst du mir bitte helfen?*
Die modalen Hilfsverben können nicht alle Zeiten bilden. Deshalb benötigt man **Ersatzformen** (können auch im Präsens verwendet werden).	
• ***can*** (können) Ersatzformen: ***(to) be able to*** (Fähigkeit), ***(to) be allowed to*** (Erlaubnis)	I can sing./I was able to sing. *Ich kann singen. / Ich konnte singen.* You can't go to the party./ I wasn't allowed to go to the party. *Du darfst nicht auf die Party gehen./* *Ich durfte nicht auf die Party gehen.*
Beachte: Im *simple past* und *conditional I* ist auch *could* möglich.	When I was three, I could already ski. *Mit drei konnte ich schon Ski fahren.*

- ***may*** (dürfen) – sehr höflich
  Ersatzform: ***(to) be allowed to***

You may go home early./
You were allowed to go home early.
Du darfst früh nach Hause gehen./
Du durftest früh nach Hause gehen.

- ***must*** (müssen)
  Ersatzform: ***(to) have to***

He must be home by ten o'clock./
He had to be home by ten o'clock.
Er muss um zehn Uhr zu Hause sein./
Er musste um zehn Uhr zu Hause sein.

Beachte:
must not/mustn't = „nicht dürfen"

You must not eat all the cake.
Du darfst nicht den ganzen Kuchen essen.

„nicht müssen, nicht brauchen" =
not have to, needn't

You don't have to/needn't eat all the cake.
Du musst nicht den ganzen Kuchen essen./
Du brauchst nicht … zu essen.

Infinitiv, Gerundium oder Partizip? – Die infiniten Verbformen

6 Infinitiv – *Infinitive*

Der **Infinitiv** (Grundform des Verbs) **mit *to*** steht z. B. **nach**

- bestimmten **Verben**, z. B.:

to decide	(sich) entscheiden, beschließen
to expect	erwarten
to hope	hoffen
to manage	schaffen
to plan	planen
to promise	versprechen
to want	wollen

He decided to wait.
Er beschloss zu warten.

- bestimmten **Substantiven und Pronomen** *(something, anything)*, z. B.:

attempt	Versuch
idea	Idee
plan	Plan
wish	Wunsch

We haven't got anything to eat at home.
Wir haben nichts zu essen zu Hause.

It was her plan to visit him in May.
Sie hatte vor, ihn im Mai zu besuchen.

- bestimmten **Adjektiven** (auch in Verbindung mit *too/enough*) und deren Steigerungsformen, z. B.:

certain	sicher
difficult/hard	schwer, schwierig
easy	leicht

It was difficult to follow her.
Es war schwer, ihr zu folgen.

- **Fragewörtern**, wie z. B. *what, where, which, who, when, how* und nach *whether*. Diese Konstruktion ersetzt eine indirekte Frage mit modalem Hilfsverb.

We knew where to find her. /
We knew where we would find her.
Wir wussten, wo wir sie finden würden.

Die Konstruktion **Objekt + Infinitiv** wird im Deutschen oft mit einem „dass"-Satz übersetzt.
Sie steht z. B. **nach**

- bestimmten **Verben**, z. B.:

to allow	erlauben
to get	veranlassen
to help	helfen
to persuade	überreden

She allowed him to go to the cinema.
Sie erlaubte ihm, dass er ins Kino geht. / … ins Kino zu gehen.

- **Verb + Präposition**, z. B.:

to count on	rechnen mit
to rely on	sich verlassen auf
to wait for	warten auf

She relies on him to arrive in time.
Sie verlässt sich darauf, dass er rechtzeitig ankommt.

- **Adjektiv + Präposition**, z. B.:

easy for	leicht
necessary for	notwendig
nice of	nett
silly of	dumm

It is necessary for you to learn maths.
Es ist notwendig, dass du Mathe lernst.

- **Substantiv + Präposition**, z. B.:

opportunity for	Gelegenheit
idea for	Idee
time for	Zeit
mistake for	Fehler

Work experience is a good opportunity for you to find out which job suits you.
Ein Praktikum ist eine gute Gelegenheit, herauszufinden, welcher Beruf zu dir passt.

- einem **Adjektiv**, das durch ***too*** oder ***enough*** näher bestimmt wird.

The box is too heavy for me to carry.
Die Kiste ist mir zu schwer zum Tragen.

The weather is good enough for us to go for a walk. *Das Wetter ist gut genug, dass wir spazieren gehen können.*

7 Gerundium (-*ing*-Form) – *Gerund*

Bildung
Infinitiv + -*ing*

read → reading

Beachte:

- stummes *-e* entfällt
  write → writing
- nach kurzem betontem Vokal: Schlusskonsonant verdoppelt
  stop → stopping
- *-ie* wird zu *-y*
  lie → lying

Verwendung

Die *-ing*-Form steht nach bestimmten Ausdrücken und kann verschiedene Funktionen im Satz einnehmen, z. B.:

- als **Subjekt** des Satzes

  Skiing is fun. *Skifahren macht Spaß.*

- nach bestimmten **Verben** (als **Objekt** des Satzes), z. B.:

to avoid	vermeiden
to enjoy	genießen, gern tun
to keep (on)	weitermachen
to miss	vermissen
to risk	riskieren
to suggest	vorschlagen

  He enjoys reading comics.
  Er liest gerne Comics.

  You risk losing a friend.
  Du riskierst, einen Freund zu verlieren.

- nach **Verb + Präposition**, z. B.:

to agree with	zustimmen
to believe in	glauben an
to dream of	träumen von
to look forward to	sich freuen auf
to talk about	sprechen über

  She dreams of meeting a star.
  Sie träumt davon, einen Star zu treffen.

- nach **Adjektiv + Präposition**, z. B.:

afraid of	sich fürchten vor
famous for	berühmt für
good/bad at	gut/schlecht in
interested in	interessiert an

  He is afraid of losing his job.
  Er hat Angst, seine Arbeit zu verlieren.

- nach **Substantiv + Präposition**, z. B.:

chance of	Chance, Aussicht
danger of	Gefahr
reason for	Grund
way of	Art und Weise

  Do you have a chance of getting the job?
  Hast du Aussicht, die Stelle zu bekommen?

• nach **Präpositionen** und **Konjunktionen der Zeit**, z. B.: *after* – nachdem *before* – bevor *by* – indem, dadurch, dass *in spite of* – trotz *instead of* – statt	Before leaving the room he said goodbye. *Bevor er den Raum verließ, verabschiedete er sich.*

8 Infinitiv oder Gerundium? – *Infinitive or Gerund?*

Einige Verben können sowohl **mit** dem **Infinitiv** als auch **mit der** ***-ing*-Form** stehen, **ohne** dass sich die **Bedeutung ändert**, z. B. *to love, to hate, to prefer, to start, to begin, to continue.*	I hate getting up early. I hate to get up early. *Ich hasse es, früh aufzustehen.*

Bei manchen Verben **ändert sich** jedoch die **Bedeutung**, je nachdem, ob sie mit Infinitiv oder mit der *-ing*-Form verwendet werden, z. B. *to remember, to forget, to stop.*	
• *to remember* + Infinitiv: „daran denken, etwas zu tun"	I must remember to post the invitations. *Ich muss daran denken, die Einladungen einzuwerfen.*
to remember + *ing*-Form: „sich erinnern, etwas getan zu haben"	I remember posting the invitations. *Ich erinnere mich daran, die Einladungen eingeworfen zu haben.*
• *to forget* + Infinitiv: „vergessen, etwas zu tun"	Don't forget to water the plants. *Vergiss nicht, die Pflanzen zu gießen.*
to forget + *ing*-Form: „vergessen, etwas getan zu haben"	I'll never forget meeting the President. *Ich werde nie vergessen, wie ich den Präsidenten traf.*
• *to stop* + Infinitiv: „stehen bleiben, um etwas zu tun"	I stopped to read the road sign. *Ich hielt an, um das Verkehrsschild zu lesen.*
to stop + *ing*-Form: „aufhören, etwas zu tun"	He stopped laughing. *Er hörte auf zu lachen.*

9 Partizipien – *Participles*

Partizip Präsens – *Present Participle*

Bildung Infinitiv + *ing* Sonderformen: siehe *gerund* (S. G 11 f.)	talk → talking
Verwendung Das *present participle* verwendet man:	
• zur Bildung der Verlaufsform *present progressive*,	Peter is reading. *Peter liest (gerade).*
• zur Bildung der Verlaufsform *past progressive*,	Peter was reading when I saw him. *Peter las (gerade), als ich ihn sah.*
• zur Bildung der Verlaufsform *present perfect progressive*,	I have been living in Sydney for 5 years. *Ich lebe seit 5 Jahren in Sydney.*
• zur Bildung der Verlaufsform *future progressive*,	This time tomorrow I will be working. *Morgen um diese Zeit werde ich arbeiten.*
• wie ein Adjektiv, wenn es vor einem Substantiv steht.	The village hasn't got running water. *Das Dorf hat kein fließendes Wasser.*

Partizip Perfekt – *Past Participle*

Bildung Infinitiv + *-ed*	talk → talked
Beachte: • stummes *-e* entfällt	live → lived
• nach kurzem betontem Vokal wird der Schlusskonsonant verdoppelt	stop → stopped
• *-y* wird zu *-ie*	cry → cried
• unregelmäßige Verben (S. G 31 f.)	be → been
Verwendung Das *past participle* verwendet man	
• zur Bildung des *present perfect*,	He hasn't talked to Tom yet. *Er hat noch nicht mit Tom gesprochen.*

• zur Bildung des *past perfect,*	Before they went biking in France, they had bought new bikes. *Bevor sie nach Frankreich zum Radfahren gingen, hatten sie neue Fahrräder gekauft.*
• zur Bildung des *future perfect,*	The letter will have arrived by then. *Der Brief wird bis dann angekommen sein.*
• zur Bildung des Passivs,	The fish was eaten by the cat. *Der Fisch wurde von der Katze gefressen.*
• wie ein Adjektiv, wenn es vor einem Substantiv steht.	Peter has got a well-paid job. *Peter hat eine gut bezahlte Stelle.*

Verkürzung eines Nebensatzes durch ein Partizip

Adverbiale Nebensätze (meist kausale oder temporale Bedeutung) und **Relativsätze** können durch ein Partizip verkürzt werden.	She watches the news, because she wants to stay informed. Wanting to stay informed, she watches the news. *Sie sieht sich die Nachrichten an, weil sie informiert bleiben möchte.*
Aus der Zeitform des Verbs im Nebensatz ergibt sich, welches Partizip für die Satzverkürzung verwendet wird:	
• Steht das Verb im Nebensatz im *present* oder *past tense* (*simple* und *progressive form*), verwendet man das *present participle.*	he finishes he finished } → finishing
• Steht das Verb im Nebensatz im *present perfect* oder *past perfect,* verwendet man *having + past participle.*	he has finished he had finished } → having finished
• Das *past participle* verwendet man auch, um einen Satz im Passiv zu verkürzen.	Sally is a manager in a five-star hotel which is called Pacific View. Sally is a manager in a five-star hotel called Pacific View.

Beachte: • Man kann einen Temporal- oder Kausalsatz verkürzen, wenn **Haupt- und Nebensatz dasselbe Subjekt** haben.	When he was walking down the street, he saw Jo. (When) walking down the street, he saw Jo. *Als er die Straße entlangging, sah er Jo.*

- Bei **Kausalsätzen** entfallen die Konjunktionen *as, because* und *since* im verkürzten Nebensatz.

As he was hungry, he bought a sandwich.
Being hungry, he bought a sandwich.
Da er hungrig war, kaufte er ein Sandwich.

- In einem **Temporalsatz** bleibt die einleitende **Konjunktion** häufig erhalten, um dem Satz eine **eindeutige Bedeutung** zuzuweisen.

When he left, he forgot to lock the door.
When leaving, he forgot to lock the door.
Als er ging, vergaß er, die Tür abzuschließen.

Tara got sick eating too much chocolate.
Tara wurde schlecht, als/während/da sie zu viel Schokolade aß.

Die Vorzeitigkeit einer Handlung kann durch ***after + present participle*** oder durch ***having + past participle*** ausgedrückt werden.

After finishing / Having finished breakfast, he went to work.
Nachdem er sein Frühstück beendet hatte, ging er zur Arbeit.

- Bei **Relativsätzen** entfallen die Relativpronomen *who, which* und *that.*

I saw a six-year-old boy who played the piano.
I saw a six-year-old boy playing the piano.
Ich sah einen sechsjährigen Jungen, der gerade Klavier spielte. / … Klavier spielen.

Verbindung von zwei Hauptsätzen durch ein Partizip

Zwei Hauptsätze können durch ein Partizip verbunden werden, wenn sie **dasselbe Subjekt** haben.

Beachte:
- Das Subjekt des zweiten Hauptsatzes und die Konjunktion *and* entfallen.
- Die Verbform des zweiten Hauptsatzes wird durch das Partizip ersetzt.

He did his homework and he listened to the radio.
He did his homework listening to the radio.
Er machte seine Hausaufgaben und hörte Radio.

Unverbundene Partizipialkonstruktionen – *Absolute Participle Constructions*

Unverbundene Partizipialkonstruktionen haben ein **eigenes Subjekt**, das nicht mit dem Subjekt des Hauptsatzes übereinstimmt. Sie werden in **gehobener Sprache** verwendet.
Mit einleitendem ***with*** werden sie auf allen Stilebenen verwendet.

The sun having come out, the ladies went for a walk in the park.
Da die Sonne herausgekommen war, gingen die Damen im Park spazieren.

With the telephone ringing, she jumped out of bed.
Als das Telefon klingelte, sprang sie aus dem Bett.

Bildung und Gebrauch der finiten Verbformen

10 Zeiten – *Tenses*

Simple Present

Bildung
Infinitiv, Ausnahme 3. Person Singular: Infinitiv + *-s*

stand – he/she/it stands

Beachte:
- Bei Verben, die auf *-s, -sh, -ch, -x* und *-z* enden, wird in der 3. Person Singular *-es* angefügt.

kiss – he/she/it kisses
rush – he/she/it rushes
teach – he/she/it teaches
fix – he/she/it fixes

- Bei Verben, die auf Konsonant + *-y* enden, wird *-es* angefügt; *-y* wird zu *-i-*.

carry – he/she/it carries

Bildung von Fragen im *simple present*
(Fragewort +) *do/does* + Subjekt + Infinitiv

Where does he live? / Does he live in London?
Wo lebt er? / Lebt er in London?

Beachte:
Die Umschreibung mit *do/does* wird nicht verwendet,
- wenn nach dem Subjekt gefragt wird (mit *who, what, which*),

Who came to the party?
Wer kam zur Party?
Which tree has more leaves?
Welcher Baum hat mehr Blätter?

- wenn die Frage mit *is/are* gebildet wird.

Are you happy?
Bist du glücklich?

Bildung der Verneinung im *simple present*
don't/doesn't + Infinitiv

He doesn't like football.
Er mag Fußball nicht.

Verwendung
Das *simple present* wird verwendet:

- bei Tätigkeiten, die man **gewohnheitsmäßig** oder häufig ausführt
  Signalwörter: z. B. *always, often, never, every day, every morning, every afternoon*

Every morning John buys a newspaper.
Jeden Morgen kauft John eine Zeitung.

- bei **allgemeingültigen** Aussagen

London is a big city.
London ist eine große Stadt.

- bei **Zustandsverben**: Sie drücken Eigenschaften / Zustände von Personen und Dingen aus und stehen normalerweise nur in der *simple form,* z. B. *to hate, to know, to like.*

I like science-fiction films.
Ich mag Science-Fiction-Filme.

Present Progressive / Present Continuous

Bildung
am/is/are + present participle

read → am/is/are reading

Bildung von Fragen im *present progressive*
(Fragewort +) *am/is/are* + Subjekt + *present participle*

Is Peter reading?/What is he reading?
Liest Peter gerade?/Was liest er?

Bildung der Verneinung im *present progressive*
am not/isn't/aren't + present participle

Peter isn't reading.
Peter liest gerade nicht.

Verwendung
Mit dem *present progressive* drückt man aus, dass etwas **gerade passiert** und **noch nicht abgeschlossen** ist. Es wird daher auch als **Verlaufsform** der Gegenwart bezeichnet.

Signalwörter: *at the moment, now*

At the moment, Peter is drinking a cup of tea.
Im Augenblick trinkt Peter eine Tasse Tee. [Er hat damit angefangen und noch nicht aufgehört.]

Simple Past

Bildung
Regelmäßige Verben: Infinitiv + *-ed*

walk → walked

Beachte:

- stummes *-e* entfällt

  hope → hoped

- Bei Verben, die auf Konsonant + *-y* enden, wird *-y* zu *-i-*.

  carry → carried

- Nach kurzem betontem Vokal wird der Schlusskonsonant verdoppelt.

  stop → stopped

Unregelmäßige Verben: siehe Liste S. G 31 f.

be → was
have → had

Bildung von Fragen im *simple past*
(Fragewort +) *did* + Subjekt + Infinitiv

(Why) Did he look out of the window?
(Warum) Sah er aus dem Fenster?

Beachte:
Die Umschreibung mit *did* wird nicht verwendet,

- wenn nach dem Subjekt gefragt wird (mit *who, what, which*),

  Who paid the bill?
  Wer zahlte die Rechnung?

  What happened to your friend?
  Was ist mit deinem Freund passiert?

- wenn die Frage mit *was/were* gebildet wird.

  Were you happy?
  Warst du glücklich?

Bildung der Verneinung im *simple past*
didn't + Infinitiv

He didn't call me.
Er rief mich nicht an.

Verwendung
Das *simple past* beschreibt Handlungen und Ereignisse, die **in der Vergangenheit passierten** und **bereits abgeschlossen** sind.

Signalwörter: z. B. *yesterday, last week/year, two years ago, in 2008*

Last week, he helped me with my homework.
Letzte Woche half er mir bei meinen Hausaufgaben. [Die Handlung fand in der letzten Woche statt, ist also abgeschlossen.]

Past Progressive / Past Continuous

Bildung
was/were + present participle

watch → was/were watching

Verwendung
Die **Verlaufsform** *past progressive* verwendet man, wenn **zu einem bestimmten Zeitpunkt** in der Vergangenheit eine **Handlung ablief**, bzw. wenn eine **Handlung** von einer anderen **unterbrochen** wurde.

Yesterday at 9 o'clock I was still sleeping.
Gestern um 9 Uhr schlief ich noch.

I was reading a book when Peter came into the room.
Ich las (gerade) ein Buch, als Peter ins Zimmer kam.

Present Perfect (Simple)

Bildung
have/has + past participle

write → has/have written

Verwendung
Das *present perfect* verwendet man,

- wenn ein Vorgang **in der Vergangenheit begonnen** hat und **noch andauert**,

He has lived in London since 2008.
Er lebt seit 2008 in London.
[Er lebt jetzt immer noch in London.]

- wenn das Ergebnis einer vergangenen Handlung **Auswirkungen auf die Gegenwart** hat.

I have just cleaned my car.
Ich habe gerade mein Auto geputzt.
[Man sieht evtl. das saubere Auto.]

Signalwörter: z. B. *already, ever, just, how long, not ... yet, since, for*

Have you ever been to Dublin?
Warst du schon jemals in Dublin?

Beachte:

- *have/has* können zu *'ve/'s* verkürzt werden.

He's given me his umbrella.
Er hat mir seinen Regenschirm gegeben.

- Das *present perfect* wird oft mit *since* und *for* verwendet („seit").
  - ***since*** gibt einen **Zeitpunkt** an:

Ron has lived in Sydney since 2007.
Ron lebt seit 2007 in Sydney.

  - ***for*** gibt einen **Zeitraum** an:

Sally has lived in Berlin for five years.
Sally lebt seit fünf Jahren in Berlin.

Present Perfect Progressive / Present Perfect Continuous

Bildung
have/has + been + present participle

write → has/have been writing

Verwendung
Die **Verlaufsform** *present perfect progressive* verwendet man, um die **Dauer einer Handlung** zu **betonen**, die in der Vergangenheit begonnen hat und noch andauert.

She has been sleeping for ten hours.
Sie schläft seit zehn Stunden.

Past Perfect (Simple)

Bildung
had + past participle

write → had written

Verwendung
Die Vorvergangenheit *past perfect* verwendet man, wenn ein Vorgang in der Vergangenheit **vor einem anderen Vorgang in der Vergangenheit abgeschlossen** wurde.

He had bought a ticket before he took the train to Manchester.
Er hatte eine Fahrkarte gekauft, bevor er den Zug nach Manchester nahm. [Beim Einsteigen war der Kauf abgeschlossen.]

Past Perfect Progressive / Past Perfect Continuous

Bildung
had + been + present participle

write → had been writing

Verwendung
Die **Verlaufsform** *past perfect progressive* verwendet man für **Handlungen**, die in der Vergangenheit **bis zu dem Zeitpunkt andauerten**, zu dem eine neue Handlung einsetzte.

She had been sleeping for ten hours when the doorbell rang.
Sie hatte seit zehn Stunden geschlafen, als es an der Tür klingelte. [Das Schlafen dauerte bis zu dem Zeitpunkt an, als es an der Tür klingelte.]

Will-future

Bildung
will + Infinitiv

buy → will buy

Bildung von Fragen im *will-future*
(Fragewort +) *will* + Subjekt + Infinitiv

What will you buy?
Was wirst du kaufen?

Bildung der Verneinung im *will-future*
won't + Infinitiv

Why won't you come to our party?
Warum kommst du nicht zu unserer Party?

Verwendung
Das *will-future* verwendet man, wenn ein Vorgang **in der Zukunft stattfinden** wird:

- bei Vorhersagen oder Vermutungen,
- bei spontanen Entscheidungen.

The weather will be fine tomorrow.
Das Wetter wird morgen schön (sein).

[doorbell] "I'll open the door."
"Ich werde die Tür öffnen."

Signalwörter: z. B. *tomorrow, next week, next Monday, next year, in three years, soon*

Going-to-future

Bildung
am/is/are + *going to* + Infinitiv

find → am/is/are going to find

Verwendung
Das *going-to-future* verwendet man, wenn man ausdrücken will:

- was man für die Zukunft **plant** oder **zu tun beabsichtigt**.

I am going to work in England this summer.
Diesen Sommer werde ich in England arbeiten.

- dass ein **Ereignis bald eintreten wird**, da bestimmte **Anzeichen** vorhanden sind.

Look at those clouds. It's going to rain soon.
Schau dir diese Wolken an. Es wird bald regnen.

Simple Present und *Present Progressive* zur Wiedergabe der Zukunft

Verwendung

- Mit dem ***present progressive*** drückt man **Pläne** für die Zukunft aus, für die bereits **Vorkehrungen** getroffen wurden.
- Mit dem ***simple present*** wird ein zukünftiges Geschehen wiedergegeben, das **von außen festgelegt** wurde, z. B. Fahrpläne, Programme, Kalender.

We are flying to New York tomorrow.
Morgen fliegen wir nach New York.
[Wir haben schon Tickets.]

The train leaves at 8.15 a.m.
Der Zug fährt um 8.15 Uhr.

The play ends at 10 p.m.
Das Theaterstück endet um 22 Uhr.

Future Progressive / Future Continuous

Bildung
will + be + present participle

work → will be working

Verwendung
Die **Verlaufsform** *future progressive* drückt aus, dass ein **Vorgang** in der Zukunft zu einem bestimmten Zeitpunkt **gerade ablaufen wird**.

Signalwörter: *this time next week / tomorrow, tomorrow* + Zeitangabe

This time tomorrow I will be sitting in a plane to London.
Morgen um diese Zeit werde ich gerade im Flugzeug nach London sitzen.

Future Perfect (Future II)

Bildung
will + have + past participle

go → will have gone

Verwendung
Das *future perfect* drückt aus, dass ein **Vorgang** in der Zukunft **abgeschlossen sein wird** (Vorzeitigkeit in der Zukunft).

Signalwörter: *by then, by* + Zeitangabe

By 5 p.m. tomorrow I will have arrived in London.
Morgen Nachmittag um fünf Uhr werde ich bereits in London angekommen sein.

11 Passiv – *Passive Voice*

Bildung
Form von *(to) be* in der entsprechenden Zeitform + *past participle*

The bridge was finished in 1894.
Die Brücke wurde 1894 fertiggestellt.

Zeitformen:

• *simple present*	*Aktiv:*	Joe buys the milk.
	Passiv:	The milk is bought by Joe.
• *simple past*	*Aktiv:*	Joe bought the milk.
	Passiv:	The milk was bought by Joe.
• *present perfect*	*Aktiv:*	Joe has bought the milk.
	Passiv:	The milk has been bought by Joe.
• *past perfect*	*Aktiv:*	Joe had bought the milk.
	Passiv:	The milk had been bought by Joe.
• *will-future*	*Aktiv:*	Joe will buy the milk.
	Passiv:	The milk will be bought by Joe.
• *future perfect (future II)*	*Aktiv:*	Joe will have bought the milk.
	Passiv:	The milk will have been bought by Joe.
• *conditional I*	*Aktiv:*	Joe would buy the milk.
	Passiv:	The milk would be bought by Joe.
• *conditional II*	*Aktiv:*	Joe would have bought the milk.
	Passiv:	The milk would have been bought by Joe.

Aktiv → Passiv

- Das Subjekt des Aktivsatzes wird zum Objekt des Passivsatzes. Es wird mit *by* angeschlossen.
- Das Objekt des Aktivsatzes wird zum Subjekt des Passivsatzes.
- Stehen im Aktiv **zwei Objekte**, lassen sich zwei verschiedene Passivsätze bilden. Ein Objekt wird zum Subjekt des Passivsatzes, das zweite bleibt Objekt.

  Beachte:
  Das indirekte Objekt muss im Passivsatz mit *to* angeschlossen werden.

Aktiv:	Joe (*Subjekt*)	buys	the milk. (*Objekt*)
Passiv:	The milk (*Subjekt*)	is bought	by Joe. (*by-agent*)

Aktiv:	They (*Subjekt*)	gave	her (*ind. Obj.*)	a ball. (*dir. Obj.*)
Passiv:	She (*Subjekt*)	was given		a ball. (*dir. Obj.*)

oder:

Aktiv:	They (*Subjekt*)	gave	her (*ind. Obj.*)	a ball. (*dir. Obj.*)
Passiv:	A ball (*Subjekt*)	was given		to her. (*ind. Obj.*)

Passiv → Aktiv

- Der mit *by* angeschlossene Handelnde *(by-agent)* des Passivsatzes wird zum Subjekt des Aktivsatzes; *by* entfällt.
- Das Subjekt des Passivsatzes wird zum Objekt des Aktivsatzes.
- Fehlt im Passivsatz der *by-agent*, muss im Aktivsatz ein Handelnder als Subjekt ergänzt werden, z. B. *somebody, we, you, they*.

Passiv:	The milk *Subjekt*	is bought	by Joe. *by-agent*
Aktiv:	Joe *Subjekt*	buys	the milk. *Objekt*

Passiv:	The match *Subjekt*	was won.	
Aktiv:	They *(ergänztes) Subjekt*	won	the match. *Objekt*

Der Satz im Englischen

12 Wortstellung – *Word Order*

Im Aussagesatz gilt die Wortstellung Subjekt – **Prädikat** – **Objekt** *(subject – verb – object)*:

- Subjekt: Wer oder was tut etwas?
- Prädikat: Was wird getan?
- Objekt: Worauf/Auf wen bezieht sich die Tätigkeit?

Für die Position von Orts- und Zeitangaben vgl. S. G 4 f.

Cats catch mice.
Katzen fangen Mäuse.

13 Konditionalsätze – *Conditional Sentences*

Ein Konditionalsatz (Bedingungssatz) besteht aus zwei Teilen: einem Nebensatz *(if-clause)* und einem Hauptsatz *(main clause)*. Im ***if*-Satz** steht die **Bedingung** *(condition)*, unter der die im **Hauptsatz** genannte **Folge** eintritt. Man unterscheidet drei Arten von Konditionalsätzen:

Konditionalsatz Typ I

Bildung

- *if*-Satz (Bedingung): *simple present*
- Hauptsatz (Folge): *will-future*

If you read this book,
Wenn du dieses Buch liest,

you will learn a lot about music.
erfährst du eine Menge über Musik.

Der *if*-Satz kann auch nach dem Hauptsatz stehen. In diesem Fall entfällt das Komma:

- Hauptsatz: *will-future*
- *if*-Satz: *simple present*

You will learn a lot about music
Du erfährst eine Menge über Musik,

if you read this book.
wenn du dieses Buch liest.

Im Hauptsatz kann auch

- *can* + Infinitiv,
- *must* + Infinitiv,
- der Imperativ

stehen.

If you go to London, you can see Bob.
Wenn du nach London fährst, kannst du Bob treffen.

If you go to London, you must visit me.
Wenn du nach London fährst, musst du mich besuchen.

If it rains, take an umbrella.
Wenn es regnet, nimm einen Schirm mit.

Verwendung

Bedingungssätze vom Typ I verwendet man, wenn die **Bedingung erfüllbar** ist. Man gibt an, was unter bestimmten Bedingungen **geschieht** oder **geschehen kann**.

Konditionalsatz Typ II

Bildung

- *if*-Satz (Bedingung): *simple past*
- Hauptsatz (Folge): *conditional I* = *would* + Infinitiv

If I went to London,
Wenn ich nach London fahren würde,

I would visit the Tower.
würde ich mir den Tower ansehen.

Verwendung
Bedingungssätze vom Typ II verwendet man, wenn die **Bedingung nur theoretisch erfüllt** werden kann oder **nicht erfüllbar** ist.

Konditionalsatz Typ III

Bildung

- *if*-Satz (Bedingung): *past perfect*

If I had gone to London,
Wenn ich nach London gefahren wäre,

- Hauptsatz (Folge): *conditional II = would + have + past participle*

I would have visited the Tower of London.
hätte ich mir den Tower of London angesehen.

Verwendung
Bedingungssätze vom Typ III verwendet man, wenn sich die **Bedingung auf die Vergangenheit bezieht** und deshalb **nicht mehr erfüllbar** ist.

14 Relativsätze – *Relative Clauses*

Ein Relativsatz ist ein Nebensatz, der sich **auf eine Person oder Sache** des Hauptsatzes **bezieht** und diese **näher beschreibt**:

The boy who looks like Jane is her brother.
Der Junge, der Jane ähnlich sieht, ist ihr Bruder.

- Hauptsatz: The boy … is her brother.
- Relativsatz: … who looks like Jane …

Bildung
Haupt- und Nebensatz werden durch das Relativpronomen verbunden.

- ***who*** (Nominativ oder Akkusativ),

Peter, who lives in London, likes travelling.
Peter, der in London lebt, reist gerne.

whose (Genitiv) und

Sam, whose mother is an architect, is in my class.
Sam, dessen Mutter Architektin ist, geht in meine Klasse.

whom (Akkusativ) beziehen sich auf **Personen**,

Anne, whom/who I like very much, is French.
Anne, die ich sehr mag, ist Französin.

- ***which*** bezieht sich auf **Sachen**,

The film "Dark Moon", which we saw yesterday, was far too long.
Der Film „Dark Moon", den wir gestern sahen, war viel zu lang.

- ***that*** kann sich auf **Sachen** und auf **Personen** beziehen und wird nur verwendet, wenn die **Information** im Relativsatz **notwendig** ist, um den ganzen Satz zu verstehen.

The film that we saw last week was much better.
Der Film, den wir letzte Woche sahen, war viel besser.

Verwendung
Mithilfe von Relativpronomen kann man **zwei Sätze miteinander verbinden**.

London is England's biggest city. London has about 7.2 million inhabitants.
London ist Englands größte Stadt.
London hat etwa 7,2 Millionen Einwohner.

London, which is England's biggest city, has about 7.2 million inhabitants.
London, die größte Stadt Englands, hat etwa 7,2 Millionen Einwohner.

Beachte:
Man unterscheidet zwei Arten von Relativsätzen:

- **Notwendige Relativsätze** *(defining relative clauses)* enthalten Informationen, die **für das Verständnis** des Satzes **erforderlich** sind.

The man who is wearing a red shirt is Mike.
Der Mann, der ein rotes Hemd trägt, ist Mike.

Hier kann das Relativpronomen entfallen, wenn es Objekt ist; man spricht dann auch von *contact clauses*.

The book (that) I bought yesterday is thrilling.
Das Buch, das ich gestern gekauft habe, ist spannend.

- **Nicht notwendige Relativsätze** *(non-defining relative clauses)* enthalten **zusätzliche Informationen** zum Bezugswort, die für das Verständnis des Satzes nicht unbedingt notwendig sind. Dieser Typ von Relativsatz wird **mit Komma** abgetrennt.

Sally**,** who went to a party yesterday**,** is very tired.
Sally, die gestern auf einer Party war, ist sehr müde.

15 Indirekte Rede – *Reported Speech*

Die indirekte Rede verwendet man, um **wiederzugeben, was ein anderer gesagt** oder **gefragt hat**.

Bildung
Um die indirekte Rede zu bilden, benötigt man ein **Einleitungsverb**.
Häufig verwendete Einleitungsverben sind:

to say, to tell, to add, to mention, to think, to ask, to want to know, to answer

In der indirekten Rede verändern sich die **Pronomen**, in bestimmten Fällen auch die **Zeiten** und die **Orts-** und **Zeitangaben**.

- Wie die Pronomen sich verändern, hängt vom jeweiligen **Kontext** ab.

direkte Rede	**indirekte Rede**
Bob says to Jenny: "I like you." *Bob sagt zu Jenny: „Ich mag dich."*	Jenny tells Liz: "Bob says that he likes me." *Jenny erzählt Liz: „Bob sagt, dass er mich mag."*
Aber:	Jenny tells Liz that Bob likes her. *Jenny erzählt Liz, dass Bob sie mag.*

- **Zeiten**:
Keine Veränderung, wenn das Einleitungsverb im *simple present* oder im *present perfect* steht:

direkte Rede	**indirekte Rede**
Bob says, "I love dancing." *Bob sagt: „Ich tanze sehr gerne."*	Bob says (that) he loves dancing. *Bob sagt, er tanze sehr gerne.*

In folgenden Fällen wird die Zeit der direkten Rede in der indirekten Rede **um eine Zeitstufe zurückversetzt**, wenn das **Einleitungsverb** im ***simple past*** steht:	Bob said, "I love dancing." *Bob sagte: „Ich tanze sehr gerne."*	Bob said (that) he loved dancing. *Bob sagte, er tanze sehr gerne.*
simple present → *simple past*	Joe: "I like it."	Joe said he liked it.
simple past → *past perfect*	Joe: "I liked it."	Joe said he had liked it.
present perfect → *past perfect*	Joe: "I've liked it."	Joe said he had liked it.
will-future → *conditional I*	Joe: "I will like it."	Joe said he would like it.
• **Zeitangaben** verändern sich, wenn der Bericht zu einem späteren Zeitpunkt erfolgt, z. B.: • Welche **Ortsangabe** verwendet wird, hängt davon ab, wo sich der Sprecher im Moment befindet.	now → today → yesterday → the day before yesterday → tomorrow → next week → here →	then, at that time that day, yesterday the day before two days before the following day the following week there

Bildung der indirekten Frage Häufige Einleitungsverben für die indirekte Frage sind:	to ask, to want to know, to wonder	
• **Fragewörter** bleiben in der indirekten Rede **erhalten**. Die **Umschreibung** mit *do/does/did* **entfällt** in der indirekten Frage.	Tom: "When did they arrive?" *Tom: „Wann sind sie angekommen?"*	Tom asked when they had arrived. *Tom fragte, wann sie angekommen seien.*
• Enthält die direkte Frage **kein Fragewort**, wird die indirekte Frage mit ***whether*** oder ***if*** eingeleitet:	Tom: "Are they staying at the hotel?" *Tom: „Übernachten sie im Hotel?"*	Tom asked if/whether they were staying at the hotel. *Tom fragte, ob sie im Hotel übernachten.*

Befehle/Aufforderungen in der indirekten Rede Häufige Einleitungsverben sind:	to tell, to order, to ask	
In der indirekten Rede steht hier **Einleitungsverb + Objekt + *(not) to* + Infinitiv**.	Tom: "Leave the room." *Tom: „Verlass den Raum."*	Tom told me to leave the room. *Tom forderte mich auf, den Raum zu verlassen.*

Anhang

16 Liste wichtiger unregelmäßiger Verben – *List of Irregular Verbs*

Infinitive	Simple Past	Past Participle	*Deutsch*
be	was/were	been	*sein*
begin	began	begun	*beginnen*
blow	blew	blown	*wehen, blasen*
break	broke	broken	*brechen*
bring	brought	brought	*bringen*
build	built	built	*bauen*
buy	bought	bought	*kaufen*
catch	caught	caught	*fangen*
choose	chose	chosen	*wählen*
come	came	come	*kommen*
cut	cut	cut	*schneiden*
do	did	done	*tun*
draw	drew	drawn	*zeichnen*
drink	drank	drunk	*trinken*
drive	drove	driven	*fahren*
eat	ate	eaten	*essen*
fall	fell	fallen	*fallen*
feed	fed	fed	*füttern*
feel	felt	felt	*fühlen*
find	found	found	*finden*
fly	flew	flown	*fliegen*
get	got	got	*bekommen*
give	gave	given	*geben*
go	went	gone	*gehen*
grow	grew	grown	*wachsen*
hang	hung	hung	*hängen*
have	had	had	*haben*
hear	heard	heard	*hören*
hit	hit	hit	*schlagen*
hold	held	held	*halten*
keep	kept	kept	*halten*
know	knew	known	*wissen*

Infinitive	**Simple Past**	**Past Participle**	***Deutsch***
lay	laid	laid	*legen*
leave	left	left	*verlassen*
let	let	let	*lassen*
lie	lay	lain	*liegen*
lose	lost	lost	*verlieren*
make	made	made	*machen*
meet	met	met	*treffen*
pay	paid	paid	*bezahlen*
put	put	put	*stellen/setzen*
read	read	read	*lesen*
ring	rang	rung	*läuten/anrufen*
run	ran	run	*rennen*
say	said	said	*sagen*
see	saw	seen	*sehen*
send	sent	sent	*schicken*
show	showed	shown	*zeigen*
sing	sang	sung	*singen*
sit	sat	sat	*sitzen*
sleep	slept	slept	*schlafen*
smell	smelt	smelt	*riechen*
speak	spoke	spoken	*sprechen*
spend	spent	spent	*ausgeben/ verbringen*
stand	stood	stood	*stehen*
steal	stole	stolen	*stehlen*
swim	swam	swum	*schwimmen*
take	took	taken	*nehmen*
teach	taught	taught	*lehren*
tell	told	told	*erzählen*
think	thought	thought	*denken*
throw	threw	thrown	*werfen*
wake	woke	woken	*aufwachen*
wear	wore	worn	*tragen*
win	won	won	*gewinnen*
write	wrote	written	*schreiben*

Abiturprüfungen

Abiturprüfung Sachsen – Englisch Leistungskurs
2007

Snowdrop (by Mei Chi Chan)

She had come to tell them of her decision.

Standing by the door of the kitchen in the semi-darkness, a faint odour of bleach and onions greeted her like an old and comfortable companion. Silence, condensed by the hum of the refrigerators, echoed through and drew her in.

The fluorescent strips flickered before exploding off the hard, sharp surfaces, pricking out the edges, threatening the shadows. This was the kitchen that spoke not of home and its comforts but of forges, armoury and battle. For now, the steel rested. The oil in the deep fryer was cool, brown and thick as treacle. […]

She walked across the room to the chopping board that stood on its own. Knives and choppers of different shapes and sizes hung from one of its edges, resembling a set of monstrous teeth. She could almost hear the thud of a heavy blade cleaving through flesh and bone onto the wood below. Delicately, she traced the scars on the surface. Tiny fragments of wood tickled her fingertips. In two hours her mother would come down the stairs and enter this arena. The fires would be lit, the oil would begin to bubble and steam and the steel would start to clash. She remembered Friday nights when she was a child. Friday was the busiest night of the week. People invaded the take-away in hordes after the pubs had closed. Reeking of cigarette smoke and with the sour smell of drink on their breath, they demanded to be fed. Inside the kitchen she would sit, unable to help: the still centre in the madly spinning wheel of movement around her. She would look backwards and forwards between her father and her mother. Their faces frightened her, she could not recognise them. They were not their daytime selves, they became something impersonal, mechanical, and even monstrous. They were like the knives, slashing, paring, chopping, slicing, dividing. Moving through the thick greasy white smoke like the warriors of old, advancing in the mists of dawn; they looked invincible. Every ounce of being was consumed in the task of making food. It could not be called 'cooking'. Cooking sounded too homely. No, like alchemists, they brought forth food out of steel and fire. Their creations subdued and sated the hungry hordes that bayed impatiently outside.

[…] She walked round and round the kitchen, circling the aluminium worktop that was the centrepiece of the room. At times, she would stride, eyes wide and blazing. Then at other times her steps turned into a shuffle. She sighed and muttered, shaking her head: *I can't, I can't do it, I can't, I really can't. They can. But not me. I'm too soft, too weak, too split. I don't have it – what it takes. I – will – fail.*

But there was another voice in her head, saying: you can, you can do it. Of course you can. You have had the training. You have the guts. You have stamina. That's all you need. The rest will take care of itself. She heard footsteps. She felt a shaking in the depths of her stomach. They would ask her and she would not know what to say …

'Snowdrop. That's a snowdrop.' The little girl listened deeply to the word.

Gem-like, it sank into her heart and made it glow. A blue-green stem, a slender arch over virginal snow, and a white pendant flower dangling like an echo over it. 'A snowdrop.'

That first, never-ending winter in England. Frosted air that bit her lungs, toes that never thawed, strangers made stranger still, wrapped and hunched and invisible in their layers, voices that blew like gusts into her ears, sounded with meaning – until the word 'snowdrop'. Something melted. It was the feeling that she could not express then, the feeling of a fragile white flower rising over the snow. Now she would call it 'hope'. How thankful she was not to have known the word then.

They would ask her and she would say 'snowdrop' and they would understand. The word would turn like a key in their hearts. Snowdrop, snowdrop, a flower, a drop of …
Her mother and father broke into the space and light. She looked at them for a moment and there was confusion. In her mind they had been giants. Had they always been so small? How sallow and faded they looked, like parchment. In an instant, doubt vanished, and the two voices in her head united: *They cannot win. I will not be able to win here either. It is the wood, the metal, the blades, the oil, the flames – that last. It is the flesh and the spirit that are bowed and twisted for their purpose. Those warriors of myth and legend were invincible only in stories. Blood is spilt, flesh and bone are torn and shattered and burnt. Only the weapons remain unharmed: wood and metal gleaming as though smiling. The victory belongs to them. All the while we feared the hordes beyond; all the while they were among us here. And my parents, what is left of them?*
When she spoke, her voice was steady and clear. And when she told them that she would not stay and work in the kitchen they did not try to persuade her. Her father turned on the fryer and her mother lit the range. *(895 words)*

Abridged from: Jean Moore and John Catron, Diverse Cultures – Short Stories, Hodder & Stoughton, London, 2001, pp. 58–60. in 1974.

Annotation:
Mei Chi Chan was born in Hong Kong in 1967.
Her family moved to Nigeria for five years, before immigrating to Britain in 1974.

A Text production

A1 Working with the text

Answer in complete English sentences.

1.1 Sum up what you learn about the protagonist. (3 BE)

1.2 Analyse the means by which the author illustrates the protagonist's conflict. (5 BE)

1.3 Explain the function of "snowdrop" in the story. (2 BE)

Inhalt: (10 BE)

A2 Composition

Choose *one* of the following topics.

2.1 "She looked at them for a moment and there was confusion. In her mind they had been giants. Had they always been so small?" (ll. 48–50)
Reflect on how one's perception of the world changes in the course of one's life.

2.2 "… plan for the future – but plan for only what makes you happy. Not your parents, nor society, not your friends or the audience who will adore your books only after you've died an untimely death. Travel, indulge, explore. Be purposeless and random and creative and free …"

From: Lauren Krugel, "Free!", Young People's Press 2001, http://www.ypp.net/fullarticle.asp?ID=19 [download / 18 January 2007]

Discuss this approach to designing one's life.

2.3 Explain the concept of "Britishness" by evaluating the validity of at least two of the given statements about the United Kingdom.
- Being an island has made Britain different.
- Britain is a truly united kingdom.
- Unlike the US, Britain has never been a nation of immigrants.

Inhalt: 10 BE

Inhaltliche Leistung: 20 BE
Sprachrichtigkeit: 20 BE
Ausdrucksvermögen: 10 BE

Gesamt: 50 BE

B Translation

Struggling with Integration (by Nadiyya Malik)

[…] The hard working, independently owned open till late corner shops that typified the British Asians is no longer the case. This generational change is because the new breed of Asians is more multicultural and economically active with a desire to be accepted and integrated into the society. […]
It seems that the new breed of Asians are trying to fit in rather than integrating and are confusing the two. So by trying to fit in the British Asians are incorporating the western values and culture with their own becoming more evolved but this has instead created new issues. The influence and change is creating a struggle between being British but at the same time struggling with the cultural identity and roots.
This rebellious youth that has already thrown away the humbleness of their parents is not sure how much of the western culture they should incorporate and what cultural traditions they should hold on to.

(158 words)

Abridged from: http.//www.asianimage.co.uk/misc/print.php?artid=801771 [download / 18 July 2006]

20 BE

Lösungsvorschlag

A Text production

1 Working with the text

1.1 *The key points are:*
- *young Asian woman who has immigrated to GB*
- *family bachground (take-away)*
- *finds it hard to make an important decision*
- *recalls childhood memories*
- *finally decides not to stay*

We learn that the protagonist is a young woman who must have immigrated to Great Britain with her parents when she was a little girl.
Apparently, the protagonist has come to see her parents and tell them about her decision not to work in their takeaway restaurant. Having been away for some time, she is now walking around the kitchen of her parents' restaurant, reflecting on her life in Britain and her relationship to her parents. The reader gains an insight into her thoughts, e. g. when she recalls childhood memories of seeing her parents work in the takeaway. All in all, these memories are fairly unpleasant as she perceives her parents' job and their British customers as hostile and threatening.
Although she clearly dislikes the notion of working in the takeaway, she finds it hard to tell her parents about her decision.
Finally she tells her parents that she will not stay with them, but wishes to leave.

1.2 *The key points are:*
- *atmosphere as created in protagonist's reflections*
- *violent and belligerent vocabulary*
- *inner conflict: two voices*
- *flashback*

To me, the most striking method used by the author is the atmosphere created in the reflections of the protagonist on her childhood.
The reader's first impression is that of "an old and comfortable companion", just an ordinary kitchen with the usual smell and the usual sounds. Then, however, the atmosphere changes instantly. A sharp contrast is created when all of a sudden the restaurant is described as a battle ground (ll. 7/8), full of violent images. The knives and choppers are compared to "monstrous teeth" (l. 11) and she can hear "the blade carving through flesh and bone". The fact that the author chooses the word "flesh" instead of "meat" (the latter word being normally used when talking about food) and the word "blade" (standing for a sword) signifies the violence she connects with the work in the restaurant.
The battle, as she conceives it, culminates when the customers hit the restaurant on Friday nights. They are described as invading the restaurant in "hordes" and as behaving in a hostile and threatening manner.
Being a little girl then, the protagonist could not really give her parents a hand. Instead she felt helpless – and lonely – as her parents were consumed by their work to satisfy "the hungry hordes" (l. 28).
And, what is more, her parents would, in her eyes, turn into threatening monsters themselves. "Their faces frightened her, … they became something impersonal, mechanical, … They were like the knives …" (ll. 20–23).
Finally, she describes her parents as being of almost supernatural strength, as "warriors of old" (l. 26) and as "alchemists" (l. 29), who "looked invincible" (l. 27).

To sum up, her parents appeared to her as both threatening and enormously strong at the same time. By using similes such as "They were like knives", the author portrays the alienation of the protagonist from her parents, and the work they are doing.
The inner conflict of the protagonist is further enhanced by the author creating two voices in her head, arguing with each other about whether to stay and work in the shop or leave. These two forces inside her are presented in the form of two interior monologues (ll. 30–33 and ll. 51–58), structured in a dialectical fashion. There is the thesis ("I can't, …" ll. 31/32) and the antithesis ("You can, …" l. 32). Finally, there is a synthesis, when the two opposing "voices in her head united" (l. 51) and the protagonist comes to the conclusion that the work in the restaurant constitutes a no-win situation ("They cannot win. I will not be able to win either." ll. 51/52) and that the strenuous work will inevitably lead to the destruction of her parents, and of herself if she decides to stay. ("Only the weapons remain unharmed …" l. 55)
The flashback between the two interior monologues, which includes the snowdrop episode which gives the story its title, creates a stark contrast to the situation described in the kitchen. Whereas the kitchen evokes images resembling the fires of hell, a hot and hostile place, the snowdrop, arching over "virginal snow" (l. 39) symbolises innocence, peace – and real communication taking place. The sentence "Something melted" (l. 43) indicates that the snowdrop stands for the protagonist's ability to adapt to the new surroundings, the new culture and the new language. It is a symbol of hope, the hope to escape the hostile, narrow and uncommunicative world of her parents. *578 words*

1.3 *The key points are:*
- *associations: tranquillity, peace, innocence*
- *symbolic meaning(s)in general*
- *symbolic meaning as regards protagonist's life: acceptance, understanding*

First of all, the snowdrop is used as the title of the story. It triggers off expectations associated with tranquility, peace and innocence (images that stand in stark contrast to her description of her parents' kitchen, see above).
Furthermore the snowdrop can be seen as a symbol of spring, when, after a long and hostile winter (see ll. 40/41), life starts picking up again and the weather is much more comfortable. The whole environment becomes friendlier. As a consequence, most people become more optimistic, and, like the weather, the future looks much brighter.
In our story the snowdrop stands for the protagonist's hope for positive change and for a better future. The way she repeats the word again and again evokes the image of a magician mumbling some sort of incantation (or mantra) to bring about change. And things do in fact change for the better, as the word snowdrop functions like a key opening up a once hostile, foreign culture for her. Instead of perceiving the British as hostile she now starts to feel accepted and understood ("… and they would understand." l. 46).
However, a snowdrop can also be seen as something rather fragile, like the protagonist herself when she describes herself as being too weak to cope with the hard work in her parents' restaurant.
Her hopes and expectations appear to be rather fragile, too. From her inner conflict the reader learns that she is not really sure where to go and what to do. When she finally tells her parents about her decision the reader knows what she will leave behind, but doesn't know whether there is any positive alternative for her in the future. *280 words*

2 Composition

2.1 *The key points are:*
- *physical and mental development during childhood: examples*
- *changing role of parents/ other adults*
- *importance of language/ communication*
- *becoming an individual*
- *life-long learning, perpetual change*

Looking at the quotation from the text by Mei Chi Chan, I can easily identify with her view. Yes, the world looked a lot bigger when I was a young child. Adults appeared like giants, incredibly strong, able to lift you off the ground and carry you wherever they wanted to put you. And there was nothing you could do about this. Today, the situation is quite different. Now it is me towering over my parents, with my mother looking rather delicate, if not fragile. My dad, who once used to be the strongest man in the world to me, now appears to me as a worn – out wreck, unable to compete against me in any sports whatsoever.

How has my perception of my parents changed so dramatically over the last 18 years? I assume it all has to do with our social and biological development. When we are born we completely depend on our parents. Without them, we would die within hours. They feed us, they wipe our bottoms, they keep us warm, in short they protect us against a hostile world, an aggressive environment littered with lethal traps, such as cars, cookers, sockets, boiling water and many other things.

It's our parents' voices or just their sheer presence that soothe us and give us orientation, as the world as such is quite incomprehensible to us and therefore threatening, especially at night.

Slowly but surely however we develop our own consciousness. We discover the world outside the pram by crawling through the rooms of our flat or through the sandpit on the playground. Next we walk upright, which gives us a completely new perspective on things, and the whole world becomes a little smaller, more and more lucid.

In fact biologists claim that the upright walk was perhaps the stage in our evolution that made our race ready to rule over this planet. Personally, I can't agree more. What is true for our species is also true for the individual.

During our childhood we develop our senses and our understanding of the world as we grow physically. Learning to talk, for instance, is a new vital step towards more independence. We can now specify what we want from our parents. In fact, language does extend our reach dramatically as we can now communicate with any other person (on the condition that he speaks our language).

Then, after having acquired the ability to speak, we are sent away to learn more about the world. At kindergarten for instance we are confronted with other adults (who have authority over us) and other children we have to accept and get along with. New tasks and responsibilities lie ahead of us and we learn how to adjust to new surroundings, bigger than our families. Some of us, for instance, become members of a sports club or start playing an instrument.

At the age of six we start school, a place we are to stay at for the next 12 years (or so) and in which the transition from childhood to adulthood takes place.

Learning lots of interesting things, from music to the abstract notion of the atom, from sports to the secrets and joys (or horrors) of literature, helps us acquire a new understanding, a new sense of identity. Furthermore, we suddenly become aware of the fact that people are individuals, entitled to their own opinions and free to follow their own pursuits.

As a consequence, our parents, once the more or less all – powerful masters of our destiny, become less and less influential. Developing into an adolescent, everything

becomes somewhat relative and we start questioning our parents' and our teachers' views.
In most families, puberty virtually becomes a battle zone in which we all struggle for our independence with regards to clothes, appearance, friends, our lifestyle and our attitudes.
To conclude, I would like to point out that now, at the age of 18 (and hopefully at the end of adolescence), my classmates and have I come a long way with regard to our perception of the world. And things will continue to change. After school, we will delve into the world of (true) adulthood. We will travel, study, and finally find a job. Eventually we will settle down and perhaps even have a family. Or do something completely different. But whatever we do, things will keep on changing and so will our perspective on the world. *735 words*

2.2 *The key points are:*
- *influence and expectations of others (examples)*
- *finding your own role, identity*
- *travelling to broaden your horizon*
- *controversial meaning of the words "indulge", "purposeless" and "random"*
- *responsibility for your future career/ life*

At a first glance, I could easily identify with Lauren Krugel's advice. Yes, it is indeed very difficult to design your own life without being dependent on other people.
First of all there are your parents. Of course they mean well, but from the day you were born they keep telling you what to do: eat up, go to bed early, don't watch this, don't watch that. Later, when you hit puberty and start developing your own ideas, they might change to giving you some "friendly advice" as they would call it. And as you depend on them economically, you cannot simply ignore what they tell you, so their influence should not be underestimated. They expect you to perform well at school and elsewhere and have a career. To make things worse, some parents would like you to be a greater achiever than they were themselves. So you have to work even harder to fulfil their demands.
The pressure on you is multiplied by your tutors, your coaches or music teachers. They all want you to perform, fit in and "fulfil your potential", as the saying goes. At the end of the day you should turn into somebody (something?) useful, a taxpayer who knows his place and contributes to the well-being of society.
Be useful, fit in and, most of all, don't waste your time! More often than not, this message is even amplified by your friends. If you try something new or exciting, they are the ones who worry about you. They issue warnings, claiming that, as your friends, they know what is best for you and that the partner you have chosen to live with might not be suitable.
To cut a long story short, everybody seems to know what is good for you and therefore feels free to impose his or her demands on you.
All these people act like an audience. They expect you to perform to certain standards and satisfy their needs and further their enjoyment. But what about your own needs and desires?
Considering my own wishes, I would definitely like to travel, as travelling widens your horizon and familiarises you with foreign and fascinating cultures and people. Travelling shows you the difference and the richness of this world. It allows you to experience tolerance and hospitality: you learn how to communicate with people and new environments. In short, travelling makes you a more experienced and (hopefully) more tolerant and better-informed person, as much of the knowledge you gain from travelling can't be gained from books or films. So travelling as such is a very positive thing, unless you overdo it and let it become an obsession, when you can't stop trav-

elling, as you never feel at home in any one place.
The term "indulge" carries the notion of enjoying something wholeheartedly, with no regrets, so to speak. Personally, I consider this to be very important. You should be able to give yourself up to pleasure, to really enjoy what you are doing, be that love, music or anything else.
However, you should not get carried away, as life is not a pleasure cruise, and you should take responsibility for yourself and for others, e. g. your family, friends or just the people around you.
This is why I have serious doubts about being "purposeless" and "random" as Lauren Krugel suggests. Here, Krugel sounds as if she is asking you to forget about any objectives and deny the fact that we live in some sort of community, depending on others and with others depending on us.
This of course does not exclude moments of purposelessness, moments in which you allow yourself to drift along, to experiment and do things out of the ordinary. In short, to be creative.
However, you should stay focussed on your career and your future, otherwise you might easily get lost, as everybody – unless you inherit a fortune – must work for a living, and, like it or not, our lives and our possibilities depend largely on our financial resources.
Consequently, it would be irresponsible just to "indulge" and be completely "purposeless", as that would certainly be self-destructive.
To conclude, I would like to point out that being creative and independent does not necessarily stand in contrast to acting in a responsible way and having a successful and satisfactory career.
On the contrary, to me, the prerequisite for being creative and successful is a certain amount of freedom. Freedom to explore yourself and others, freedom to try out things and, most important, to allow yourself some time to relax and think about yourself, your life and your future. Only then you can make the right decisions. *775 words*

2.3 *The key points are:*
- *write about at least two statements*
- *different viewpoints, no single coherent concept of Britishness*
- *example: Ireland: colonisation, Troubles*
- *example: Scotland: devolution*
- *Britain as an island: seafaring nation, Empire*
- *European Union: Euroscepticism, loss of identity*

Trying to explain the concept of Britishness is a very difficult task, and there are-no simple answers to that extremely complex question.
First let me point out that I don't believe that there exists such a thing as a clear-cut concept of Britishness. Such concepts of nationhood always lie in the eye of the beholder, who could be a foreigner, a republican, a royalist, a southerner, a northerner or an immigrant. Each would give you a very different account of what defines Britishness. Even the immigrants consist of many different groups, e. g. Black Britons, Asian British or the large Irish communities.
When talking about the Irish, it becomes quite obvious that there has never been "a truly united kingdom". Ireland, including Northern Ireland, was in fact England's first colony, with English troops ransacking the country, oppressing its people and seeking to destroy its culture. For a long time, English colonisers forbid the Irish to speak their language (Irish), banned Irish music and fought hard to exert full economic and political control over the country. The potato famine in the 1840s was perhaps the most striking example of English ignorance towards the grievances they themselves had created in the first place.

No wonder the Irish did not accept English rule and demanded home rule by the end of the 19th century, and finally achieved full independence from London. Only Northern Ireland remained a part of the United Kingdom, but there was hardly any "unity" to be found.
On the contrary, the "Troubles" started in the 1960s, when Catholics fought Protestants and vice versa because the Protestants, calling themselves Unionists, wanted to remain part of the UK, whereas the Catholics wanted to be united with the Republic of Ireland. As a consequence Northern Ireland (and the rest of the UK) have seen more than thirty years of political turmoil, with sectarian killings and terrorist attacks from both sides. Even today, Northern Ireland is still a divided country, although the peace process has gained considerable momentum and the future does look a lot brighter than one might have expected 15 years ago.
However, the Irish are not the only ones who might not feel at home in a "united kingdom": Scotland, and, to a lesser extent, Wales are also seeking their independence. "Devolution" is the keyword, and it has triggered off a movement that will change the political and economic structure of the UK forever. It also shows that neither the Welsh nor the Scots have ever accepted English supremacy. And looking back into history, you can easily find proof for the struggle of those nations against England.
In this respect, it is not for nothing that at international football tournaments England, Wales, Scotland and Northern Ireland count as separate nations.
On the other hand, you might ask yourself why the United Kingdom has not dissolved yet, and why it is that even today many people in England, Wales and Northern Ireland are not sure whether the future lies in the British Isles consisting of three (or four?) different nation states.
It should be noted that, in spite of these conflicts, there exists a certain notion of "being British" (not to be confused with being English), of sharing a common culture, a common language and, most of all, a set of common values.
One value which many British people have in common is the fact that they see themselves as islanders, as the seafaring nation of the world, with (once) an Empire on which the sun never set, and a powerful navy (Britannia rule the waves!). Now, with the Empire long gone, Britain's political position has changed, and with the impact of globalisation and European integration, Britain is no longer as independent as it used to be. As a consequence quite a few Britons see these new developments as threats to their cultural integrity.
Some twenty years ago, this view was clearly illustrated on London railway stations and elsewhere, when signs read "Trains for the Continent" or even "Trains for Europe". Things have changed since then, but many Britons still see themselves as being different, especially when talking about "Europe". In spite of Britain being a full member of the EU, the so-called "Eurosceptics" in Britain are afraid that Britain might lose its identity once it is connected to the rest of Europe. When the Channel Tunnel was constructed, people came to the fore, claiming that with the tunnel in operation, Britain would go to the dogs. This was meant quite literally, as people were afraid of their dogs (and all other animals) becoming infected with rabies (which is seen a European problem). Illegal immigration was another hotly-discussed issue. To cut a long story short, many Britons were afraid they might lose control over their country, fearing that their island, once so well-protected, would now be overrun by hordes of asylum seekers and criminals.
Today, this discussion has more or less evaporated, and the Tunnel has become part of the common British and European infrastructure, but there still is a British island mentality, which goes hand-in-hand with the fear many Britons have of losing their identity in the European Union.

860 words

B Translation

Der Text enthält einige Formulierungen, die nicht direkt ins Deutsche übertragen werden können, sondern entsprechend frei übersetzt werden sollten:

- *„hardworking ... shops" sind nicht „hart arbeitende Läden", sondern „Läden, in denen hart gearbeitet wird"*
- *„independently owned": „selbstständig" (hier nicht „unabhängig besessen")*
- *Der Unterschied zwischen „fit in" = „einpassen, anpassen", hier vielleicht eher assimilieren (sich komplett anpassen) und „integrate" (sich integrieren, anpassen)*
- *„breed": hier nicht „Rasse", sondern „Typ, Typus" usw.*

Der Kampf / Das Ringen um die Integration

Von Nadiyya Malik

Die selbständigen (eigenständig betriebenen/sich in Eigenbesitz befindenden), bis spät in die Nacht geöffneten, für britische Asiaten/in Großbritannien lebende Asiaten (so) typische Läden an der Ecke/Tante-Emma-Läden, in denen hart gearbeitet wird, existieren (so)/gibt es (so) nicht mehr.

Dieser Generationswechsel kommt (dadurch) zustande, weil die neue Schicht/der neue Typ/Typus von Asiaten multikultureller (orientiert) und wirtschaftlich aktiver ist und sich danach sehnt/und danach strebt, anerkannt und in die Gesellschaft integriert zu werden.

Es scheint so, als ob dieser neue Typ von Asiaten eher ganz (komplett) dazu gehören will, als sich (einfach, nur) zu integrieren und dass er diese beiden Dinge miteinander verwechselt. Indem sich die britischen Asiaten (vollständig) anpassen/komplett dazugehören wollen, verbinden sie (die) westliche(n) Werte und Kultur mit ihrer eigenen und können sich so besser entfalten, welches anderseits aber auch neue Probleme schafft.

Der Einfluss (Diese Einflüsse) und die Veränderung(en) verursachen (jetzt) einen Konflikt zwischen (einerseits) Britisch-Sein, sich aber andererseits mit seiner kulturellen Identität und seinen Wurzeln auseinandersetzen zu müssen.

Diese rebellische Jugend hat bereits jetzt die Bescheidenheit/Demut ihrer Eltern über Bord geworfen haben und ist sich nicht sicher, wie viel westliche Kultur sie annehmen und an welchen kulturellen Traditionen sie festhalten sollte.

Abiturprüfung Sachsen – Englisch Leistungskurs
Mündliche Prüfung 2007 – Thema 1

Prüfungsteilnehmer A

Topic: Leaving Home

You are about to finish an important phase in your life and to make key decisions for your future.

Comment on the statistics.

Why do young people leave home?

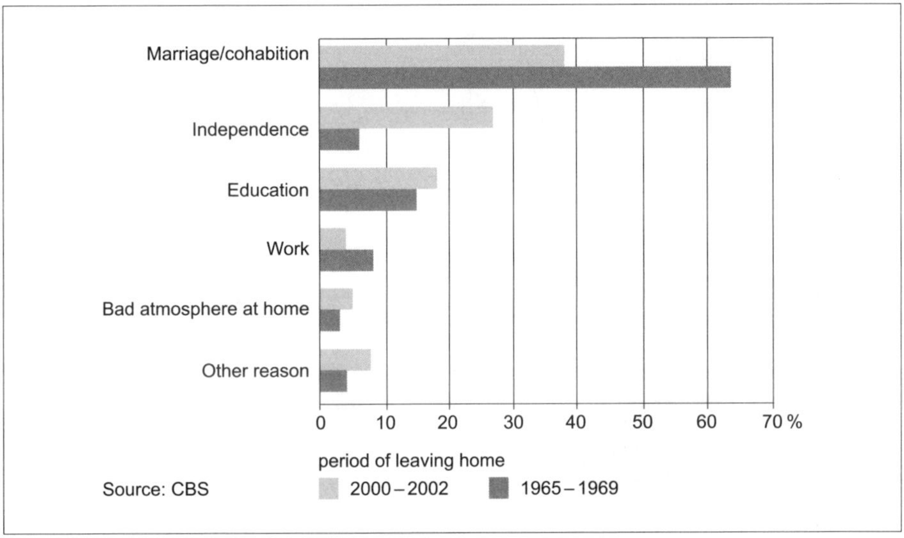

From: http://www.cbs.nl/en-GB/menu/themas/dossiers/vrouwen-en-mannen/publicaties/artikelen/archief/2004/2004-1485-wm.htm [download / 09 Januar 2007]

Together with your partner discuss various arguments when making the decision whether or not to leave home.

Talk about practical questions one would have to consider before taking such a step and suggest ways of avoiding problems.

Prüfungsteilnehmer B

Topic: Leaving Home

You are about to finish an important phase in your life and to make key decisions for your future.

Comment on the statistics.

Where do people in their twenties live?

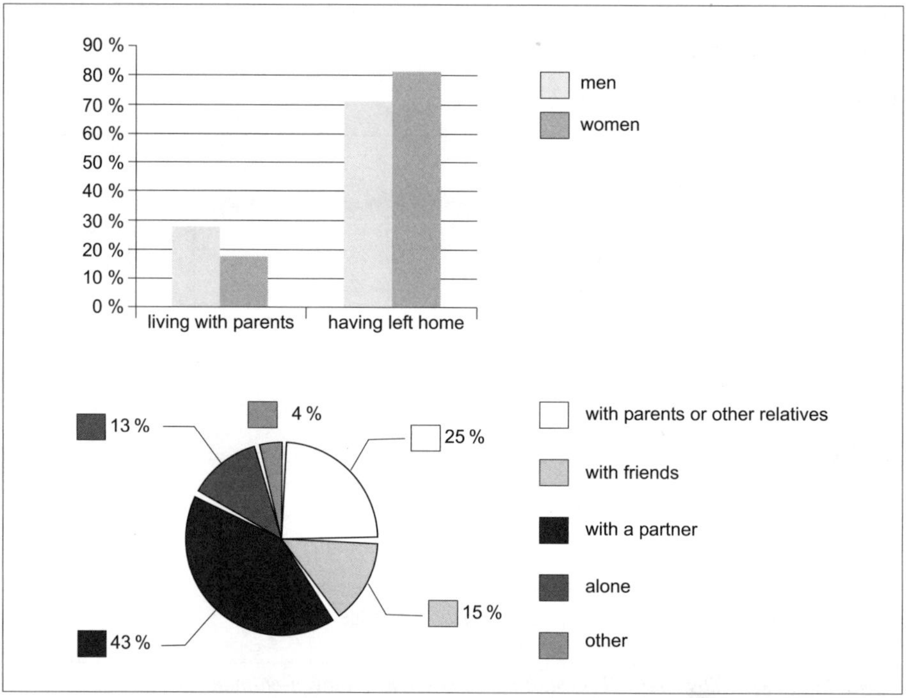

From: http://www.unilever.co.uk/Images/Final%report_tcm28-11401.pdf [download / 09 Januar 2007]

Together with your partner discuss various arguments when making the decision whether or not to leave home.
Talk about practical questions one would have to consider before taking such a step and suggest ways of avoiding problems.

Lösungsvorschläge

Partner A: Sophia

Our discussion topic is the question, why do young people leave home? I was given some statistics in a bar chart which puts the reasons why young people leave home into perspective. It compares the periods of 1965 to 1969 with 2000 to 2002.

Now, the main reason to leave home was and still is marriage, or living together with a partner. However, there seems to be a significant difference between the 1960s and the beginning of the 21st century. In the sixties more than sixty percent moved out to live with their partner, whereas today, it is only about 38 percent. So there has been quite a considerable decline over the last 40 years. I suspect that nowadays people move out earlier, even if they don't have a partner to live with. This is supported by the fact that the amount of single homes has increased enormously since the 1960s.

Today, so the statistics suggest, more people move out in order to gain their independence. This accounts for about 28 percent of today's youths, whereas in the 1960s, only about 8 percent left home for this reason.

The third most important reason to leave home is education. Sure, people want to go away, e.g. for studying abroad, or at least in a different city. However, there doesn't seem to be such a great difference between our generation and that of the 1960s. It's about 18 percent, compared to 15 percent – so we can conclude that education has played a similar role over the last 40 years.

It is interesting that work is not such an important reason now as it was in the 60s (about 5 to 8 percent). Would that suggest that nowadays more people stay at home, even when they have a job? I'm not too sure about this, but I have read about young people of my generation who prefer to stay with their parents rather than move out, even if they could support themselves.

Anyway, the last reason mentioned in the statistics is a bad atmosphere at home. That means that people move out because they find it hard to cope with their parents. This accounts for about 5 percent of today's youth, and only about three percent of young people in the 60s. I find this quite surprising. I mean, I would have thought that more people, in both generations, would move out because they have enough of being told what to do by their parents. But again, as far as I know, quite a few young people find living at home, even after they have graduated from school, quite attractive.

Personally, I can't wait to leave, although my parents and I get on reasonably well. *(452 words)*

Partner B: Johannes

Well, Sophia, that sounds interesting. You see, I was also given some statistics, but mine don't compare different generations. Instead, they inform you about differences between men and women in their 20s when it comes to living with their parents, or whether they have already left home. The statistics also tell you about who they live with: a partner, relatives, friends, and so on.

They don't tell you, though, when the data was gathered, but I assume that it is a rather recent survey, so it should tell us about our generation.

The first fact we learn is that more women leave home in their 20s than men, about 80 against just over 70 percent, so there is a difference of about 10 percent. It seems then as if women are quicker to become independent than men. Perhaps that's because women, at least in their 20s, are slightly more mature than men – that's what my sister says, anyway. I don't know whether that is generally true, but the image of the twenty or even thirty-year-old son still living with his parents, preferably his mother, is quite widespread. And I am sure that people in general look at a man still living at home more favourably than at a woman. "That old spinster, can't she get a man, or what?" But maybe that is a rather old-fashioned view. "Mother's darling", or "What a wimp!" I can hear my friends say when talking about a man still living with his parents. "Can't he get his act together, or what's his problem?"

Well, just to connect to what Sophia said before, I assume that quite a few young people find living with their parents quite attractive. Perhaps that's for economic reasons, you know, with Daddy paying the electricity bills and the petrol and what have you. I know a guy who always keeps telling us about how comfortable his life is, with his mother washing his clothes and cooking his favourite dish whenever he wants. Waiting on him on hand and foot as if she was his servant.

The second issue my statistics inform us about, in form of a pie chart, by the way, is who people in their 20s live with once they have moved out. Whereas 25 percent still live with parents or other relatives, the majority, 43 percent, live with a partner. So that corresponds with your findings, Sophia. Most people in their 20s move in with a partner, which to me is quite logical, as you want to live your partnership without anyone else being around, least of all your parents sneaking up on you and poking their noses into your business.

What I find interesting is that a number of people, 13 percent, live on their own. Sophia, you hinted at the fact that nowadays single homes are on the increase, but honestly, I don't know if I would like living entirely by myself. I'd rather move in with friends, and that seems to be rather fashionable with today's young people. Indeed, 15 percent live with friends. I mean, sharing a flat with friends can be fun and it also makes sense economically. *(527 words)*

Discussion

SOPHIA: Sure, it does. Well, that takes us on to the part in which we are supposed to discuss various arguments about whether to leave home or not – and discuss the practical consequences as well.

I think we don't need to discuss whether it makes sense to move out or not. Of course it does. You want to be independent, develop your own interests and fulfil your potential, without nagging parents telling you what to do.

JOHANNES: I couldn't agree more. The first thing I will do after my A-Levels is move in with two of my best friends. At least those are my plans. But of course things are not as easy as that. First I must convince my parents to support me financially. "Get a job if you want to live on your own. I'm neither willing nor able to pay for that," I can hear my Dad say. And he is right in a way. Why should he pay for an extra flat if I could, at least theoretically, live with him?

SOPHIA: Hm, I get your point. But your dad has to pay for you anyway, even when you live at home. You eat, you drink and you consume energy, water and all that. So it might not make such a big difference if you leave home or not.

JOHANNES: Well Sophia, it's not quite the same. Paying extra rent on top of the usual bills is different. And things are expensive nowadays, with rents going up every day. I mean, that's why I want to share a flat with friends. We'd have a common bathroom, a common kitchen and all that. So we can also divide the cost by three. Sharing, you know. That makes it all quite a bit cheaper.

SOPHIA: I see. Regarding your dad, that might be a convincing argument. It won't cost him quite so much. But are you sure that you really want to live with your friends? OK, they might be your best mates, but do you really want to live with them? They'd be around day in, day out. And even the best of friends can get on your nerves. Or they are just in the way. You bring home your girlfriend and the two of you just want your peace and quiet, and then your beloved friends feel like having a party, or they start blasting their stereos. Or they practice the saxophone or what have you.

JOHANNES: Sure, that might be. But there is a solution to that problem. We will sit together and talk things over before making any serious decision. And really, I feel that I can rely on my friends. OK, there might be trouble once in a while, and the odd argument, but on the whole I'm positive that we will get on with each other.

SOPHIA: OK, I agree. If you manage to come up with some basic rules of conduct, your life might not be as miserable as I thought. I remember that friend of mine who had to share a flat with people he hadn't even known before, you know, in London. They actually drew up a schedule of all the chores, who does the shopping and the cleaning and all that. And it worked. Sounds a bit strict to me, but apparently it made life for them a lot easier. But personally, I don't think I would like to commit myself so much to my flatmates.

JOHANNES: So what do you want – to live with your parents?

SOPHIA: No thanks. I'd rather move in with my boyfriend. We could find a nice flat for two and then live together.

JOHANNES: Sophia, I don't want to disappoint you, but the problems we have just discussed also apply when you live together with your partner. You think you know him and can trust him, and all of a sudden he turns out to be a complete stranger. You know, somebody you can't live with at all. Spreading his things all over the place, forgetting to put the top back on the toothpaste. Little things, you know. I know of a woman who had been together with her boyfriend for years. Then they moved into the same flat, and, ... well, it was over in a couple of weeks.

SOPHIA: OK, I have heard stories like that, but I'm sure I know my boyfriend well enough – and, I mean, all that is a very important part in your life, an experience you should have early on. Sharing, finding compromises and solutions. That's what life is about.

JOHANNES: I agree. You must be ready to make compromises. But to what extent? I sometimes envy those who can actually afford their own flat. Just live by yourself, not having to care about anybody else, being free to do what you like.

SOPHIA: Fine, and who's paying for that?

JOHANNES: Well, I suppose you must find a job. And if you're studying, you will have to work on the side, get a part-time job that is.

SOPHIA: Yep, the only problem with that might be that you don't have enough time for your studies. I mean, I want to go into medicine, and they have lots of exams, so it would be quite hard to work and study at the same time.

JOHANNES: I agree. That's why I want to move in with friends, you see. To keep the cost down and work as little as possible. Perhaps two or three afternoons or evenings a week. Just to keep me going.

SOPHIA: Good idea. At least theoretically. The reality might turn out to be a bit more complex. Have you ever thought about what kind of flat you want to rent? I suppose the rent should be as low as possible.

JOHANNES: Sure. We don't want a luxurious flat in the best part of town. We have already thought about it, and we are quite prepared to make some compromises.

SOPHIA: So you would even move to a rather run-down area, even a crime-ridden one? With lots of unemployed people, and lots of criminal youngsters roaming the streets? No thanks. For me, living in a high-crime area would stress me out too much. Then I'd rather stay with my parents.

JOHANNES: You sound a bit like my mother, you do. Honestly, she warned me of moving to the east end of town, saying exactly what you've just said. OK, you must have a look at the area first before you move in, but you can't be too choosey. You have to take the rough with the smooth. And the good thing is, that you are not alone. There are always some other students living somewhere in your neighbourhood who can help you.

SOPHIA: But if you move into a rather, how should I put it, below-standard flat, you will have to renovate the whole place. Decorate it, maybe even put in new carpets and things. That will cost you quite a bit. Or is your dad paying for that?

JOHANNES: I don't think he would. He'd say: 'Be a man, not a mouse, take things into your own hands'. Which means decorate the place yourself. Buy the materials and then do the job. And honestly, I wouldn't mind at all. Neither would my friends.

SOPHIA: I wouldn't mind either. Sounds like fun to me. Actually, my boyfriend is not very good at things like that at all, but I have done lots of decorating with my parents, so I'm quite up to it. We'll see … *(2262 words)*

Abiturprüfung Sachsen – Englisch Leistungskurs
Mündliche Prüfung 2007 – Thema 2

Prüfungsteilnehmer A

Topic: School Safety

The Saxon Student Representative Council (Landesschülerrat) has started an initiative to prevent and combat violence at schools.

Comment on the given material.

photo: private

Annotation:
RSVP = Répondez, s'il vous plaît. – Please, reply.
pronto = AE – immediately

Together with your partner evaluate the situation concerning violence at your own school. Agree on realistic suggestions to support the above mentioned initiative.

Prüfungsteilnehmer B

Topic: School Safety

The Saxon Student Representative Council (Landesschülerrat) has started an initiative to prevent and combat violence at schools.

Comment on the given material.

photo: private

Together with your partner evaluate the situation concerning violence at your own school. Agree on realistic suggestions to support the above mentioned initiative.

Lösungsvorschläge

Partner A: Martin

The topic Melissa and I have been asked to discuss is school safety and what could be done to make our school a safer place. I have been given a photo depicting a poster which asks students to report school violence immediately. The text reads: "Report School Violence Pronto" and the message is based on a pun. You see, the first letters of each word are highlighted, forming the abbreviation of *Réspondez, s'il vous plait,* which is French and means "Please reply".

Two illustrations showing a handgun and a knife add to the intention of the poster, as well as telephone number you can call if there are any problems with violence. The authors of the poster, cobbcounty org. (I haven't got a clue where that is, or who these people are) promise that your call will be dealt with confidentially and anonymously. To my mind, the point they are trying to make it that people shouldn't keep silent about school violence, but should report it. Maybe not necessarily to Cobb County Public Schools, but at least to someone, maybe a friend, or their parents.

I suppose the poster has been displayed in a US school, as the word "pronto" used for "promptly" or "at once" is, according to the annotations given, a phrase mainly used in American English. And that kind of language appeals to young people I guess, so that might, perhaps, build up some trust in the reader.

As I already said, I don't know where Cobb County is, but that doesn't really matter, as school violence seems to be a serious problem in the US at large. We have all heard and read about the Columbine Massacre and other school shootings, haven't we?

Well, I mean, the situation in Germany is not quite so bad, I suppose. But still, there is a lot of violence under the surface, and quite often the victims of such violence have no one to turn to, or at least that's how they feel. Therefore, I guess, that poster could also hang in any of our schools, because basically it asks student to break the silence and report on violent incidents, even if they are involved themselves.

That's what the poster urges us to do, and if we want to improve safety at our own school, the first thing we should do is to build up trust in people, so they would actually go and tell people what is happening. *(410 words)*

Partner B: Melissa

MELISSA: That's right! Sorry for interrupting, Martin, but that leads on to the aspect I would like to comment on.

MARTIN: No problem, I had finished with my statement. Go ahead, please.

MELISSA: Well then, I think that trust is very important. You see, I have been given a picture showing a signboard, also issued by cobb county by the way, which informs the reader that he or she is now entering a school safety zone, with a policy of zero tolerance. Symbols depicting of cannabis, alcohol, cigarettes and weapons, all crossed out, show that none of these things are tolerated on the school premises, and that any violation of these rules will result in criminal penalties.

I think in general the message of this signboard is very positive. It shows that the school cares about the safety of its students, and according to the various logos displayed at the bottom, the school seems to be cooperating with other organisations, for example the local police force, or the PTA, whatever that is. But it shows that somebody cares, and that efforts are being made to make the school a safe place.

And making your school a safer place doesn't just start with banning weapons, or with body-searches or metal detectors, as you find them in some American schools. No, I think, and that is what the signboard tries to convey, violence starts at a much earlier point. Take drugs for instance, I mean here the cannabis leaf stands for all kinds of drugs.

What do drugs do to people? Well, basically they make them lose control. Not in a day, mind you. But it is a gradual process. People get addicted, and one day start doing silly things. To get the money for their drugs they start dealing, or they steal things, and they might even start mugging people, even at school. So drugs are part of the problem. And so is alcohol, of course. We all know how people change after having consumed too much of it. They lose control. First they start shouting and quite often things get nasty. You know, people start picking a fights or just beating someone up for no reason. Or they vandalise the place. Look at our school. Look at the graffiti, it's all over the place.
Really, I think the signboard should picture a spray can as well, but perhaps graffiti is out of fashion in the US, and therefore it's not such a problem anymore.

Discussion

MARTIN: Well, Melissa, graffiti is not really an act of violence, is it. It might not look nice to you, but I mean it is only some sort of painting, some people actually call it art.

MELISSA: I don't agree with that definition at all. To me the point is that the sprayer, I would call him a criminal, as he is not an artist of any kind, smears his tag or whatever onto a wall which is not his. And no one has given him the permission to do so. It's like using somebody's car without asking permission. It's not OK. Actually it is a violent act, not physical violence, but violence all the same.
By the way, if we want to come up with any realistic solutions concerning violence at our school, then we should not only talk about physical violence. We should also consider MENTAL VIOLENCE, and violence against things, vandalism that is.

MARTIN: OK, I get your point. I think your views on graffiti are a bit too strict, but on the whole you are absolutely right. If we want to make any sensible and practical suggestions, we need to analyse the current situation at our school and then see how we can solve the problems.

MELISSA: Sounds good. But let me just come back to graffiti. Really, Martin, most people, perhaps not you, but most people, believe me, consider graffiti an act of aggression. Somebody imposes what they consider art on you. You are not being asked, and, to be honest most graffiti looks horrible anyway, as it consists only of tags, marks left to mark off people's territory. I really hate it, and it makes me feel sad and helpless, and it makes me aggressive, too. I'm sure it furthers a violent atmosphere at our school, and therefore we must try and stop it.

MARTIN: I agree with you that we must start from the beginning, where violent behaviour starts. But I don't like the idea of zero tolerance as shown on that signboard. How does smoking incite violence? I mean, smoking is a rather peaceful way of communicating with each other, you sit and talk and no one gets hurt. OK, we are not allowed to smoke on the school premises, which I think is OK, but smoking is more of a health issue, and we should be very careful not to discriminate against smokers, as smoking has got nothing to do with violent behaviour. We mustn't confuse those two issues, violence and health.

MELISSA: You are right there, but all in all, a zero tolerance policy towards violence should be implemented, don't you think?
It starts with little kids being bullied by the bigger ones. I see it every day, and sometimes the teachers see it too, but they don't do anything. And the little kids don't dare to tell anyone, because they are afraid the bullies might take revenge. It's a never-ending story.

MARTIN: I know, some of these victimised kids suffer enormously and that's not OK. I think the first things we should try to change at our school is that there should be more trust, that teachers talk about these things in the classroom. We have never talked about such things, for instance why it is that some people are so aggressive. You know, the mechanisms. And what you can do if you are faced with violence.

A course in self-defence might be a good idea in this respect, I mean not just learning how to hit back, Karate and all that, but how to deal with difficult situations. How to behave and what to say. That kind of training could give students a lot more confidence, and as far as I know, people looking halfway confident are less likely to become attacked.

Really, such a course could be done as an interdisciplinary project involving sports and social studies, for instance, or biology – you know, aggression as an innate drive and all that – or history, violence as a means of political control.

MELISSA: That's a brilliant idea. We could do a project week on that, and involve the parents, or even the police or other institutions. It would show everybody that the problem is taken seriously and that people care. And that there is something you can do.

But that's still theory. We need some practical initiatives as well. Perhaps we should have mediators, you know, specially trained students, who function as ombudsmen if there is a conflict. Perhaps students would talk to other students more easily than to adults. And let's face it, our teachers don't really know what's going on anyway. What they see is only the tip of the iceberg.

MARTIN: Sounds good to me. Actually, I have heard about schools which have already introduced so-called mediators, and apparently that has helped to ease the situation and make those schools a lot safer. People feel they have someone to talk to, and obviously they do. And only then you can do something to change the situation. Like it says on my poster, "Please tell someone."

MELISSA: That sounds quite convincing, but is it enough? Personally, I think there must be more than just talking things over. Drastic penalties for instance, such as expulsion from the school, might deter people from letting out their aggression on others. Because that's what it is at the end of the day. People either can't, or, which is worse, don't <u>want</u> to hold back. And looking back on our history, we know what the tolerance of violent behaviour can lead to.

So with regard to violence, there should be a clear set of rules, and if these are violated, then a zero tolerance policy should be applied. That would definitely help to clarify things and leave no doubt what our school stands for. A policy of non-violence.

MARTIN: I'm not sure as to what extent a zero tolerance policy can really improve things. Look at the USA. They even have the death penalty, but there is still a lot of crime. And there are still school shootings, in spite of all the metal detectors and restrictions.

Perhaps we should try and look how aggression can be avoided in the first place. You know, tackle the problem by the root.

Now where do things start? I suppose that a lot of aggression and violence is a result of frustration. Or disappointment. People who think they are failures because the teachers tell them they are no good in particular subjects. People who feel under constant pressure. That makes everyone go wild at some point. And then people look for scapegoats, someone they can tread on, just to feel a bit better. Even whole classes do that occasionally. Mobbing is the keyword here. A group of people joining forces to make the life of an individual really miserable.

MELISSA: You have got a point there. Of course we need to start at the root of things. I mean your explanation of aggressive behaviour might be a bit simplistic – because if frustration automatically results in violence, physical or non-physical, then every one of us would turn violent one day. But that's not the case. Students, and teachers, well, everybody must be taught to exercise some self-restraint. You can't just let out your aggression as you please. There must be limits. And therefore you need somebody to make sure that these limits are accepted.

MARTIN: Right, but let's consider other ways of controlling people's aggression. How about sports. I suppose if some people would go for a tough regular workout they would stop behaving aggressively towards each other. They would just get rid of their aggression at the gym.
I have read about problem kids taking up boxing or judo. There they can fight, but within a set framework, with rules and fairness.
And just to come back to the teachers, at least with some of them I sometimes feel that they really let you know if they are in a bad mood. That's quite unfair and sets a bad example, too. So our teachers should perhaps also reconsider the way in they sometimes deal with us students.

MELISSA: My thoughts exactly, really, when it comes down to it, the adults are no better than the kids. It's them who make the TV programmes and the computer games, full of violence. No wonder that violence has become so widely accepted by so many people. The media are full of it, and if you read about politics…

MARTIN: Sure, but you are getting carried away. We are not supposed to discuss the behaviour of our politicians, but the behaviour of the adults as it is reflected in that of the children.
So to come to a conclusion, I think our school could definitely do with paying more attention to violent behaviour, its causes and what you can do about it, e.g. by introducing workshops and mediators who can intervene before it comes to the crunch, so to speak.

MELISSA: Yes, and we need clear rules of conduct. Rules which make absolutely clear that violent behaviour, no matter whether against persons or things, is not at all acceptable at our school. And that offenders will be dealt with accordingly. Everyone must know the consequences if he or she doesn't play by the rules. *(1970 words)*

Abiturprüfung Sachsen – Englisch Leistungskurs
Mündliche Prüfung 2007 – Thema 3

Prüfungsteilnehmer A

Topic: Learning English
English is the most widely learned foreign language in the world.

Comment on the importance of the following areas of learning English for you personally.

Listening

Vocabulary

Literature

Together with your partner discuss in which fields of life you will probably need your knowledge of English in the future and how you could most efficiently keep and improve your command of the language.

Prüfungsteilnehmer B

Topic: Learning English
English is the most widely learned foreign language in the world.

Comment on the importance of the following areas of learning English for you personally.

Speaking

Social Studies

Grammar

Together with your partner discuss in which fields of life you will probably need your knowledge of English in the future and how you could most efficiently keep and improve your command of the language.

Prüfungsteilnehmer C

Topic: Learning English
English is the most widely learned foreign language in the world.

Comment on the importance of the following areas of learning English for you personally.

Reading

Writing

Intercultural Competence

Together with your partner discuss in which fields of life you will probably need your knowledge of English in the future and how you could most efficiently keep and improve your command of the language.

Lösungsvorschläge

Partner A. Matthias

OK then, let's get started. Our topic is "learning English". As we all know, English is the most widely-learned language in the world. And we are asked to discuss the relevance of English in our future lives, and how we can most efficiently maintain and improve our command of the language.

That's the general topic. Now I was given three pictures, each with a caption. The first one shows a set of headphones and refers to listening.

Sure, being able to listen to, to understand spoken English is of course very important. You must be able to understand what people say, otherwise you are completely lost. To give you an example, me and my friend went on a bicycle tour of Scotland last summer. We had problems with our bikes, so we asked a man for help. And honestly, we didn't understand a word. Not even what the guy was on about. It took us ages to understand at least some single words. And together we managed at last to figure out what that Scottish bloke was trying to tell us. It was so embarrassing. We could both speak English fluently, but could not communicate with that person, just because we couldn't cope with the Scottish accent.

Well, that was just one example of how important the ability to understand spoken English is. And the tapes we had to listen to at school did not help much, because they contained mainly standard English, hardly anyone on these tapes spoke with a pronounced accent. But people in English-speaking countries do, so perhaps our English books should be a bit more realistic.

The next picture represents vocabulary. Learning words, that is. I hated it, but of course it is necessary, because language consists of words, and the more words you know in a foreign language, the better you can express yourself. It's as simple as that. I remember groping for words when I had to explain to an English pharmacist that my little brother had diarrhoea. Well, I didn't know the word diarrhoea then. So I had to explain… Very embarrassing, that was.

But really when you think of it, the strange words we learn at school, while really useful words, words you really need if you travel to foreign countries, are not even mentioned. But then my dad says that our new textbooks are a lot more realistic than the ones they had to use some thirty years ago.

The last picture shows a book and stands for literature. What did one of my teachers say? "English literature is the English language at its perfection." I don't know about this, but the stuff we had to read for our A-Levels was not very accessible, to put it mildly. Shakespeare, for instance, I mean, what is the use of reading Shakespeare in the original if even native speakers of English struggle so hard to even understand what he is on about? Apart from being overwhelmed by the complexity of his ideas, it is the language which makes reading so difficult. I couldn't really enjoy that kind of literature. I mean, I liked it being performed on a stage, but reading it was a drag. That's when I was really grateful when we read *1984* by George Orwell. It was a modern, interesting topic, and the language was easy enough that you didn't have to look up every second word. That's how it should be. I like literature, stories and all that, but I must have the chance to understand it without having to look up every second word in a dictionary. *(599 words)*

Partner B: Angela

I agree. But then English is quite difficult at times. That's why I would like to start my talk by referring to the grammar picture on my worksheet. It shows a boy and a girl sweating over some grammar problem. Well, apparently both of them are at a loss. To me, that looks quite familiar. You see, everyone says English is ever so easy to learn, but once you have started to deal with some more advanced grammar, things get more complex. Take the tenses for example. There are rules, but then there is an endless number of exceptions. You learn about sentence structures, for example where to put adverbial phrases, but then you read an

American novel, and everything's different. Things your teacher would mark as wrong seem to be absolutely acceptable. So really, English grammar is quite confusing. There are just too many exceptions. And really, we spend far too much time on grammar at school. Do you remember these boring "Oh, I'm afraid we have to do some grammar today" lessons? Just filling in stupid worksheets. Boring. What a waste of time.

To me, it would have been a lot better if we had spent more time speaking. That's where communication takes place. In later life you go out there, and then what? You might know what backshift is, and you can define a "non-defining relative clause", but can't make yourself understood. Or at least you sound very stilted, artificial, or just foreign. I think I would have got a lot more out of English if our teachers had trained us to speak some kind of simple but at least natural English. You know, like the people who have been to an English-speaking country for a year. They come back with wonderful accents and they speak like Americans or Australians, well, almost.

So, the last picture on my sheet shows four people apparently discussing some kind of statistics. Whatever it is, the picture stands for social studies. Well, I suppose in our context it means that learning about the culture of English-speaking countries does also play a part in language learning. It does indeed, because if you want to deal with foreign people, you should have a basic grasp of their culture. Take the Brits. I still remember my first English teacher telling us about the importance of the words "please" and "thank you". I did not believe him, neither did any of my classmates, but it was true, of course. "Please" and "thank you" are not just words, but behind these words lies the whole concept of British politeness, of how people treat each other.

Anyway, there is more to culture than just politeness. I think you should also know something about the country's history and economic development, about its music and art and their values. So you can build up some sort of relationship based on understanding. And there is so much to learn, not just facts, but often you are exposed to a completely different way of life. That makes learning English so interesting. You learn a language and you learn about life, too. *(520 words)*

Partner C: Nils

That's true. What you have just said is closely linked with one of my areas of learning English. The picture shows a black boy and a white girl talking to each other. The caption reads "Intercultural Competence". I suppose that means that it is also important to understand a different culture to then be able to communicate more efficiently. My dad told me that it was normal for Japanese businessmen to put their heads on the table, even at a business meeting, and then doze off for a couple of minutes. You know, have a quick afternoon nap. This would be quite unacceptable in our culture.

To give you some other examples: it helps to know some American history in order to understand the problems of the American Africans, and why there are still certain problems even today. When I was in New York, I was glad that friends of mine had told me about the pride Americans take in their country. Which means that even if they are themselves critical of Bush's foreign policies, they don't necessarily expect you to criticise their country, at least not when you meet them for the first time. As you said, Angela, you shouldn't learn just words and grammar. You need to know what to do with those structures, how to communicate without being rude or unsympathetic.

The next picture deals with writing, showing a nice old-fashioned fountain pen. Well, I guess our generation will do most if not all their writing on the computer, but all the same it is important to be able to write decent, coherent texts. Not just for an English lesson but in your later life too, either at university or in your job. As Matthias has rightly pointed out before, in a globalised world, English will remain an essential factor in our lives – and being able to communicate your ideas in written English is very important.

However, what we did at school was not always helpful in that respect. Analysing stylistic devices, figures of speech and all that does not really serve any practical purposes, does it? On

the other hand you do need a certain command of formal English if you want to be heard, or read that is, and I suppose it doesn't hurt if you are able to analyse a text.
My last item is reading. Well, I suppose that is what every one of us will do in later life. Read English books, or journals, or use the internet. As a university student, you will see that all the relevant publications are in English anyway. So if you want to pursue some sort of academic career, you should have a good grasp of reading English.
Furthermore, like Matthias said, reading can be fun, too. Especially when you read what you really want to read. And I'm sure that it will help to improve your English, as you always come across new phrases or words which you can use later on. So your command of English will improve without a teacher telling you what to learn. You just pick it up. *(517 words)*

Discussion

MATTHIAS: That's a very good point. Picking it up. I think that's probably the best way of improving our command of English, as we might not have the time (and the desire) to do another language course. While reading texts you can choose your own tempo, you can look up things if you like, or just go along without understanding every single word or sentence. As we all know, you can still understand a lot and enjoy a book without using a dictionary all the time. And the best of all is that nobody asks you any questions on the text. You know, the intention of the author, the meaning of this and that metaphor and the rest of it.

NILS: Absolutely, you just read for fun. And if you don't like the book, it goes right into the bin. Easy. Nobody forces you to read on, or read anything you don't want to read in the first place. But perhaps that's quite an easy way out. Giving up when things become a bit more complex.
I mean, if you really want to improve your English, you should set yourself some kind of target and make a little effort. No pain, no gain. So why not take proper language courses, for example the Cambridge Proficiency. Then you have also got a certificate which will enable you to study at a British university.

ANGELA: Yes, why not indeed. I have heard that those courses are quite interesting, and I agree with you, Nils, that improving your English does take a bit more than just reading for fun.

MATTHIAS: No, no, don't get me wrong. I didn't mean it that way. What I was trying to say was that we should definitely keep a hand in, but that we will have a greater choice of what to read. As you said, we will be exposed to a lot of written English, some of it probably quite difficult, in our future careers. So I suggest that we start reading up on topics we are interested in by reading the original English books and articles without relying on translations. That would combine our interests with practicing our English, wouldn't it?

ANGELA: It would, I'm sure. That's the best we could do. Do something interesting in English. As I said, English is not only words and grammar, it is communication. So we should not forget that English is also a spoken language, and I definitely want to improve my spoken English, too. I am sick and tired of speaking like a German, with the funny accent and all that, like someone who has just acquired a certain command of the language but still sounds artificial, perhaps not like an absolute beginner, but like a learner anyway.

MATTHIAS: But how do you want to change that? So what if we do have our accents? And really, you don't need to be perfect at English in order to communicate. You know, to get your point across.

ANGELA: Well, that depends. I think language and communication cannot be separated. The better you speak the language, the better you can communicate. English, as we all know, contains so many subtleties. I would feel a lot more confident if I could express myself more adequately.

NILS: So then you should go and live in an English-speaking country for a while. Why not study in Britain or the US for some time? Or participate in some work experience programme? There are lots of opportunities.

ANGELA: Spot on. That's exactly what I want to do. Live in an English-speaking country, and do something really interesting while I'm there. Have the cake and eat it, so to speak.

MATTHIAS: I suppose you are right, but it's not an option for me, at least not at the moment. I will start in my father's company and study law, German law that is. So going abroad for a longer time in order to improve my English is not really possible, or at least not absolutely necessary. But on the other hand I don't want to lose my English either, so I was thinking of starting a collection of DVDs. You know, sit back, relax and enjoy films in the original English at home, whenever I want to. That will keep me exposed to spoken English and hopefully I will pick up one or two good phrases on the way. Because the great thing about DVDs is that you can have subtitles in English. That makes understanding a lot easier, and helps you to write the odd phrase down, if you feel like it. Press "pause" and write it down. Simple as that.

NILS: Are you serious? Do you really think you will have the time and the energy for that kind of thing?

MATTHIAS: Yes, I think so. There are so many interesting DVDs out now, not only feature films, but documentaries about science and history, and art and music and what have you. Really interesting, fascinating stuff. No, honestly, I think I will go for that. I'm sure it will help me with my English.

ANGELA: You definitely have a point there, Matthias. I think the keyword here is infotainment, or edutainment. Chose what you want to see, enjoy it and learn from it. I started to watch films in the original some years ago and I'm sure it has helped to improve my English.

NILS: Ok, I must say there are really interesting things our there. Personally, I quite like the BBC World Service. In fact they put on really interesting programmes about music and youth culture all over the world. Or about information technology, or the protection of the environment. I listen to it when I'm in my dad's car. So does he, so we often listen to it together. Sometimes it's fun trying to figure out together what has just been said.

ANGELA: I guess it is. It makes you listen to lots of different accents. But that's life. However, it keeps you tuned in, as they say. Keep track with the language. That's what's important.

(1015 words)

Abiturprüfung Sachsen – Englisch Leistungskurs 2008

Islamic schools at heart of British debate on integration

The sports hall doubles as a prayer room and dining hall for male teenagers, at other times for young women, but never the two together. In the kindergarten, female teachers, warned of an impending visit by a man, draw full facial veils before receiving their guest. When the guest arrives, the children offer a chorus in Arabic: "As salaam aleikum" – peace be upon you.

"Here we can keep ourselves on the path of religion," said Nasir Nathalie, 15, a student at the Leicester Islamic Academy. His friend Mohammed Seedat agreed. "There is less chance here of going off the track," he said.

This is the piety that Britain's expanding Islamic schools seek to project, casting themselves as typical of the thousands of faith schools, mainly Christian, that make up roughly one-third of ail publicly financed British schools. But the visible differences – the way female teenagers wear the full-length dress and head-covering and the boys wear black robes and skullcaps – play into a ferocious debate about the sense of separateness or readiness to integrate Britain's estimated 1.8 million Muslims, about 3 percent of the population.

And the discussion touches on a much wider theme of ethnic segregation across the British state-financed educational system. "Segregation is now so extreme in some schools that there is not much further it can go," Trevor Phillips, the chairman of the Commission for Racial Equality, told a parliamentary panel. "It doesn't help to prepare children in these schools for the real world."

Neither, some believe, does it bridge the gap between a largely secular society and a profound commitment to a single faith. "If you are going to have Islamic schools, the question is whether they are going to embrace Western values," said Patrick Sookhdeo, a Pakistan-born Anglican priest […]. "I would argue that Islamic values are not compatible with Western values."

Others disagree just as boldly, "If you think faith schools are divisive, it would help a great deal to know why: Is there empirical evidence?" said Mohamed Mukadam, the principal of the Leicester Islamic Academy. Students from Islamic schools, Mukadam said in an interview, were not associated with either the religious and racial riots in northern England in the early 2000s or in any of the recent terrorism conspiracies. […]

It is a debate shot through with fear and resentment after terrorist attacks by Muslims and alleged plots in London, leaving the British government to ponder how it can properly deny state financing to Islamic schools that teach the core subjects of the national curriculum when it provides money for much more numerous schools of Christian, Jewish or other faiths. Only 7 Islamic schools receive public financing, compared with 36 Jewish schools and about 7,000 Christian schools.

The parents of just 3 percent of Muslim students enrol them in Islamic schools, where the education is generally rigorous and there is a code to nurture their Islamic identity, shield them from discrimination and provide moral guidance. The bulk of the 140 Islamic schools charge tuition. At Leicester, for instance, tuition is $ 2,700 a year.

"Muslim children in this country tend to live separate lives anyhow," said Mark Halstead, a professor of education at the University of Huddersfield in northern England. "Whether they go to Muslim school does not make much difference to their segregation. They are concentrated in the inner cities. They could be attending a state school that is 90 percent Muslim anyway."

A report by Simon Burgess, a professor of economics, discovered that, for instance, in the blue-collar Tower Hamlets district of East London, where ethnic minorities form 48 percent of the population, nearly half the schools were "exclusively nonwhite."

The issue of Islamic identity is magnified by a recent debate about a full-face veil that shows only the eyes and is known as the niqab. Some non-Muslims, most notably Foreign Secretary Jack Straw, have said the veil illustrates that Muslims are rejecting British norms; others say simply that Britons are discriminating against Muslims. […]

The debate cuts to the heart of Britain's stated philosophy on multi-culturalism, defined 40 years ago by the Labour politician Roy Jenkins when he was home secretary. In laying out a new immigration policy, he said immigration should not lead to a "flattening process of assimilation" but instead should provide "equal opportunity accompanied by cultural diversity." But now, as the country is struggling so publicly with Muslim assimilation, some analysts like Phillips of the Commission for Racial Equality fear that a premium on cultural identity has Britain "sleepwalking into segregation."

On another level, the debate over Islamic schools here also involves equity in the use of tax money. According to the Department of Education in London, private schools must meet laborious and detailed criteria to gain access to state financing, and many Islamic schools have failed to do so. Since 1997, according to government figures, only 25 "minority faith" schools have qualified for government financing – 15 of them Jewish and the rest Muslim, Sikh, Greek Orthodox and Seventh-Day Adventist schools.

While Christian schools say 25 percent of their seats are open to non-Christians, Mukadam said there were so few Islamic schools that it would be impractical to offer admission to non-Muslims. *(872 words)*

Abridged from: Alan Cowell, International Herald Tribune, 16 October 2006, p. 3.

A Text production

A1 Working with the text

Answer in complete English sentences.

1.1 Explain why the debate about Islamic schools "cuts to the heart of Britain's stated philosophy on multiculturalism." (l. 53) (5 BE)

1.2 Analyse and assess the way the author presents the subject of minority integration. (5 BE)

Inhalt: (10 BE)

A2 Composition

Choose <u>one</u> of the following topics.

2.1 "Here we can keep ourselves on the path of religion. […] There is less chance here of going off the track." (ll. 6–8)
Should schools provide moral guidance? Discuss.

2.2 "Good fences make good neighbours."
Comment on this proverb referring to different views presented in the text.

2.3 Evaluate Garth Brooks' vision of an ideal society and compare it to your personal opinion on the topic.

We Shall Be Free (by Garth Brooks)

This ain't comin' from no prophet
Just an ordinary man
When I close my eyes I see
The way this world shall be
When we all walk hand in hand

When the last child cries for a crust of bread
When the last man dies for just words that he said
When there's shelter over the poorest head
We shall be free

When the last thing we notice is the color of skin
And the first thing we look for is the beauty within
When the skies and the oceans are clean again
Then we shall be free

We shall be free
We shall be free
Stand straight, walk proud
'Cause we shall be free
When we're free to love anyone we choose
When this world's big enough for all different views
When we all can worship from our own kind of pew
Then we shall be free
We shall be free

We shall be free
Have a little faith
Hold out
'Cause we shall be free

Abridged from: http://www.azlyrics.com/lyrics/garthbrooks/weshallbe-free.html [download / 6 November 2007]

Inhalt: 10 BE

Inhaltliche Leistung: 20 BE
Sprachrichtigkeit: 20 BE
Ausdrucksvermögen: 10 BE

Gesamt: 50 BE

B Translation

Choice is for minorities too

Strange that a government that wants to make choice the watchword of its social policy should doubt the desirability of ethnic minorities choosing to be different. Stranger still that the minister chosen to express the doubts about social diversity should be a passionate advocate of faith schools, a major divisive influence in the areas where they flourish. The fear must be that the contradictions are less the result of intellectual confusion than a willingness to pander to the prejudices of the people who, according to Ruth Kelly, "do not feel comfortable" with the changes that have transformed their neighbourhoods.
[…] Stories abound about the benefits enjoyed by immigrants – a term still often applied to black and Asian British – which are not available to their homegrown neighbours. The only way to deal with that often calculated libel is to meet it head on and dismiss it for the malicious invention it usually is. *(156 words)*

Abridged from: Roy Hattersley, Choice is for minorities too, The Guardian, August 28, 2006. http://www.guardian.co.uk/Columnists/Column/0,,1859740,00.html [download / 27 August 2007] 20 BE

Annotation:
lines 3 and 6: Ruth Kelly: member of the Labour Government (minister)

Lösungsvorschlag

A Text production

1 Working with the text

1.1 *The key points are:*
- *the philosophy of multiculturalism*
- *cultural diversity versus segregation*
- *cultural integrity*
- *Islamic schools and integration/segregation*
- *access to public funding*

To answer this question it is necessary to establish what "Britain's stated philosophy on multiculturalism" (l. 53) is. According to Alan Cowell, the author of the given article, the British government set up new principles on how to deal with immigrants about 40 years ago, when the Labour politician Roy Jenkins put forward that immigrants should not be expected to give up their cultural identity. Furthermore the new concept of immigration embraced notions such as "equal opportunity", meaning the end of racial discrimination and "cultural diversity" as a result of immigrants being granted the same rights to their own individual way of life as everyone else in Great Britain.
When Trevor Phillips says that Britain has been "sleepwalking into segregation" (l. 59), he expresses his and other people's worries that the whole process of integration has got out of control ("sleepwalking", l. 59) and that in Britain, cultural diversity has led to the exact opposite of what had originally been intended ("cuts to the heart", l. 53).
Islamic schools serve as a touchstone in this debate and the question is whether they facilitate or hamper integration.
On the one hand critics argue that such schools fuel tendencies towards separation because they represent a completely different way of life as "Islamic values are not com-

patible with Western values" (ll. 24/25). As a consequence, those schools are seen as unsuitable to prepare children for real life. (ll. 19/20)
On the other hand experts look at Islamic schools as offering good quality in education, helping otherwise dissolute children to identify with their cultural and religious roots in a secularised and therefore alien environment. This provides the necessary values and moral guidelines young Muslims need to cope with everyday life. Furthermore those schools are supposed to make sure that students are not being discriminated against – as this seems to be the case at some of the ordinary state schools (ll. 38/39). Other experts argue that the whole debate on Islamic schools is somewhat misleading, as Muslims are separated from the rest of British society anyway, no matter what school they attend. Another controversial debate centres around the question whether Islamic schools should be given the same access to public funding as other faith schools, e. g. Christian or Jewish ones, as the term "equal opportunity" implies. Apparently, only very few Islamic schools have so far qualified to gain access to such funds. Some people argue that Muslim schools are being discriminated against (ll. 31–36) because people regard them as rejecting British values and as breeding grounds of terrorism. The official explanation however is that those schools have failed to meet the educational standards set out by the government.
All in all the core of the debate is the question as to what extent Britain is prepared to tolerate cultural and religious diversity and in how far it expects immigrants to integrate (if not assimilate) into the mainstream of British culture. *(491 words)*

1.2 *The key points are:*
- *quality newspaper*
- *formal style*
- *factual way of reporting*
- *different opinions and examples*
- *unbiased/objective account*
- *makes people think (differently) about the topic*

The given text carries all the characteristics of an article appearing in a quality newspaper.
The heading summarises the content of the text without any sensationalist tendencies. All in all this fairly neutral, matter-of-fact approach is reflected throughout the article.
First of all Alan Cowell presents a lot of facts and figures, e. g. about the size of the Muslim community and the percentage of students attending Muslim schools in Great Britain.
He tries to put the whole issue into perspective by pointing out that the number of those attending a Muslim school is relatively small (l. 37).
To give a relatively balanced point of view, the author is at pains to provide a wide range of pros and cons often by contrasting different opinions with each other ("Others disagree just as boldly.", l. 26) and by introducing the reader to different sources as he quotes students, teachers, professors and politicians.
Another element contributing to the more or less balanced view is the neutral vocabulary used by the author as the whole article is written in a formal, almost academic style: "… touches on a much wider theme of ethnic segregation across the British state-financed educational system." (ll. 16/17)
All in all, the author does not openly favour or support any side, nor does he intend to fuel emotions. On the contrary: Cowell tries to open the reader's mind to the complexity of the issue and to show him that the Muslim point of view might be worth being given more attention than many newspapers or other media normally do.
Take the first paragraph. Here Cowell first describes the atmosphere in rather hostile and almost threatening words ("never", "warned of an impending visit of a man",

ll. 2/3) but then he finishes with words of peace "As salaam aleikum – peace be upon you." (ll. 4/5). Perhaps it is intentional that the first quotation is the common (and peaceful) greeting of the Muslim world. Cowell then quotes a student who points out that the religious instructions keep young Muslims "on the path" (l. 6). This is a rather positive statement promoting order and restraint ("piety", l. 9) rather than acts of defiance or violence against British society.
When Cowell refers to the whole debate as "shot through with fear and resentment" (l. 31), a metaphor clearly carrying militant connotations ("shot through"), he exposes the belligerent feelings and attitudes towards Muslims. This statement is then followed by the question as to whether Islamic schools are being discriminated against by the state when it comes to financing, a clear hint that the British government might not have provided "equal opportunity" as it is supposed to.
By then adding the fact that only 3 percent of all Muslims (who, as stated earlier in the text, make out only 3 percent of the overall British population) send their children to a faith school, Cowell shows that sensationalist portrayals of Muslim schools as a severe political threat are perhaps somewhat out of proportion. *(500 words)*

2 Composition

2.1 *The key points are:*

- *Muslim schools providing moral guidance*
- *Muslim schools and crime prevention*
- *general aims of moral guidance*
- *politicisation of moral guidance at school (examples from history) (cons)*
- *current debate on moral guidance (pros)*
- *how to control schools and what they teach*

Looking at the given quotation, we can see that faith schools fulfil an important function in the life of a number of Muslim immigrants. For them such schools provide a framework in which people can relate to their religion, their culture and their way of life. To the committed Muslim Islam is an integral part of everyday life. Especially when you are caught between two cultures it is important to know who you are and where you come from in order to develop a sense of belonging. In addition religious school provide moral guidelines which help especially young men to orientate themselves in a secular world they often perceive as immoral, chaotic and hostile. Otherwise young Muslims might indeed be "going off the track". This might mean that they are more likely to get caught in the vicious circle of lack of success, depression, hopelessness, anger and, as a possible result of this, the involvement in drugs, gangs, criminal activities or even terrorism.
Quite obviously, this situation does not only apply to young Muslims in Britain. It applies to students all across the board, in all cultures and in all countries. Therefore schools must enable students to believe in themselves, as self-confidence is vital to develop a positive image of yourself, and teach young people right from wrong. Looking at the fact that nowadays more and more parents seem to fail in providing such moral categories as they are too busy working, or just lack the energy or the competence to raise their children properly, schools are supposed to jump in and fill this space.
The question however is: What kind of moral guidelines should be promoted at school level and is there a danger to leave that vital task to the schools?
Obviously the world has seen many examples of schools providing guidelines which are nowadays regarded as extremely negative or even destructive. A striking example is the German school system during the Third Reich, when the Nazis used the classroom as a platform to manipulate young people to follow their political agenda.

In Maoist China, students were at the forefront of the Cultural Revolution. Being brainwashed by a massive amount of propaganda they spied on their parents and even gave them up to the police if they did not obey to the party rules.
In the GDR, schools provided paramilitary training to defend socialism. Apart from this obvious attempt to politicise students, manipulation worked also on a more subtle level. Historical events and literature were interpreted in a "socialist way" and even PE lessons were defined as helping to create a successful "socialist personality", fit and strong to defend the communist regime.
There are many more examples in history which show that schools can provide very negative guidelines thereby fuelling hatred and conflicts.
On the other hand this cannot be a reason for declaring schools as completely "neutral" places exclusively dedicated to teach specific subjects. "We teach students, not subjects" is therefore a suitable slogan to define the function of a modern school.
As a consequence, moral guidance ranks high when it comes to choosing a school. If we look at the current situation in the German state of Saxony we can see that faith schools (mainly Protestant schools) are in great demand. Even people without any religious leanings send their kids there. One of the reasons I believe is that those schools are thought of as providing a suitable set of moral guidelines to help students cope with a complex, multicultural and global society in which materialistic gain seems to be the ultimate goal.
However, we must all watch out carefully that schools, whether state schools or faith schools, do not manipulate their students into following any totalitarian ideas, as it is depicted in the novel "The Wave". Therefore, democratic control and state supervision in forms of regular inspections of all schools is an absolute must and should apply to all schools. *(655 words)*

2.2 *The key points are:*
- *explanation of the proverb: right to privacy*
- *meaning of fences with regard to Muslim schools*
- *fence as protection of one's own culture and religion*
- *fence as a wall preventing communication*
- *fences and segregation*
- *other reasons enhancing segregation*

I suppose this proverb applies to Britain as being a nation of house owners, a country in which the right to privacy ranks high among its inhabitants. The fences symbolise the right to keep yourself to yourself and enjoy your privacy without the neighbours seeing what you are up to and without the state interfering in your affairs.
The question is, to what extent fences are really helpful if you apply the proverb to more complex issues.
With regard to Islamic schools in Great Britain, the Muslim communities demand the right to establish places where they can indulge in their privacy, meaning their religion, culture and their own way of life. Islamic schools are conceived to "fence off" confusion or even harmful influences facing young Muslims growing up in a secular society with completely different values. Faith schools then serve as a secure haven keeping young people on "the track" (l. 8) by providing a place where Muslims can develop their own identity and become self-confident citizens.
However, as Islamic schools do not normally admit non-Muslim students (ll. 67/68), those schools could be seen as "fences", marking a territory exclusively Muslim. Now the question is whether the Muslim communities only exercise a right granted to them by Britain's "stated philosophy on multi-culturalism" (l. 53) which promotes that different cultures can co-exist with each other as good neighbours without either of them having to give up their identity.

However, the establishment of Islamic schools in Great Britain is surrounded by a widespread, even heated controversy as to whether those schools really help Britons and Muslims to live together as good neighbours. Patrick Sookhdeo for instance expresses serious doubts as he conceives western and Muslim values as being "not compatible" (l. 24). According to that opinion the fence set up by Muslim schools could then be seen as splitting up society on religious and cultural divides. The fence becomes an almost impenetrable wall; the house (or the school) becomes a fortress with all its political implications.

Looking back into recent history, we still remember the walls separating Protestants and Catholics in parts of Belfast in order to avoid clashes between the two sides. Nevertheless the wall could neither prevent sectarian killings nor other acts of terrorism. Neither did they help to bring Catholics and Protestants together. On the contrary. The walls (which also existed in people's heads) prevented communication between the opposing parties which resulted in misconceptions and prejudices on both sides. The fact that Protestants and Catholics were also separated in school also contributed to the breakdown of communication and to the spread of violence.

The same might apply to the situation of Muslims in Great Britain. Critics such as Trevor Phillips fear that Muslim schools help to increase the gap between the two cultures (ll. 17/18) and that the country might therefore develop into a segregated society. The fact that there are already segregated areas in Great Britain is supported by Mark Halstead and Simon Burgess. However they also state that Islamic schools cannot really be held responsible for that development and that segregation had started a lot earlier.

In this respect, the British government should ask itself whether it has contributed to building up fences by denying people from minorities a decent education, for example by excluding Muslim schools from public funding. On the other hand, Muslim communities should make sure that they do not provide any breeding ground for terrorism or any other hostile acts against British society.

To sum up I think that Britain, and countries throughout Europe, should retain their policies of a multicultural society which allows immigrants a certain cultural and religious independence. This means that a certain amount of "fences" should not be regarded as problematic. On the other hand nobody has the right to build up fences in order to act against the basis of our society such as our constitution, laws, values and of course its people.

Good neighbours share a common ground as they have to live together in the same neighbourhood and, ideally, they help and respect each other. *(681 words)*

2.3 *The key points are:*
- *themes and issues of the song: hunger, racism, tolerance …*
- *wishful thinking and reality: current political situation*
- *examples: marriage, (fair) trade, environmental protection*
- *your own possible solutions*

To me, Gareth Brooks' song sounds very sympathetic indeed. His vision of a perfectly peaceful world without hunger, poverty, racism and hatred is very compelling. No doubt I would like this planet to become a better place where "we shall be free", a line Gareth keeps on repeating throughout the song.

Furthermore I consider the line in which we all "walk hand in hand" (l. 5), as it is also proposed in the anthem of the Civil Rights Movement "We shall overcome", a very important message. Cooperation forms the core of every action aimed at the improvement of life on earth.

On the other hand, it might not be enough just to just "have a little faith" (l. 24) and "hold out" (l. 25) to really change the world. And this, to me, is the shortcoming of

the song. Although Brooks puts forward some rather noble and worthwhile aims he fails to deliver the goods, as the song doesn't contain any kind of suggestions of how to make things better. Don't we all want to end poverty and injustice? Do we not all argue for more tolerance and understanding?
The question is how (if at all) we can achieve any of the goals set out by Brooks.
Let us look at the rather complex issue of love. In Brooks' ideal society, people should be free to "love anyone [they] choose" (l. 18). The term "anyone" implies that there is complete freedom to choose one's partner, no matter what other people think. However, looking at the world as it is at the moment, this proposition can nothing but fail. There are still class barriers, ethnic divisions and certain moral values which would, for instance, prevent homosexual marriages from being acknowledged by a great number of people. This is even true for the so-called "enlightened" western societies where people have become more tolerant towards gays and lesbians.
Another example which shows that this world might not be "big enough for all the different views" (l. 19) is the debate about the freedom of trade. Should the world have a completely free economy or should there be some restrictions on big companies in order to make them act in a more responsible manner towards the poorer parts of the globe, e. g. the developing countries? "Fair trade" and "global responsibility" stand against the paradigms of "free trade" and a "free market economy" which put profit first.
Consequently, the question is how much competition should we allow? Where, when and how should global political organisations such as World Trade Organisation get involved? How much control of the world's economy is necessary? When does government control of the economy prove to be destructive?
These are enormously difficult questions which show that there are no simple answers to the rather simple demands expressed in the Brooks' song. An important issue is the protection of the environment. Sure, we all want to protect the rain forest and stop global warming. So people have started to use crops for petrol. However, this has been resulting in rocketing food prices worldwide. And once again the poorest of the poor have to bear the brunt as they simply can't afford to buy food anymore. Mass starvation has been on the increase ever since and it will take a long time until "the last child cries for a crust of bread." (l. 6)
This is just one example of how a positive aim ("When the skies and the oceans are clean again", l. 12) has so far led to rather discouraging if not disastrous results.
To make the world a better place I think we need more than wishful thinking. We need a political body which should be a lot more powerful than for example the current United Nations. This body should represent and be supported by the vast majority if not all nations of the world and capable of putting things right as well as help to sustain the framework of a fair global society. But, I am afraid it will take a global calamity until the world sees sense and people really start to cooperate and walk "hand in hand" (l. 5). *(693 words)*

B Translation

Der Text enthält einige Formulierungen, die nicht direkt eins zu eins übertragen werden können, sondern frei übersetzt werden sollten.

- *Wenn man „desirability“ nicht mit „Notwendigkeit“ übersetzt (weil das im Deutschen nicht besonders gut klingt), sondern mit „Streben“, dann muss „choosing“ nicht übersetzt werden.*
- *Der Begriff „Glaubensschulen“ für „faith schools“ ist eher ungebräuchlich. Besser ist hier „religiös geprägte Schulen“. (Der übliche Begriff „konfessionelle Schulen“ wäre auf eine muslimische Schule nicht anwendbar.)*
- *„Benefits“ heißt zwar auch „Vorteile“, hier sind aber eher die Sozialleistungen (z. B.: wie in „unemployment benefit“) gemeint.*

Wahlmöglichkeit gilt auch für Minoritäten/Auch Minderheiten haben die Wahl

(Es ist) Seltsam, dass eine Regierung, die die Entscheidungsfreiheit zur Losung ihrer Sozialpolitik ausgeben möchte, das Streben ethnischer Minderheiten, anders sein zu wollen, anzweifelt.

(Es ist) Noch seltsamer, dass (ausgerechnet) der Minister, der auserkoren wurde, diese Zweifel an der sozialen Vielfalt zu äußern, ein leidenschaftlicher Verfechter von religiös geprägten Schulen ist. Dies verursacht Spaltung, besonders in den Gebieten, in denen sie besonders weit verbreitet sind.

Es muss befürchtet werden, dass diese Widersprüche weniger das Ergebnis intellektueller Verwirrung sind, sondern vielmehr der Bereitschaft entspringen, den Vorurteilen jener Personen nachzugeben, die sich, Ruth Kelly zufolge, „nicht wohl fühlen “ mit dem Wandel, der ihre Wohngegend verändert hat.

Es wimmelt von Geschichten über Sozialleistungen, die die Einwanderer – ein Begriff mit dem oft immer noch schwarze und asiatisch-stämmige Briten bezeichnet werden – genießen und die den alteingesessenen Anwohnern vorenthalten werden.

Die einzige Art und Weise, mit dieser oft absichtlich und gezielt eingesetzten Verunglimpfung/Verleumdung umzugehen, ist, sie direkt aufzugreifen und sie als das zu entlarven, was sie normalerweise ist: (als) eine boshafte Erfindung.

Abiturprüfung Sachsen – Englisch Leistungskurs
Mündliche Prüfung 2008 – Thema 1

Prüfungsteilnehmer A

Topic: Career choices

You are taking part in a seminar about career opportunities.

Interpret the statistics.

Top ten fields of study chosen by Saxon students (2006/7)

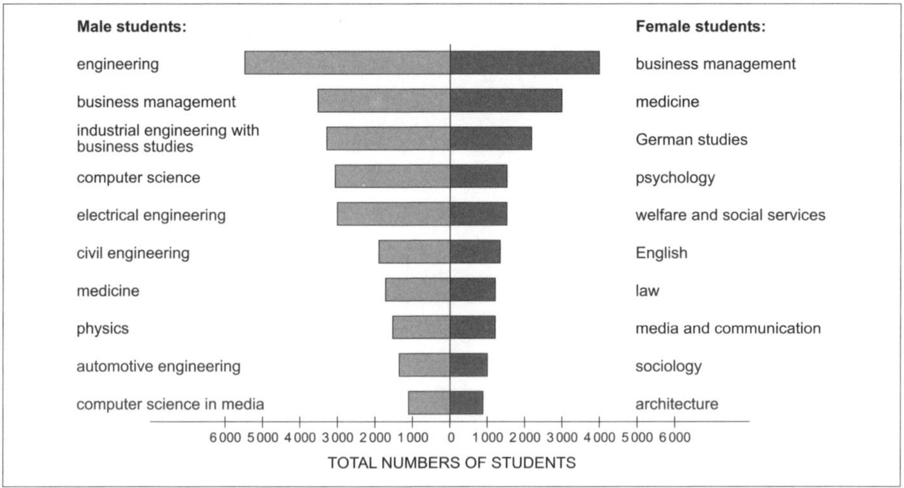

From: Statistisches Landesamt des Freistaates Sachsen 2007.

Together with your partner discuss various reasons for the disparities between male and female career choices.

Consider possible ways to create a better balance.

Prüfungsteilnehmer B

Topic: Career choices

You are taking part in a seminar about career opportunities.

Interpret the statistics.

In 1994 and 1999 1,000 children aged six to fourteen were asked about their dream jobs. The top ten dream jobs of young Germans (in percent):

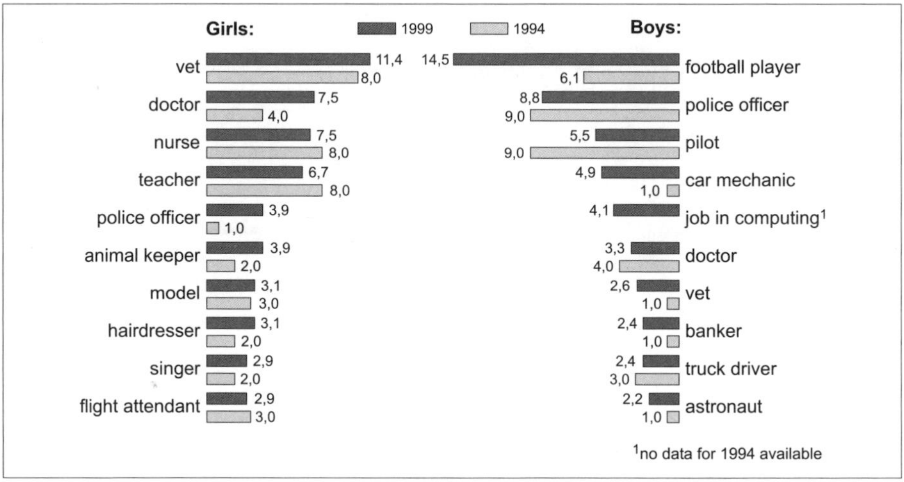

From: Focus Online, Deutsches Institut für Jugendforschung
http://www.focus.de/D/DB/DBU/DBU20/DBU20A/dbu20a.htm [download / 20 May 2007]

Together with your partner discuss various reasons for the disparities between male and female career choices.

Consider possible ways to create a better balance.

Lösungsvorschläge

Partner A: Selma

The topic given to us is career choices and we are supposed to discuss various reasons why there are such differences between males and females.

I have been given statistics displayed by a horizontal bar chart about the top ten fields of study chosen by Saxon students in 2006/2007.

Looking at the statistics it becomes obvious that men tend to study technical subjects, general engineering first of all which is then followed by industrial engineering, electrical engineering, civil engineering and automotive engineering. So five out of ten are directly linked to engineering. Among the other top choices are computer science and physics, two other rather technical subjects.

Business management, coming second place, and medicine, rank seven, are the only non-technical subjects. It is striking that both fields of study are also included in the choices of the female students whereas none of the technical subjects is.

Let's look at the choices of the female students. It looks as if women – in contrast to their male counterparts – seem to focus on communicative subjects, on subjects that deal with people and not with machines. This is shown by the fact that women tend to prefer languages, with German and English ranking 3 and 6, social studies including welfare and social services as well as sociology as such. Subjects dealing with communication such as media, psychology and communication are also listed. In a way I should think that law also deals with communicative problems.

So the only two subjects men and women have in common are business management and medicine with the first ranking high for both groups.

To draw a conclusion I should think that women and men are equally interested in business management in order to get a well-paid job in the economy. Furthermore, being a manager acquires a lot of communicative skills, which might explain the women's high interest in this field. The same is true for medicine. Although it is fairly technical, it has to do with people and therefore appeals to women. In fact, it is choice number one for female students whereas it ranks only seventh place with the male students.

Well, to sum up I think that these statistics prove the old commonplace that men are mostly interested in technical subjects whereas women prefer communicative subjects, as they would like to deal with people.

Now Jakob and I are supposed to discuss why this is so. Why there are such differences between male and female career choices and what could be done to create a better balance. So what have you got, Jakob? *(429 words)*

Partner B: Jakob

Well Selma, I have also been given a horizontal bar chart which is about children's dream jobs. We are talking about German kids aged 6 to 14 and there were two surveys carried out in 1994 and 1999 by Focus, you know, the German magazine.

Now interestingly enough, most of girls wanted to be a doctor, or a vet. So the dream jobs are similar to the actual choice of female students with medicine coming second, as far as I can remember. It is also interesting that all of the girls' ten choices deal with caring for others, including animals. So there are jobs like nursing, teaching and being an animal keeper or a flight attendant. So really, it appears as if dealing with people seems to be the top choice, even for young girls. The other topic girls seem to be interested in is beauty. They like to see themselves either as being successful as a model, or working as a hairdresser and make others look more beautiful.

There are, as with Selma, some striking differences between boys and girls. Most of them want to be a football player. Sure, it's the prestige top players enjoy and their medial presence that is responsible for this. Other top jobs include being a pilot, a truck driver, an astronaut or

a car mechanic. Now I'm not sure but I would suggest that here the boys show their fascination with machines, fast and powerful machines where they can enjoy the feeling of speed and power – something boys are apparently more fascinated by than girls.
And there is computing of course. I mean this statistics is from 1999, so it is rather dated. I'm quite sure that if you had some rather recent data, even more boys would go for computer engineering or something along these lines. But anyway, that's speculation.
Well, so what are the reasons for the disparities between male and female career choices?
As we can see, it all starts with people's childhood. Girls don't seem to be interested in technological matters. And really, if you watch kids at play, you can quite easily notice that most boys play with cars and other vehicles, they drive their tractors around the place and they are interested in building things, for instance with Lego. There are still many girls, in contrast, who play with their dolls, or with cuddly animals. So no wonder they want to become nurses, doctors or vets. *(411 words)*

Discussion

SELMA: Ok Jakob. It all starts at childhood level so we should take this as the starting point of our discussion. I agree with you that boys and girls play differently. However, the question to me is: Does that come natural, or is it a result of our upbringing?
Because to me our future career choices depend a lot on our parents, on how they bring us up.

JAKOB: Really, what way?

SELMA: Well, take the way parents treat their babies. Even today it's dolls for the girls and toy cars for the boys. Honestly, this is where people lay the foundation of what their children will choose later on.

JAKOB: I'm not too sure about this. When I watch my younger brothers and sisters at play, it is obvious that they choose to play with different objects. It's their choice. My little sister Anna could play with Hermann's toys, but she doesn't want to. She is quite happy with her dolls, her doll's house and the rest of it. Anyway, what's wrong with that?

SELMA: Well, I don't think that boys and girls have a real choice. I mean it all starts when boys are being dressed in blue and the girls in pink, you know the traditional colours. And that's not up to the choice of the babies; it's the parents marking them out for different roles. And that is of course perpetuated throughout our childhood.
It starts with playthings and continues with story books. My cousin Saskia was given Lillifee books, you know. It's all about fairies dressed in pink and behaving really girly-like, and my cousin Robert got books about cars and dinosaurs. The funny thing though was that Saskia couldn't care less about the fairy books but went straight for cars and dinosaurs, and Lego, mind you. Actually, she plays more with Lego than Robert. Her parents have also finally come to the conclusion that their girl is genuinely interested in technical stuff. By the way, Saskia also plays in a football team, as the only girl among boys. But she likes it. And I think it's great that her parents support her.

JAKOB: I totally agree with you, football has become popular with girls. I mean, our women's team are world champion, aren't they? And of course there is nothing wrong with girl's playing football. But if you look at a playground – who is playing football? Be honest, it's boys most of the time. I suppose you are right to say that there are girls who want to do boys' stuff, but at the end of the day girls are girls and boys are boys. And that's perfectly okay with me. Men and women are different. You remember last year's Biology lessons, when we discussed the differences concerning our brains. It seems to be a fact of life that men and women think in different ways and that they are good at different things. Take languages for example. It is a proven fact, as far as I know, that women are more competent at languages but perhaps not quite so good at technical thinking. No wonder most students in our advanced language classes are girls, whereas in Physics, it's almost only boys.

SELMA: Come on Jakob, isn't that a self-fulfilling prophecy?
JAKOB: What do you exactly mean by "self-fulfilling prophecy"?
SELMA: What I mean is that girls are being told, quite often by both, teachers and parents, that they are not really good at natural sciences. Ok, nowadays that happens on a more subconscious level, hardly anyone stands up and says. "Oh, you girls are too thick to do physics or maths. Go for languages, social studies or art and music." But I have read an article recently which said that girls are being disadvantaged in certain subjects, especially when it comes to Maths.
JAKOB: Really, I have never noticed any such thing. Sounds a bit like a conspiracy to me. The male world banding up against the females to drive them back to their role as mothers and housewives.
SELMA: No, you're getting me wrong here. As I said, it is not that obvious and in many ways, it doesn't work on an intentional level. It's more due to the lack of encouragement that girls are made to think that they can't do Maths of Physics. The article I mentioned earlier said that, for instance in Maths, boys dominate the lessons. They are more self-confident than the girls and consequently they are given more attention by the teacher. Thus teachers do in fact discourage girls from taking up such a "difficult" subject. And this is what I mean by "self-fulfilling prophesy". The girls get the impression that they aren't good at it and then they start to think that way themselves: "Oh, yes, I'm not really up to it. I better go for languages …"
JAKOB: So if that was true, what could be done about it? Should there be special classes for girls? I mean I heard about schools that actually do that. I don't know if that is a successful measure, but it would surely take away the dominance of the boys. Perhaps then the girls stand a better chance of having maths and technical subjects explained in the way that suits them better.
SELMA: Absolutely. To take you up on this, it has shown that separating the boys from the girls in Maths, Physics or IT for some time does indeed have a positive effect on the girls.
JAKOB: Ok, point taken. Perhaps that really is a good idea, as our industries are desperate for people taking up engineering. They, and our country's economy by all means, need them, and I suppose those vacancies can only be filled if women take up engineering as well.
SELMA: Right, and everyone knows that women are up to it. You just have to make those options more attractive by giving the girls a little help and encouragement.
JAKOB: Like on Girl's Day? I never went there, obviously, but you did, didn't you?
SELMA: I sure did. It was great, because you could get in touch with technical professions without feeling intimidated. No boys there to show off or play the know-it-alls. So you could ask all sorts of questions, even the so-called stupid ones, you know. And I'm sure that once girls have gained access to technological subjects, they are just as good as the boys.
JAKOB: I wouldn't doubt that, but I still think that boys and girls are different. However, I agree that, at least to a certain extent, men's ideas that girls can't really cope with technology is still making it difficult for girls to go for a career in such subjects.
SELMA: So you would agree that there should be a more conscious approach when it comes to girls and technology?
JAKOB: Yes, I would. Perhaps we should take care that very young girls get more exposure to technical playthings, and maybe, at school level, girls should be given more encouragement to take up Maths and Sciences. *(1 178 words)*

Abiturprüfung Sachsen – Englisch Leistungskurs
Mündliche Prüfung 2008 – Thema 2

Prüfungsteilnehmer A

Topic: Crucial issues

The motto of a photo exhibition your school is planning to organize is “Crucial issues”. Comment on the photos.

bildstelle / Rex Features

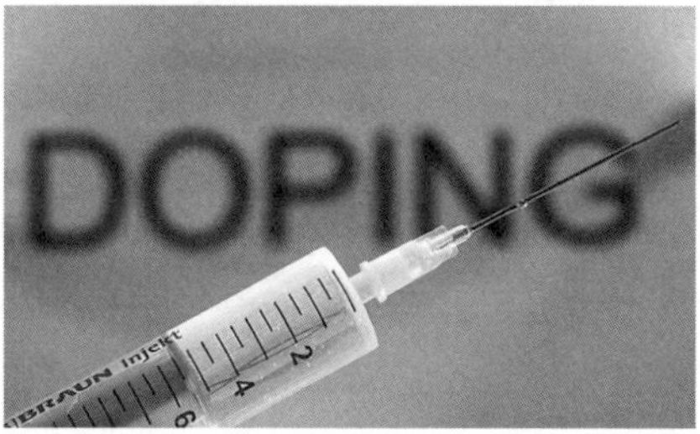

picture-alliance/dpa

Together with your partners, discuss which photo(s) you find suitable for the gallery. In addition plan the exhibition.

Prüfungsteilnehmer B

Topic: Crucial issues

The motto of a photo exhibition your school is planning to organize is “Crucial issues”. Comment on the photos.

picture-alliance/dpa

Markus Schreiber/AP

Together with your partners, discuss which photo(s) you find suitable for the gallery.
In addition plan the exhibition.

Prüfungsteilnehmer C

Topic: Crucial issues

The motto of a photo exhibition your school is planning to organize is “Crucial issues”. Comment on the photos.

http://enews.toxicslink.org/im-info/Air.pollution_1.jpg

AP

Together with your partners, discuss which photo(s) you find suitable for the gallery. In addition plan the exhibition.

Lösungsvorschläge

Partner A: Anika

Right then, we are supposed to talk about crucial issues and I have been given two photos depicting television and doping. The first photo show two little children, a boy and girl seated on a big armchair watching TV. I guess they are about 4 to 5 years old and they look rather tired – as if they had been sitting in front of the box for a long time. No adults can be seen and I suppose the message of the picture could be that a lot of children watch too much TV these days and that parents either do not have the time or do not care to offer them alternative activities. So the crucial issue depicted here could be TV consumption and the negative results it has on children. Mind you, too much TV is bad for adult people too. At least that's what I think. So really, if we use the photo for our exhibition, we should also include the adults, for example by showing photos of extremely naff programmes, or pictures showing couch potatoes drinking beer, eating crisps and getter fatter and fatter.
Anyway I was given another picture as well. It shows a syringe with the word "doping" in big letters in the background. Well, there is not much to say, is there? Doping has become an integral part of today's sports world, especially in cycling or track and field. Some say that you cannot perform at a world record level without taking certain substances and that in that respect the whole debate concerning doping is rather hypocritical. If people want top performances, they should acknowledge that fact and allow the athletes to take what substance they need in order to enhance their performance. I mean it really boils down to what we want to see. Super performances by superhuman beings or ordinary folks like you and me fighting it out on a rather lower level than the likes of Jan Ulrich or Ben Johnson? I mean, those two were more or less caught in the act Johnson a couple of times, as far as I know. But there are so many others out there who are just too clever to get caught. So at the end of the day those people who are best at hiding their doping activities are the most successful ones. That's quite ridiculous in a way.
Ok, on the other hand doping can have disastrous consequences on the athlete's mind and body, causing depression, heart diseases, kidney failure and what have you. That's perhaps the reason why doping is forbidden in the first place. Just think of the GDR swimmers, they, especially the girls, were given really vicious substances with quite horrible long-term effects. So when it comes to staging an exhibition we should discuss if we take some more photos which give a fuller picture of the complexity surrounding doping, e. g. the photos of such a swimmer as a sportswoman at the height of her career juxtaposed with photos showing her at a later age. Photos that depict some of the side effects, for instance growing a beard or getting seriously ill. *(524 words)*

Partner B: Nermin

Talking about side effects. I have got a picture showing a man who seems to have passed out after having consumed too much alcohol. At least there is a big beer glass, like one of those they have at the Oktoberfest in Munich, next to him. And the fact that he doesn't just take his afternoon nap is supported by the fact that he is lying flat on his back, surrounded by junk, such as an old cardboard box and an old carpet. I think the message is clear. Alcohol makes you lose control and you can find yourself in a dump. For our exhibition we should perhaps add some more pictures showing people drink and having fun, for example youths at a binge drinking event, and then contrast those pictures with the consequences.
On of those is violent behaviour. Hooligans for instance are almost always drunk when they create havoc. The same is true for the people in the second picture I have got here. It shows German neo Nazis at a meeting or a demonstration. A flag with the word skinheads is flying and one of the young men in the photo is wearing a t-shirt saying "Bomberpilot Deutschland" – at least that's how I read it. We all know that those Nazi skins drink a lot, and commit most of their crimes after having had a few pints. It makes me sick if I hear judges say, "Oh, they

didn't really know what they were doing." And then they let them off the hook ever so often. So there we are then. I think we should definitely make the connection between alcohol and violence as that really is a crucial issue of our time. I have just read an article which said that acts of violent youths are on a steady increase whereas other the number of crimes has been declining for some time. *(316 words)*

Partner C: Simon

I can't agree more. That is a crucial issue and quite a disgusting one too. Well then, I have also got a photo depicting violence. It shows a heavily armed policeman, probably British, with posters of what I would guess are wanted criminals – or terrorists – in the background. One of the photos has Spanish captions, I think, the other one Japanese or Chinese ones, I don't know. Apparently they are asking people for help, probably some information about those terrorists … But the latter is more based on guesswork, as my Spanish is close to non-existing. Anyway, either way, terrorism is of course an important issue as it affects us all. However, we need better pictures than that. Perhaps it would be a good idea to juxtapose the aims of various terrorist groups, such as creating a perfect world, an independent Basque country, or an Islamic nation, with the results of their violent action – you see I also like the idea of contrasting things in order to enhance their effect. Well, and there should also be a historical element as well. Where, when and why did modern terrorism start? What are the dangers if we wholeheartedly engage in the fight against terrorism? What I mean are the infringements on our personal freedom, something we have been taking for granted for a long time. Now the state is poking their noses into everybody's business: Big Brother is watching you.
To be honest I find this topic quite exciting and I would really like to concentrate on it.
That brings me to the other picture I was given. It shows a big factory with four big chimneys polluting the air. Well it's the environment issue, involving the global climate change and the rest of it. Really, I don't care too much about this. It has been in the news time and time again and really, we all have got the message by now … that we have to change our way of life and all that. I suggest we leave out that topic completely, as everyone is so familiar with it. I mean we don't need to carry coal to Newcastle, do we? *(361 words)*

Discussion

ANIKA: I suppose you are right. If we concentrate on the other five topics, that's quite enough. What I think would be great is if we could organise the pictures creating a big mind map. You see I quite agree with Simon. We should try and show how the different issues are connected with each other, e. g. alcohol, hooliganism and right wing terror.

NERMIN: Well, I think that is quite a good idea. But we must definitely take great care not to simplify things, for example by saying, or showing, that the rise of right wing organisations in Germany is simply a result of heavy drinking. So of course we must also add pictures showing the historical and political developments leading up to the current situation.

SIMON: Right, but, Nermin, we mustn't get carried away with that. If we want to do a photo gallery, we cannot explain everything – like giving a complete history of fascism. That's quite impossible to do. By the way, should we only use photos? Or should we also put in some texts explaining things to the visitor?

ANIKA: Let's stick to photos only. People don't like reading lengthy texts at an exhibition anyway, and texts also take away the effect a well chosen photo can have.

SIMON: You are right, we should concentrate on choosing the right photos and put them into a sensible order. Just one question. Are we supposed to shock our visitors by putting up really wicked photos?

NERMIN: Well, in my opinion, giving them just a shock doesn't do. I would like to make people think. We should be asking questions, rather than giving answers.

ANIKA: Good idea. We could perhaps ask other students from our school to contribute materials and ideas. We could put up some captions, for example. For instance: "From neglect to loneliness to hopelessness." Here you could incorporate the kids glued to the TV, but also the alcohol picture and even the one showing the Skinheads. There are some things they all have in common, like loneliness and hopelessness. You know the "no future" feeling. And they all look for something to make up for it.

NERMIN: Yes, to compensate for what they haven't got. A far as I know, for a great number of youths the group has taken over the role of the family. So we could juxtapose the skinhead photo with that of a cute and lovely family. Then the viewer has to make the connection.

SIMON: I like the idea of involving more students. If we ask them to bring their photos about the various issues, we might get a really interesting collection for our gallery.

NERMIN: Yes, something interactive. Involving the audience, so to speak.

ANIKA: But don't we lose control over the project if we admit lots of other photos?

NERMIN: Not really, I mean we must take care that we set up a proper framework for the photos, suitable captions for instance so everyone knows what issues are on the agenda.

SIMON: And we need to tell people that we are in charge. So they just can't do what they want.

ANIKA: Ok. So in summary I state that we arrange the photos in form of juxtapositions in different categories, e. g. what they say – Guinness is good for you – and the effect it can have on people. And other students from our school are also invited to hand in contributions, e. g. bring their own pictures and add them to the mind maps.

NERMIN: Agreed. But how about the other kids bringing photos they have taken themselves? This means we won't have photos taken exclusively from newspapers and the Net. That sounds creative. Good.

SIMON: I agree. Perhaps we should then tell everybody in advance about our concept so people have enough time to prepare their contributions.

NERMIN: Very good. Sounds like an interesting project. *(630 words)*

Abiturprüfung Sachsen – Englisch Leistungskurs
2009

Teil A: Text

The History Boys by Alan Bennett

In 1983 a group of sixth-formers at an all-boys grammar school in Sheffield have performed unusually well in their A-level history exams. Thus they have qualified to sit the Oxbridge entrance exams – something that has never been achieved at their school before. As the headmaster wants to ensure success they are placed in a special group of their own. The teachers expected to prepare them are Hector and Irwin, the latter having been hired exclusively for this purpose.

Text 1:

ACT ONE

[…]

Irwin and Hector

IRWIN: It's just that the boys seem to know more than they're telling.

HECTOR: Don't most boys?
Diffidence is surely to be encouraged.

IRWIN: In an examination?
They seem to have got hold of the notion that the stuff they do with you is off-limits so far as the examination is concerned.

HECTOR: That's hardly surprising. I count examinations, even for Oxford and Cambridge, as the enemy of education. Which is not to say that I don't regard education as the enemy of education, too.
However, if you think it will help, I will speak to them.

IRWIN: I'd appreciate it.
For what it's worth, I sympathise with your feelings about examinations, but they are a fact of life. I'm sure you want them to do well and the gobbets you have taught them might just tip the balance.

HECTOR: What did you call them?
Gobbets? Is that what you think they are, gobbets?
Handy little quotes that can be trotted out to make a point?
Gobbets?
Codes, spells, runes – call them what you like, but do not call them *gobbets*.

IRWIN: I just thought it would be useful …

HECTOR: Oh, it would be useful … every answer a Christmas tree hung with the appropriate gobbets.
Except that they're learned *by heart*. And that is where they belong and like the other components of the heart not to be defiled by being trotted out to order.

IRWIN: So what are they meant to be storing them up for, these boys?
Education isn't something for when they're old and grey and sitting by the fire. It's for now. The exam is next month.

HECTOR: And what happens after the exam? Life goes on.
Gobbets!
[…]

Headmaster and Irwin

HEADMASTER: How are our young men doing?
Are they 'on stream'?

IRWIN: I think so.

HEADMASTER: You think so? Are they or aren't they?
IRWIN: It must always be something of a lottery.
HEADMASTER: A lottery? I don't like the sound of that, Irwin. I don't want you to fuck up. We have been down that road too many times before.
IRWIN: I'm not sure the boys are bringing as much from Mr Hector's classes as they might.
HEADMASTER: You're lucky if they bring anything at all, but I don't know that it matters. Mr Hector has an old-fashioned faith in the redemptive power of words. In my experience, Oxbridge examiners are on the lookout for something altogether snappier.
After all, it's not how much literature that they know.
What matters is how much they know *about* literature.
Chant the stuff till they're blue in the face, what good does it do?
[…]

Text 2:
ACT TWO
[…]
classroom
AKTHAR: We know, sir.
HECTOR: Oh.
DAKIN: About sharing lessons with Mr Irwin, sir?
HECTOR: Ah.
LOCKWOOD: Why is that, sir?
HECTOR: That?
Oh. It's just a question of timetable, apparently.
No. What I was going to tell you …
LOCKWOOD: What's the point, sir?
Your lessons are so different from his.
The whole ethos is different, sir.
TIMMS: And we relish the contrast, sir.
CROWTHER: Revel in it, sir.
LOCKWOOD: Yin and yang, sir.
AKTHAR: The rapier cut and thrust, sir.
TIMMS: It's all about variety, sir.
HECTOR: Hush, boys. Hush. Sometimes … sometimes you defeat me.
DAKIN: Oh no, sir. If we wanted to defeat you we would be like Cordelia and say nothing.
HECTOR: Can't you see I'm not in the mood?
DAKIN: What mood is that, sir? The subjunctive? The mood of possibility? The mood of might-have-been?
HECTOR: Get on with some work. Read.
LOCKWOOD: Read, sir? Oh come on, sir. That's no fun.
AKTHAR; Boring.
HECTOR: Am I fun? Is that what I am?
TIMMS: Not today, sir. No fun at all.
HECTOR: Is that what you think these lessons are? Fun?
LOCKWOOD: But fun is good, sir.
You always say …
POSNER: Not just fun, sir.
AKTHAR: *(pointing at Posner)* Would you like him to sing to you, sir? Would that help?
HECTOR: Shut up! Just shut up. All of you.
SHUT UP, you mindless fools.
What made me piss my life away in this god-forsaken place?

There's nothing of me left. Go away. Class dismissed. Go.
He puts his head down on the desk.
There are some giggles and face-pullings before they realise it's serious.
Now they're nonplussed and embarrassed.
Scripps indicates to Darkin that Hector is crying.
Scripps is nearest to him and ought to touch him, but doesn't, nor does Darkin.
Posner is the one who comes and after some hesitation pats Hector rather awkwardly on the back, saying 'Sir'.
The he starts, still very awkwardly, to rub his back.
[…] *(773 words)*

Bennett, Alan. (2004). The History Boys. London: Faber & Faber, London pp. 48–49 & 64–65

A Text production

A1 Working with the text

Answer in complete English sentences.

1.1 Compare Hector's and Irwin's attitudes towards education. (4 BE)

1.2 Analyse Hector's character and the way Alan Bennet creates it. (6 BE)

Inhalt: (10 BE)

A2 Composition

Choose one of the following topics.

2.1 "We think that good exam results are very important but they don't constitute a full rounded education." (Barnaby Lenon, Headmaster of Harrow School, London)
Write an article for an international student magazine referring to the quotation. Include a discussion of the role testing has played in your life so far.

2.2 Do the following composition tasks separately:
a) Based on the excerpt from the drama write down Hector's thoughts in the form of an interior monologue directly following the events in Text 2.
b) Explain your choice of content and style.

2.3 We are all bound by the circumstances we have been born into.
Comment on this notion referring to both the individual and society.

Inhalt: 10 BE

Erreichbare BE-Anzahl Teil A (Summe A1 und A2):
Inhaltliche Leistung: 20 BE
Sprachrichtigkeit: 20 BE
Ausdrucksvermögen: 10 BE
Gesamt: 50 BE

Teil B: Translation / Mediation
Choose one of the following tasks (B1 or B2)

B1 Translation

Fair Chances?

It's been revealed, not for the first time in recent months, that there remains a persistent class-related gap in young people's aspirations relating to higher education. Some 78 % of schoolchildren from the highest earning social groups want to go to university, compared to 55 % from the lowest.
The way in which the odds are stacked against the poorest and least-skilled [...] has been summed up with admirable clarity by the geographer Danny Dorling, who produced an alternative map of Britain that sweeps from a "fertile crescent of advantage, where to succeed is to do nothing out of the ordinary, to the peaks of despair, where to just get by is extraordinary".
Getting to university, if you're not a member of the anointed classes, is like an assault course: not in the sense that your ascent to the top must be guarded by your parents' sharp elbows, but in that the obstacles to be surmounted seem to spring up everywhere. [...]

(162 words)

Hanley, Lynsey: "University challenged". Guardian.co.uk, 8. April 2008
http://www.guardian.co.uk/commentisfree/2008/apr/08universitychallenge
[download/27. August 2008] 20 BE

Annotation:
lines 7: crescent – here: area

B2 Mediation

In your English class you have been asked to design a brochure titled *Further Education in Europe*.
Write a summary of the following text focusing on what makes Oxford and Cambridge exceptional.

Die Auserwählten von Oxbridge

Das Studium an den britischen Eliteuniversitäten Oxford und Cambridge gilt als garantiertes Sprungbrett für eine erfolgreiche berufliche Laufbahn im In- und Ausland. Die Kaderschmieden des ehemaligen Empires bilden die geistige Elite einer ganzen Nation aus. [...]
Vergabe von Studienplätzen: Neben dem soliden finanziellen Fundament genießen die Mini-Unis zahlreiche Privilegien: Sie bestimmen das jeweilige Lehrangebot selbst, legen den Inhalt und Verlauf eines Studium sowie der Prüfung fest und verleihen akademische Titel. Außerdem wählt jedes College – wie übrigens die übrigen Universitäten in Großbritannien auch – seine Studenten selbst aus. Neben den Ergebnissen einer schriftlichen Eignungsprüfung haben dabei die Eindrücke aus Interviews und Gesprächen über Lebens- und Berufspläne, Interessen und Fähigkeiten entscheidenden Einfluss auf die Vergabe von Studienplätzen. Obschon – vor allem bei Spitzensportlern – auch ab und an ein Auge zugedrückt wird. Fast 50 Prozent der Studenten in Oxbridge kommen aus Privatschulen; weitere 10 Prozent aus dem Ausland, der Rest aus staatlichen Schulen.
Studienverlauf: Das drei- bis vierjährige Studium in Oxbridge gliedert sich nicht wie in Deutschland in Semester, sondern in Trimester. Der achtwöchige Studienabschnitt von Oktober bis Anfang Dezember heißt *Michaelmas*, das Trimester von Januar bis Mitte März wird in Oxford *Hilary* und in Cambridge *Lent* genannt und die zwei Monate von

April bis Mitte Juni in Oxford *Trinity* und in *Cambrigde Easter Term*. Im ersten Studienjahr müssen die Studenten nicht nur Vorlesungen besuchen, sondern auch einmal wöchentlich ein mindestens fünfseitiges Essay erstellen. Im zweiten Jahr sogar zwei pro Woche. Damit sollen die Studenten unter Beweis stellen, dass sie wissenschaftlich arbeiten können. Das Herzstück des Studiums bildet jedoch die persönliche Betreuung in Form von obligatorischen Treffen mit Tutoren, Lektoren und Professoren. Bei dieser Gelegenheit sitzt ein Student diesem allein gegenüber und muss seinen Lernfortschritt dokumentieren, indem er sein Essay verliest. Nach alter Väter Sitte nimmt der Tutor das Elaborat anschließend systematisch Satz für Satz kritisch auseinander.
Prüfungen und Abschlüsse: Am Ende des zweiten oder dritten Trimesters stehen dann mit den *Moderations*, kurz *Mods*, beziehungsweise den *Preliminary Exams* die ersten großen Herausforderungen an. Denn die Ergebnisse dieser (Vor-)Prüfungen entscheiden darüber, ob ein Student am College bleiben darf. Richtig ernst wird es je nach Fach im Sommer des dritten oder vierten Studienjahres, wenn die Abschlussprüfungen, die *Finals*, erfolgen. […]
Studentenleben und *social activities*: Am jeweiligen College haben Studenten Kost und Logis frei. Damit sich diese voll auf das Studium konzentrieren können, kümmern sich sogar sogenannte *Bedder*, Putzfrauen, um die Sauberkeit in den meist spartanisch eingerichteten Studentenbuden. Anfang Oktober ziehen die Studienanfänger, *Fresher*, genannt, in das College ein und erfahren beim *Fresher's Blind*, einer Art Willkommensparty, bei der ältere Studenten einen Drink spendieren müssen, die wichtigsten Tricks und Kniffe für die Studienzeit. Wie an allen anderen Universitäten des Landes bilden in Oxbridge die *social acitvities* einen festen Bestandteil des Studiums. Dabei spannt sich der Bogen von sportlichen Wettkämpfen über das Mitwirken in Theaterstücken oder im Chor der Universität bis hin zu *Port and Cigars* (Portwein und Zigarren) und *Tea* mit dem Tutor. Und auch die Mitgliedschaft in der *Student's Union*, der Studentenvereinigung, ist quasi ein Muss. Ebenso das regelmäßige Abhalten von freien Reden in den Debattierclubs der *Student's Union*. […]

Raab, Karsten-Thilo. "Nur das Beste für die Besten: Die Auserwählten von Oxbridge". Frankfurter Allgemeine hochschulanzeiger.de, 16. Mai 2007
http://www.faz.det/s/Rub244D2E60F0294C4D8AAC6CoC7FC9677B//Doc~EA2 82C0EF1CC8405DB6CCAF21964F8A3F~Atpl~Ecommon~Scontent.html
[download/22 June 2008] 20 BE

Lösungsvorschlag

A Text production

A1 Working with the text

1.1 *The key points are:*
- *Hector: idealist notion of education and learning*
- *literature/education to suit the individual, not to please an examiner*
- *examinations are the enemy of education*
- *Irwin: pragmatic point of view*
- *importance of exam results for students' career*

Generally, Hector does not teach his students solely for the purpose of testing and has no problems if his students reflect on their knowledge or the curriculum critically ("diffidence" l. 3). He believes that the knowledge the boys gain in his classes should not be "trotted out to make a point" which means that to Hector learning is for life (l. 28) and not primarily for passing an exam. In fact he calls examinations "the ene-

my of education" (ll. 8/9). Furthermore, he states that to him learning by heart means learning with the heart; a metaphor expressing a rather personal approach towards education. To Hector, education must apply to the emotions of the students, to suit their individual needs rather than only train them to sit an examination.
Although Irwin seems to agree with Hector in principle, it is obvious that to him it is essential to gear the boys up to their exams. He takes a rather pragmatic view when he says that exams are "a fact of life" (l. 13) and that the boys need to do well in their exams in order to have a career: "Education isn't something for when they are old and grey." (l. 26) *(201 words)*

1.2 *The key points are:*
– development from self-confidence to frustration and despair
– character depicted through conversations and stage directions
– frustration leads to Hector's misjudgement of the classroom situation

In the given excerpt, Hector undergoes a transformation from being depicted as a fairly self-confident defender of his teaching methods to ending up in utter despair and helplessness.
In the beginning, the author establishes Hector's character through his conversation with his colleague, Irwin. When Irwin criticises him for not preparing his boys well enough, Hector responds in a rather straightforward and confident way: "Don't most boys? Diffidence is surely to be encouraged". (ll. 2/3) However, he seems to be ready to compromise up to a certain extent with Irwin's ideas of a proper preparation for the exams, "However, if you think it will help, I will speak to them." (l. 10) All the same, the phrase "if you think it will help" strongly suggests that he does not really agree with Irwin.
The balance is tipped when Irwin reduces Hector's teaching to "gobbets" and suggests that Hector make use of them to prepare the boys for the examination. Now Hector is losing his coolness, he becomes passionate, angry and agitated, firing off a sequence of angry questions, raising his voice as indicated by the expressions "gobbets" and "by heart" printed in italics. He rages against the assumption that what he taught the boys should be used in the exams. His whole language turns derisive, bitter and even cynical when he connects the word "useful" with "every answer a Christmas tree" (l. 21).
His last word to Irwin is "Gobbets" which is used almost as a swearword with which he tries to fight off Irwin's accusations.
The second way in which Hector's character is depicted is through the conversation between the headmaster and Irwin. Apart from Irwin's assessment (or accusation) that Hector's students are not well enough prepared, the headmaster describes Hector as an old-school idealist displaying a "faith in the redemptive power of words" (l. 41), somebody who seems to teach literature from a purely aesthetic point of view instead of enabling the students to analyse it ("What matters is how much they know *about* literature", l. 44) It is obvious that the headmaster regards Hector as a failure as his final, rather derogatory, remark "Chant the stuff till they're blue in the face, what good does it do?" (l. 45) shows.
Finally, Hector's character is established in the classroom scene. Here his monosyllabic answers ("Oh.", "Ah.") suggest that he is in a rather depressive state of mind. He also refuses to talk to his students, who are full of affection for him, about the problems with Irwin, which could signify that he has already given in.
When the students tell him that his lessons are "fun", he, probably owing to his general downheartedness, obviously misunderstands his students as being disrespectful and ridiculing his teaching methods. Which means that now even his "disciples" have betrayed him. What follows is an emotional outbreak during which he more or less com-

pletely loses his self-restraint. This is shown by his use of language. When he resorts to rude expressions such as "Shut up" or even to four-letter words such as "piss" (ll. 81–83), he shows that he is in utmost despair, close to a nervous breakdown, which is expressed in the sentence "There is nothing of me left." (l. 84)
At the end of the scene Hector's actions and body language, as given by Allen Bennett's stage directions, such as putting his head down on the desk and crying, highlight the impression of a man who has finally given himself up to an embarrassing public display of helplessness. *(588 words)*

A2 Composition

2.1 *The key points are:*
- *characteristics of an article: heading, introduction, middle part, ending, also use catchy phrases,*
- *reference to target group (international students): language can/should be slightly casual/not too formal,*
- *discussion of the role testing has played in your life*

Teaching to the test – a necessary evil?

Let's face it, good test results are important if you want to have a career. But don't we all hate exams? At least I do. After having been exposed to all kinds of exams (written and oral ones) for the past 10 years, I must say that I have had quite enough. To me they constitute the major stress factor at school. Cramming for tests has always turned me off, and quite honestly I don't see the point in doing all the revision when almost everything I have learnt goes out of my head immediately after the exams.
"Exams might not be fun, but they are the only way to ensure that you lazy buggers learn one or two things at school." I hear Mr K. (my most detested teacher whose real name will mercifully remain undisclosed in order to protect the innocent) say. And, take it or leave it, I suppose he is right – at least up to a certain extent. Sure, we all know about the old arguments justifying teachers thinking up tricky and nasty tasks, making us sweat and toil, according to the motto "No pain, no gain".
Another famous quote by the infamous Mr K. reads: "Life is not a pleasure cruise." So what is this all about? It says that life is hard, and that, once we are out there, in the wilderness of a competitive society, we will face numerous situations where we must function and perform, no matter whether we feel like it or not. So, exams are supposed to prepare us for real life situations, including all the stress we suffer when revising instead of having a good time. Oh yes, succeeding in exams requires discipline and time-management (meeting deadlines and observing punctuality, the latter maybe being a typically German obsession). And these are valuable assets for making a career in the afterlife (you know what I mean). So, to cut a long story short, exams don't taste good but (like Guinness Beer) they are good for you, say Mr K. and many others.
Now what about all the other stuff school is supposed to accomplish for us. As Mr Lenon states, it should provide a "full rounded education", so there is more to it than just exam success. And I wholeheartedly agree. To me project work, public performances, e. g. drama or music, student exchanges, exhibitions and outings to museums or other interesting sights are very important to develop a student's potential. Personally, I never ever learned as much as when my class and I did an English drama workshop for a week and then performed in front of the school, our parents and our friends. I still know all my lines (and many of the others') by heart. And it was fun working together as a team, with the common aim of putting on a good performance and entertaining our friends.
Another really good project I remember well was a week when our year engaged in some community work called "a good deed for our neighbourhood". There we worked

for organisations helping the poor and the disadvantaged. To gain insight into the world of those who are not as well off as we are was a very rewarding experience and a good example of what Mr Lenon refers to as a "round education" – which is definitely more than just exam-geared lessons and cramming for tests. *(572 words)*

2.2 *The key points are:*
- *Hector's thoughts after the events depicted in Text 2*
- *interior monologue (free form)*
- *content of interior monologue must be based on given extract*

a) To leave or not to leave this educational bog hole. That is the question. Or is it nobler in the mind to stay and fight it out? But how can you fight against a system which transforms everything into something practical, something "useful" as Irwin would say. How I hate this pragmatism! What you learn must be useful, and useful means being able to do well in exams. Every fool knows that what the kids learn for exams is for exams only. Hardly anything remains stored up in their brains, and definitely not in their hearts. But then, what's the use of dealing with literature if it doesn't involve the students on an emotional level? Why read Shakespeare and Dickens if you don't have the time to enjoy the beauty of their writings, the wittiness and humour of their language? So what's wrong with my asking students to learn important pieces by heart? I mean Irwin, that narrow-minded idiot, didn't get it at all. Oh yes, I hear our Head say, our students are going to sit an Oxbridge exam, so they need to know about literature, and knowing means taking it apart and then analysing the bits and pieces. It's revolting, just a scholastic exercise, showing off your analytic skills – aren't we all darn clever?
Come on now, old boy. Be reasonable, somehow there must be a compromise. Just to make life a bit easier. Why not give your Head a morsel of some "snappy" target-oriented teaching, just before the exams? Doesn't really hurt, does it?
The students got it wrong anyway, or did they? Did they really mean to reduce me to a funnyman, an entertainer dishing out little tasty chunks of fun, something, or somebody, to laugh at? Me, a laughing stock?
Well, I suppose I got it wrong, I wronged them. Now thinking back on it, they were probably just trying to be friendly, cheer me up as I must have shown that I was in a miserable state.
Well, man, pull yourself together! Your behaviour was completely out of order. Come on, put your act together. First of all apologise, tell them I suffered a nervous breakdown, talk about the problem, my dilemma, when it comes to teaching literature. And work out a fair compromise with the students. Preparation for the exams including the genuine appreciation of literature. Have the cake and eat it. Can this be done? It must be done. It can be done! Can it?

b) When writing this interior monologue I tried to include the two important themes of the given extract, which are Hector's frustration with his colleague's demand for teaching to the test and his nervous breakdown in class in front of his students.
To me the first theme must pose a real dilemma for him as, on the one hand, the teaching of literature should trigger off a certain motivation in students to appreciate the beauty of writing. On the other hand, in a culture where exams play an important role with regard to people's future careers, he must feel under enormous pressure when apparently failing to prepare his students appropriately.
Hector's second problem must be his behaviour in front of his class, where he lost control of himself in a way that must, looking back on it, appear to be absolutely unacceptable. I suppose he would try hard to save the situation by apologising and by telling the students about his problem, his frustration with the system, and then settle for a compromise.

Stylistically, I tried to convey the inner conflict tormenting Hector. That's why the monologue opens up with a rather drastic statement, reflecting Hamlet's famous soliloquy, as the protagonist is in dire straits, with the question taking on an almost existential dimension.
Hector then ponders on the problem, showing his insecurity by asking several questions, which are all of a rhetorical nature as he seemingly knows the answers. I put them in to show how he is desperately trying to reassure himself.
In the following, Hector is taking on an alter ego, an imagined fatherly friend or colleague ("Come on now , old boy.") who tells him to pull himself together and be reasonable. So there is a change from questioning to assuming a more imperative stance showing Hector's determination to solve the conflict. This tendency is also highlighted by the change of the pronoun "you" to "I" which is to symbolise that he is now even more determined and has restored his self-confidence.
However, in the end I chose to contrast Hector's determination to succeed ("It can be done.") with a grain of doubt ("Can it?"). I believe that ending the monologue like that helps to create suspense as it opens up the situation to the audience to speculate whether Hector can really change the situation, and his life, for the better. *(808 words)*

2.3 *The key points are:*
- *circumstances/determination versus free will*
- *examples: historical, political, biographical*
- *conclusion: your opinion*

Let me begin by saying that I can't agree with that notion. Of course there is no doubt that the circumstances we are born into have a profound influence on us, but they do not wholly determine our actions. Man is equipped with moral and mental faculties that allow him to choose between right and wrong, good and evil, just and unjust.
There are many examples from human history which show that some people managed to have a great career even though they did not come from a wealthy background. Regarding the rags to riches myth of the American Dream, you can see that many successful Americans (and people elsewhere) have made it from the bottom to the top. Politically speaking you can say that modern western society actually stands for the independence of the individual, for the freedom to fulfil your potential no matter what your social background. It was the French Revolution as a starting point for a development which did away with the old privileges of the ruling classes, a time when your birth into a certain class would have decided about your life opportunities.
Of course it is still true that if you are born with the proverbial silver spoon in your mouth you will find it easier to succeed in life. At least you do have a lot of opportunities which are often denied to people from the lower classes. So I would agree that people's social background still influences their careers. Being wealthy definitely makes your advances in life easier. This applies for example to the availability of tuition fees for one's studies.
On the other hand, wealth does not automatically qualify you to make headway. More often than not you are being promoted on your own merits, which means that even if the odds are stacked against you, you can still make it to the top, or at least earn a good living. The same is true for talent. If the aforementioned assumption was right, every concert pianist would produce other concert pianists, but there is no evidence whatsoever that they do. Take the son of Miles Davis, the famous jazz trumpeter. His son did not have a musical career, although he must have grown up in a very musical environment. Also with regard to our moral categories it must be said that if the circumstances determined our lives, all children of criminals would follow their parents' career and become criminals as well. We all know that this is not the case, although

you might argue that it is more likely for a child to embark on a criminal career when he or she has grown up in criminal surroundings.
In conclusion, I would say that man is born with a free will and determination, and therefore he can overcome the circumstances he has been born into, even if that can prove to be difficult at times. But in fact, this is what life is about: overcoming difficulties. *(495 words)*

B1 Translation

Faire/gerechte Chancen?

Nicht zum ersten Mal ist in den vergangen Monaten aufgedeckt worden, dass es immer noch eine sich hartnäckig haltende, sozialbedingte/klassenabhängige/milieuabhängige Kluft hinsichtlich der Ambitionen junger Leute im Bezug auf höhere Bildung gibt.
Etwa 78 % der aus der sozialen Gruppe der Spitzenverdiener kommenden Schulkinder wollen auf die Universität gehen, verglichen mit 55 % aus der (sozialen) Gruppe der Niedrigverdiener.
Die Art und Weise wie den ärmsten und am wenigsten ausgebildeten Menschen Steine in den Weg gelegt werden […] wurde vom Geografen Danny Dorling in bewundernswerter Klarheit/bewundernswert deutlich zusammengefasst. Dieser produzierte eine alternative Landkarte von Großbritannien, die von den „fruchtbaren Vorteilsregionen, in denen es nichts Außergewöhnliches ist, erfolgreich zu sein, bis zu den Gipfeln der Verzweiflung, auf denen es schon das bloße mit dem Leben Zurechtkommen/das bloße Klarkommen außergewöhnlich ist/auf denen es schon außergewöhnlich ist, überhaupt über die Runden zu kommen."
An die Universität zu gelangen, ohne ein Mitglied der erwählten/durchlauchten Klassen zu sein, gleicht einem militärischen Übungsparcours: nicht in dem Sinne, dass dein/der Aufstieg zur Spitze/Gipfel von den scharfen Ellenbogen deiner/der Eltern unterstützt werden muss, sondern (in dem Sinne) dass die Hindernisse, die überwunden werden müssen, offenbar überall auftreten.

B2 Mediation

The keypoints are:
- *article/summary for an international magazine (primarily for young people who might not know about the British university system)*
- *focus on what makes Oxbridge exceptional*
- *observe the formal requirements as regards a mediation (e. g. length, style)*

Oxbridge: The Road to Success

Oxford and Cambridge (or "Oxbridge") are <u>the</u> elite universities in Great Britain, each consisting of numerous smaller colleges, all with their own curriculum. That's why 50% of the pupils at these colleges come from renowned public schools. Once they have passed the entrance examination plus interviews, students are required to hand in essays every week in order to demonstrate that their work meets high academic standards. At the end of the first year all students must pass a so-called Preliminary Exam if they want to continue their studies. However, at the heart of each course of study are the tutorials, which means that students regularly meet up individually with their personal tutors and other academic staff to discuss their work in detail. The colleges provide simple style full-board accommodation. Throughout the year there are activities in which students are expected to participate such as welcome events, sports, drama and music as well as the debating societies of the Student Union. Students graduating after three or four years of study will have obtained excellent career opportunities. *(180 words)*

Abiturprüfung Sachsen – Englisch Leistungskurs
Mündliche Prüfung 2009 – Thema 1

Prüfungsteilnehmer A

Topic: Children are our Future

Concepts of our family have changed over the centuries.

Comment on the following photos.

http.//www.christenundjuden.org/images/hannas_familie.jgp

http://www.travailsuisse.ch/de/system/files/storypics/Familie.jpg

Together with your partners discuss the image of a good family.
Furthermore talk about what should be done to create a more family-friendly society.
Try to agree on realistic measures.

Prüfungsteilnehmer B

Topic: Children are our Future

Concepts of family have changed over the centuries.

Comment on the following photos.

© Tomasz Trojanowski – Fotolia.com

http://www.nzz.ch/images/vater_1.547818.jpg

Together with your partners discuss the image of a good family.
Furthermore talk about what should be done to create a more family-friendly society.
Try to agree on realistic measures.

Lösungsvorschläge

Partner A: Robin

The topic Richard and I have been asked to discuss is "Children are our Future". To start us off I will comment on two photos which show how concepts of family have changed over the centuries.

The first photo I would like to talk about was probably made about a hundred years ago. It shows a family of ten, with the father in the middle, his eight children and his wife next to him. I'm not sure, but I think there is also an elderly woman who might as well also be a grandmother or perhaps another relative, an aunt maybe.

To me this picture epitomises what people nowadays refer to as the good old classical extended family, a time when people had ten children or more and when it was also common for several generations to live under the same roof.

As regards the social makeup of the traditional family, the father was considered the major breadwinner and the utmost authority. He was at the centre of his family and ruled over his wife and children like a patriarch. To me, this is also shown in the picture, as everyone seems to look rather serious, almost as if standing to attention. You can see that family life at the turn of the last century was definitely not as liberal and easygoing as it is today.

The other photo depicts a typical modern nuclear family, although the couple shown there have three young children, which is quite a lot for a family in an industrialised country. The family are sitting at the table and the father seems to be serving up food. This leads to the assumption that he might also have prepared the food himself, while his wife (or girlfriend, I mean, who knows, nowadays) is taking care of their baby child. The atmosphere conveyed by the photo is a rather cheerful one, the woman looks lovingly at her spouse, and he seems to like his role as a "house husband", if that's what he is. Personally, I believe that he is is just participating in the housework, something the husband in the first photo would probably not even have thought of.

Those were different times however, when men and women were supposed to follow certain social behaviour patterns, with the man acting as the sole breadwinner and the woman supporting the family as a homemaker.

Now these patterns have changed: there were the Suffragettes, and women taking on men's jobs during the World Wars, there was Women's Lib in the 1960s and 70s and in the so-called socialist countries, e.g. the GDR, women were expected to work in almost every field, in factories, building sites or as engineers. All this finally led to the emancipation of women, and put more pressure on men to take a more active part in what was formerly known as a "woman's job." So today, modern men know how to change a baby's nappies and can also stack a dishwasher; some can even operate the washing machine.

To cut a long story short, as regards family life, men and women cooperate a great deal more than in former times. Nowadays, it is more or less taken for granted that women have a job just like their husbands, and that it is therefore practical, and logical, well, and fair, I suppose, if both share the housework and the upbringing of their children. So, for me, the basis of a good family is cooperation. But let's discuss that later.

Richard, what kind of pictures have you got? *(592 words)*

Partner B: Richard

Well Robin, what I have got here are two pictures showing modern parents and their children. In the first photo you can see a young woman sitting in a chair with her three-year old daughter on her lap. Both seem to have enjoyed playing a computer game, or perhaps the woman has just been doing some work on the computer with her child sitting with her. Anyway, they both look rather happy.

In the other picture you can see a man in his thirties sitting on a chair. While reading a book, he is rocking a pram. To me he epitomizes a modern father who finds nothing wrong with taking care of his baby child, while, perhaps, his wife is away either working or meeting friends. Anyway, I have heard that a lot of modern dads nowadays take on a lot more responsibilities. For instance they join their wives in prenatal classes, or are even present when the child is being born. My dad actually was there when I was born, patting my mother's head and helping her to breathe properly. My granddad thought that was completely out of order, but then, he is still old school.

So, Robin, the photo depicting the father and his child would fit in with your image of a modern family. Not so many kids as before, but daddies being a lot more involved in the upbringing of their children.

At second sight, you could perhaps also conclude that the two photos represent two single-parent families, with either the father or the mother taking care of their offspring. Of course, that is up to interpretation, but as far as I know the number of single-parent families has increased quite dramatically over the last twenty years or so. At least, some people are worried about this development, saying that a single mom, or a single dad, cannot really give their children all they need. Well, I don't know about that, but I suppose it is rather stressful to combine both a strenuous working life and raising your children just on your own. Honestly, I don't know how people cope! But as I said, single-parent families are a regular occurrence these days, and to me, there is nothing wrong with it. *(375 words)*

Discussion

RICHARD: Well, of course, there isn't. Although a survey carried out recently revealed that for most German youngsters the ideal family is still the traditional one, you know, with a mom, dad and children.

And really, from my point of view, I think that children need both, a father and a mother, not only biologically speaking, but also when it comes to raising children. A father can do and convey things women can't, or at least not to the same extent. And vice versa, of course.

ROBIN: Quite right. I believe there are certain male and female qualities which help children to develop their identities.

RICHARD: So we both agree that the best kind of family is the traditional one. Now, what about the others? Take for instance the so-called patchwork families? Would you find those problematic?

ROBIN: Not really. I mean, some people claim that patchwork families are a fairly new development, but as far as I know, they have been around since the beginning of mankind, with mothers and fathers dying and remarrying. Well, in fact our fairy tales are good examples of conflicts that might arise in patchwork families. Take Cinderella: the bad stepmother and her daughters making life miserable for the father's daughter, Cinderella.

RICHARD: So what you are basically saying is that we don't really need to worry too much about patchwork families, as they have always been a part of our culture, and they are more or less widely accepted. But there is one thing that worries me in that respect. The number of divorces, of families breaking apart. And then people establish new families, with both partners bringing their children into the new relationship. There are so many of them nowadays, and the number is rising. I mean the breaking up of one family and then the need to adjust to another one must be a tough job for the kids. Just imagine, from one day to the other, you have got new brothers and sisters. It must be hard, at least in some cases.

ROBIN: Sure. But then, maybe living in a "new" family offers new opportunities, new friends. Like in a normal family, some people get on with their brothers and sisters, and some don't. But what is worrying me as well is the rising number of divorces. I mean in Germany we have this wonderful new word "Lebensabschnittsgefährte", in English, that would be something like "temporal companion", you know what I mean. Everything is temporal, there is no security, not even as regards your belonging to a family.

RICHARD: True. And I tell you what. It all has to do with a general feeling of temporariness. In the old days, you had a job, and mostly, you had it for life. Now it's hire and fire. You can be laid off in no time, and in their lifetime people will probably have to work for many different companies and doing different jobs to make ends meet. Nothing is certain, so even the security a family once provided has vanished.

ROBIN: Good point. But perhaps that is exactly the reason why so many people, especially young people, cherish the traditional family. Because it does offer the most security a child can have.
How can this security be maintained, I mean, that's the question we should discuss. What could be done to create a more family-friendly society?

RICHARD: Well, then we should look at the economic factors first. What puts families under pressure? The first thing that comes to my mind is the fact that, especially in Germany, it seems to be extremely difficult to combine both work and the raising of children. I mean, in the old days, young families could often rely on their grandparents for support. But today, people are more or less constantly on the move and the grandparents live elsewhere. And our society fails to provide sufficient day care facilities – which means that you either get a job or stay at home to take care of the kids. And for many people this simply doesn't work. Especially academically trained women find it impossible to have both children and a career. So more often than not they decide against having children at all.
The other problem with working families is that many children suffer from neglect because mom and dad are away for too long, and they end up being on their own, sitting in front of the box playing computer games. Or they are out and about in the streets. No wonder that more and more children don't know how to behave themselves or have severe concentration problems and other learning difficulties.

ROBIN: Yes, the media are full of these little "monster kids". The message is that parents just can't cope anymore – that's why there are programmes like "The Super Nanny". I mean most of it is just sensationalist stuff to get the viewers' attention, but there probably is a grain of truth in it. So what needs to be done is this: First, we need more and better day care facilities. As far as I know, the German government has by now acknowledged the problem and started to act. But still, we are lagging behind compared to the Scandinavian countries for example.

RICHARD: Yes indeed, we still do not invest enough money and resources in our children, which means into our future. You see, it's not only the very young children that need to be taken care of. I'm also talking about school children. And here the schools must provide opportunities that children can spend the afternoon at school, doing joyful and meaningful things, and not just hang around in front of the TV. But again, the German government has, up to a certain extent, realized that schools must provide extra-curricular activities in addition to the normal lessons.

ROBIN: Yes, and schools must provide a proper meal a day. Honestly, every day the media confront you with the fact that many families fail to provide any decent food for their kids. Can you imagine that most schools in Germany don't even have a proper dining hall? In this respect, Germany is so backward, compared to Britain or the USA, sometimes you just can't believe it!

RICHARD: You are quite right there. It is unbelievable to see how much money is spent elsewhere, and how little is invested into the next generation. On the contrary, it is a widespread assumption that having children means falling into the poverty trap. They cost so much, or they lower your income because you can't work fulltime. And that's why people decide against having children. So what we need is direct financial support for families.

ROBIN: Now wait a minute, we are still living in a welfare state. There is child benefit, free medical treatment, special allowances for needy families.

RICHARD: There is, but not enough. Or not in the right place at the right time. I have heard of countries where families don't pay any taxes. I mean, so many industrial companies are being subsidized or receive generous tax reductions. I am sure that there is room for better financial support of families in a rich country such as Germany.

ROBIN: In principle, I agree. But then, money isn't everything. What we haven't discussed so far is that in order to create a more family-friendly society we also have to change people's general attitudes towards children. I have the feeling that children are often seen as noisy and in general, unpleasant. Just the other day I heard about a man who went to court because they wanted to establish a kindergarten next to his house. I mean, how selfish can you get?

RICHARD: That's quite a good example, and that kind of hostile reaction is typical of some adults, often those who don't have any children themselves, and who regard other things as more important.

ROBIN: Like what?

RICHARD: Like their own personal freedom, or take a word from the 1980s: "self-fulfillment". As if you were just alone on this planet!

ROBIN: Yeah, I know the type. Not willing to compromise, always trying to find their place in the sun. Always looking for new kicks. Travelling places, the newest gadgets, a luxurious lifestyle. And kids are just in the way …

RICHARD: Absolutely. "Oh, they consume my valuable time, they are noisy, they don't do as they are told, they argue with you, you must drive them to all sorts of activities, piano lessons, parties and what have you.

ROBIN: Now come on, that's just the normal routine. I suppose as parents you must be prepared to make some sacrifices.

RICHARD: And endure some stressful situations, I'm sure. But then, you see, I don't like the word sacrifice. What do parents sacrifice? I mean they get so much back in return.

ROBIN: Right, children can be fun. And it must be wonderful to see them grow up and you can share so many experiences. And being a family gives you a true sense of belonging, of togetherness. I suppose that's worth investing your time.

RICHARD: Indeed, and just to come back to our topic, we need to propagate, well, or remind people of the fact that children are not a curse, but a blessing. That they enrich your life rather than make it difficult.

ROBIN: And they make your life meaningful. The children are our future, we live on in them, and if that's speaking too philosophically, or biologically, you can be sure that, at the end of our working life, it's they who will pay our bills, that is finance our retirement.

(1603 words)

Prüfungsteilnehmer A

Topic: The Internet

You organize an Internet club for younger students.
Comment in the table.

What Internet users go online for (in per cent)

2004	**Feb**	**July**
Finding information about goods or services	79	82
Searching for information about travel and accommodation	69	68
Using email	83	85
Telephoning over the Internet/video conferencing	*	7
General browsing	63	62
Finding information relating to education	35	33
Buying or ordering tickets/goods or services	47	49
Selling goods or services	5	8
Personal banking and financial services	34	36
Playing or downloading games	11	12
Using chatrooms	17	20
Playing or downloading music	25	22
Reading or downloading on-line news	24	26
Listening to web radio/watching web television	12	17
Downloading other software	20	20
Downloading images	22	21
Looking for a job/sending job application	20	23

From: http:/www.e-consultancy.com/publications/internet-stats-compendium/[download/16 April 2008]

Together with your partner discuss the advantages and disadvantages of the Internet. Compile a list of guidelines that young people should be taught.

Prüfungsteilnehmer B

Topic: The Internet

You organize an Internet club for younger students.

Comment on the statistics.

Most common computer crime and security breaches (percentage of organisations having experienced this type)

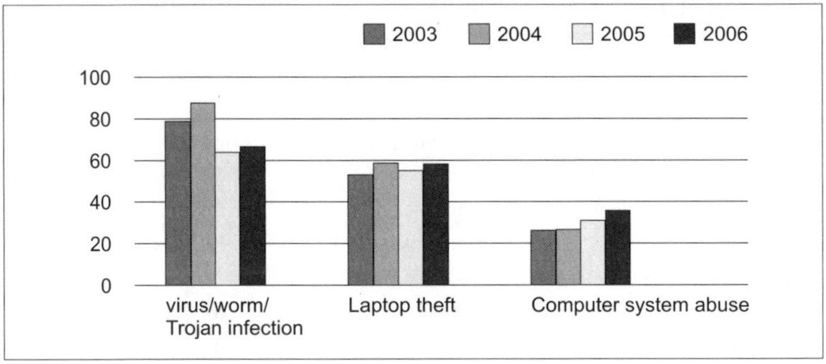

Australian Institute of Criminology 2007. Australian crime: facts and figures 2006. Canberra: AIC. http://www.aic.gov.au/publications/facts/2006/index.html

Together with your partner discuss the advantages and disadvantages of the Internet. Compile a list of guidelines that young people should be taught.

Lösungsvorschläge

Partner A: Christian

The topic we are going to deal with is „The Internet". It is our task to organise an Internet club for younger students and compile a list of guidelines for young people who want to use the Net.

But first we need to discuss the advantages and disadvantages of the Internet as such.

Now I have been given a table which was compiled in 2004. It gives you information as to what percentage people used the Internet for what purpose. The table then compares numbers from February and July 2004. It is striking that most users use the Net for rather practical purposes such as emailing (more than 80 percent) or finding information about goods, services, travel and accommodation. It is interesting to see that, at least back in 2004, with 11 respectively 12 percent, chatrooms and playing or downloading games did not play such an important role as some people might think. At least my parents are always on about young people spending most of their time in virtual chatrooms. I suppose that by now this number though might have risen quite considerably. I mean loads of people I know do spend a lot of time on platforms like the *schuelerVZ* or *Facebook* or what have you. But then this is 2009, so it's 5 years on, a long time considering the development of modern communication technologies. Another aspect which might be important, especially with regard to the guidelines we are supposed to develop, is the downloading of images, software and, most of all, music. Now again, the data given in the statistics is probably outdated but downloading music is widespread, and some of the platforms providing music are now regarded as illegal. So people need to be careful, otherwise they might face confrontation with the law. But we should come back to this later.

The first thing we should do when we try to set up an Internet Club, is ask our students as to what purposes they use the Net. Then we can advise them better on how to use it. *(344 words)*

Partner B: Katharina

I agree. We need up-to-date information, and we need it about the group we're dealing with. Anyway, I have been given statistics about the most common computer crimes and security breaches in Australia. In form of a bar chart, it shows the percentage of organisations that have been experiencing such offences between 2003 and 2006.

All in all it can be deduced that there has been a decrease with regard to viruses, worms and Trojan infections, which was highest in 2004, with about 85 percent of all companies affected, which is now down to roughly 65 percent in 2006 – although there seems to be a slight increase of about one or two percent as compared to 2005. So perhaps the number is rising again.

As regards laptop theft, numbers have remained fairly steady, ranging from circa 55 percent in 2003 to 59 percent in 2006.

The number of computer system abuses has been rising from 30 percent in 2003 to about 35 percent in 2006.

So what do these numbers tell us? I don't really know. I suppose they show that, perhaps because of improved security software, such as firewalls, it is less likely that your computer gets infested by viruses and the like. On the other hand you need to watch out that no one steals your notebook, especially if it contains valuable or sensitive information. As more and more people nowadays are actually in possession of notebooks the problem might perhaps even increase.

The same might be true for computer system abuse. We all know that when students are supposed to be working on an assignment in the computer lab, some of them start mucking about, surfing the Internet, wandering off to undesirable sites, sometimes even downloading the stuff, and all the rest of it. But again, we as private individuals are not really in the line of fire

as regards hacker attacks, like for instance the Pentagon or the White House – or larger organisations.
But then, if we set up an Internet Club we should show people how to make sure that their computer is protected by a firewall and that you have to observe certain rules and regulations if you want to be safe. *(368 words)*

Discussion

CHRISTIAN: Yes, safety is a problem. We must make sure that the users in our club know the basics about security and the Net. But before we start discussing that issue, we should talk about the advantages and disadvantages of the Internet. I mean, we, and the students we are supposed to teach, need to know what we can do with the Net, and where there might be problems.

KATHARINA: Sure, so I suggest we consider some of the most important advantages the Net offers especially for young people. Well, first of all, at least that is what most of the teachers say, the internet provides a huge source of information. It enables students to quickly read up on any subject – not only in German but also in English, which is why our English teacher is so enthusiastic about it.

CHRISTIAN: Oh yes, he is! And I can understand why. There is so much out there. Quality newspaper articles, high quality history sites, e. g. from the BBC, there is Wikipedia, which gives you up-to-date knowledge of the word …, really, it's all at your fingertips. It is fantastic.

KATHARINA: Now don't get carried away Christian. There is also a lot of rubbish on the Net. I have even heard of people or whole organisations that deliberately spread misinformation on it. So you need to be careful of whom you trust.

CHRISTIAN: Good point that, and this is something we must tell our students. To be critical of the information they receive from the Net. Well, it's media awareness, isn't it.

KATHARINA: True, that's what it is. That's what we should teach them to read carefully and to be critical of all sources of information.

CHRISTIAN: Yep, so we should definitely deal with this problem. Perhaps we could browse the Net together with the students and show them how to differentiate between "good" and "bad" sites.

KATHARINA: Absolutely! It's computer literacy: knowing how to handle the Internet, knowing your way around.

CHRISTIAN: So what other advantages does the Net provide? Apart from providing information, it has become an important means of communication between young people. Take my younger sister for example. She is already in the *schuelerVZ*, although she is only ten.

KATHARINA: And you are supposed to be twelve, aren't you.

CHRISTIAN: You are, but you see, she told us that all her classmates and her friends had already joined, so at the end of the day, my parents gave in, and I could put her in. I mean, we checked the site, and really, it is fairly harmless.

KATHARINA: I agree, and anyway, it has become a mass medium of communication, like it or not. And we should tell our students about it, as there are sites out there, you know, certain chatrooms which should be considered undesirable, to say the least.

CHRISTIAN: I can't agree more. Chatting with the wrong person, perhaps even making contact in the real world, can lead to deadly consequences. So we must definitely warn our students to keep off such sites and identify pedophiles and other perverts.

KATHARINA: Yes indeed. Actually, when we were on exchange in Sweden last year, we noticed that teachers and the government were very eager to teach children tricks of how to avoid such people, and inform their parents and the police.

CHRISTIAN: Talking about parents. I think it would a very good idea to involve the parents at some time, because they often don't have a clue about what their kids can be exposed to.

KATHARINA: Good idea. I know that some parents are extremely naive in this respect. And here we could tackle another problem especially parents are concerned about. It's the fact that quite a few students seem to be spending far too much time chatting on the Internet. Or playing computer games. They become engrossed in the virtual world, and forget about the real world outside, and the real people.

CHRISTIAN: Yeah, becoming a part of an online community. I know a girl who, once she's come home from school, locks herself in and spends almost her entire freetime in front of the computer. I think she has become addicted, a computer junkie. You can guess that her parents are really worried as she seems to have broken off all contact to the real world. She says that she hasn't got any real friends at school. But in the chatroom she is really popular, and has got friends all over the world. I think it's frightening. The real world has been replaced by some sort of computer reality.

KATHARINA: I suppose that is a danger, at least to some. Giving yourself a new identity. What do you call it? An avatar. It's a sort of an alter ego. You give yourself a new name, in fact a new identity, and then you go out there as a completely new person.

CHRISTIAN: Well, yes, changing identities and all that. Now, don't panic. I think most of the time it is fairly harmless, like a role play, well, like an extended role play perhaps. But it's fun, and provides endless opportunities for creative activities. In principle, I think there is nothing wrong with it.

KATHARINA: I agree with you. We should not get hysterical about it, but sometimes it takes on rather frightening dimensions. It's when people get addicted to it, if they sacrifice all their time and their real friendships, you know, if they stop living and communicating in the real world, then I do get worried.

CHRISTIAN: OK, I see your point. Take "World of Warcraft", for example. Personally, I quite like the game. It's full of fantasy and you can really prove yourself. Showing you can master the strategies, the techniques, the planning and all the rest that goes with it. It's great entertainment, and not just mindless killing, like for instance all these ego-shooter games.
But sure, some people do get carried away, so we need to discuss the problem of Internet addiction with our students.

KATHARINA: Agreed. But let's just consider the practical benefits you can derive from the Net. Apart from finding all sorts of information, the Internet is the main medium of communicating your ideas to others. Nowadays, companies are operating worldwide. Construction plans and ideas are sent around the world with people in different countries working on them, which makes exchanging ideas a lot faster and more efficient. So what I want to say is that we should also focus on the Internet as a valuable tool, not only for the big companies, but also for people like you and me.

CHRISTIAN: Super idea, perhaps we could even found a sort of Internet student firm, or just establish contact with other schools, or other Internet clubs. That could be fun.

KATHARINA: And rewarding as well. I mean we live in a globalised world, and as I said before, computer literacy is part of how to communicate in this new world.

CHRISTIAN: OK. So far, we have discussed some of the advantages and disadvantages of the Net. So, Katharina, what kind guidelines would you suggest for our students?

KATHARINA: Well, number one could be: Don't trust everybody. Make sure that you can trust the source of information, or the chatroom member you are dealing with. If in doubt, drop it and log out immediately.

CHRISTIAN: Number two could be: Do not download anything illegal or any offensive materials. You might be found out, and then you or your parents might have to pay for it.

KATHARINA: Number three: As regards chatrooms, *Facebook*, *YouTube* or *schuelerVZ* and the like, make sure not to put any embarrassing photos or information of yourself on the Net. Never, ever! It can always be retraced, and this is what we need to drive home to our students: Your future employers will be looking for stuff like that, and if you have presented yourself in any offensive way, you might not get the job you want.

CHRISTIAN: That's indeed a very, very important point. Especially when they are young, students don't know what they are doing, and they do not think ahead. They can't imagine that their photos, or texts, can be retrieved from the Net for the next million years.

KATHARINA: As long as the Net exists, you mean.

CHRISTIAN: Sure. Well, I was just going to say that perhaps for rule number four we should tell our students to refrain from any cyber bullying, as it has more disastrous consequences on the victims than most people imagine. And it can seriously backfire on themselves if they are found out.

KATHARINA: Very good point. Now, what else is important? Coming back to security, as rule number five we should tell them never to give away any private information such as their full names and addresses or phone numbers in a chatroom, or their (or their parents') banking details, or agree to any dubious contract.

CHRISTIAN: Well, they shouldn't agree to any contract at all! If in doubt, leave it out.

KATHARINA: Perhaps that should be the golden rule. "If in doubt, leave it out." If you feel uneasy with anything, go and tell your friends, or your parents, or us.

CHRISTIAN: Absolutely. And don't give in to peer group pressure. Just because some people do strange things on the Net, it doesn't mean that you have to follow suit.

KATHARINA: Very good point. Another one could be: Use the Net, but leave it alone at times, as there are other things in life you can enjoy, like sports or music.

CHRISTIAN: Oh, the parents and teachers will thank us for that! So rule number six could be: Make sure that you have a life outside the Net. *(1625 words)*

Teil A: Text 1

Against Going To War With Iraq.
Speech given by Barack Obama on October 2, 2002 in Chicago

Good afternoon. Let me begin by saying that although this has been billed as an anti-war rally, I stand before you as someone who is not opposed to war in all circumstances. The Civil War was one of the bloodiest in history, and yet it was only through the crucible of the sword, the sacrifice of multitudes, that we could begin to perfect this union, and drive the scourge of slavery from our soil. I don't oppose all wars.

My grandfather signed up for a war the day after Pearl Harbor was bombed, fought in Patton's army. He saw the dead and dying across the fields of Europe; he heard the stories of fellow troops who first entered Auschwitz and Treblinka. He fought in the name of a larger freedom, part of that arsenal of democracy that triumphed over evil, and he did not fight in vain. I don't oppose all wars.

After September 11th, after witnessing the carnage and destruction, the dust and the tears, I supported this administration's pledge to hunt down and root out those who would slaughter innocents in the name of intolerance, and I would willingly take up arms myself to prevent such a tragedy from happening again. I don't oppose all wars. And I know that in this crowd today, there is no shortage of patriots, or of patriotism.

What I am opposed to is a dumb war. What I am opposed to is a rash war. […]

I know that even a successful war against Iraq will require a US occupation of undetermined length, at undetermined cost, with undetermined consequences. I know that an invasion of Iraq without a clear rationale and without strong international support will only fan the flames of the Middle East, and encourage the worst, rather than best, impulses of the Arab world, and strengthen the recruitment arm of Al Qaeda. I am not opposed to all wars. I'm opposed to dumb wars.

So for those of us who seek a more just and secure world for our children, let us send a clear message to the President today. You want a fight, President Bush? Let's finish the fight with Bin Laden and Al Qaeda, through effective, coordinated intelligence, and a shutting down of the financial networks that support terrorism, and a homeland security program that involves more than color-coded warnings. […]

You want a fight, President Bush? Let's fight to make sure our so-called allies in the Middle East, the Saudis and the Egyptians, stop oppressing their own people, and suppressing dissent, and tolerating corruption and inequality, and mismanaging their economies so that their youth grow up without education, without prospects, without hope, the ready recruits of terrorist cells. You want a fight, President Bush? Let's fight to wean ourselves off Middle East oil, through an energy policy that doesn't simply serve the interests of Exxon and Mobil. Those are the battles that we need to fight. Those are the battles that we willingly join. The battles against ignorance and intolerance. Corruption and greed. Poverty and despair. […]

(520 words)

Abridged from: Barack Obama: Against Going To War With Iraq. http://www.barackobama.com/2002/10/02/remarks_of_illinois_state_sen.php [download/17 November 2009]

xt 2

Sounds good by Philip Collins

The least understood aspect of great rhetoric is that much more is said than words. Every speaker brings a tone to their material that they could no sooner throw off than defy gravity. Tony Blair found lightness without trying. Gordon Brown cannot fail to convey solemnity, even when smiling. And Barack Obama has, to use one of his own terms, a righteous wind at his back.

It's banal, because it's too obvious, to conclude that Obama's words belong in a tradition of classical rhetoric. So does anyone speaking in complete sentences. […]

The precepts of classical rhetoric help us see how the trick works. But technical competence is the only thing genius has in common with mediocrity. This will not explain why Obama has, even before his inauguration on 20th January, begun to draw level with the last century's greatest political speakers: Winston Churchill, JFK, Martin Luther King and Vaclav Havel.

Obama's rhetoric is rarely flowery. On the page it is not even especially colourful. The least successful passages, in fact, are those in which the prose turns purple. In his November victory speech, for example, Obama suggested that everyone should "put their hands on the arc of history and bend it once more toward the hope of a better day." The best to be said for that is that you know what he means.

But, at his strongest, Obama combines a poetic form of expression with a poetic compression of meaning, while rarely straying from ordinary language. His speeches do take wing, but the flight comes from the rhythm of the sentences, as much as the elevation of the language.

An Obama speech is, in fact, like a pop song. The lyrics yield no great mystery. But, set to the right music, a meaning is disclosed that hardly seemed to be hidden in the prose. No writer could give this musical sense to Hillary Clinton. But it is always there in the way Obama hits the important word in each sentence. […] *(334 words)*

Abridged from: Philip Collins, "Sounds good" in Prospect, January 2009 issue, pp. 14/15.

A Text production

A1 Working with the text — 25 BE

Analyse Obama's speech and assess to what extent the skills described by Philip Collins in "Sounds good" apply.

Write a coherent text.

A2 Composition — 25 BE

Choose <u>one</u> of the following tasks.

2.1 "I am not opposed to all wars. I'm opposed to dumb wars." (ll. 21/22)
Comment.

2.2 Discuss the message of the cartoon.

2.3 "DON'T FORGET THE PAST! – The relevance of historical events" is the topic of an international youth conference.
Write a speech for this conference reflecting on the relevance of historical events.

Erreichbare BE-Anzahl Teil A (Summe A1 und A2):
Inhaltliche Reichhaltigkeit und Textstruktur: 20 BE
Sprachliche Korrektheit: 20 BE
Ausdrucksvermögen und Textfluss: 10 BE

Gesamt: 50 BE

Teil B: Translation / Mediation

Choose one of the following tasks (B1 or B2)

B1 Translation

"Wannabe" Washington walks tall

It took more than two centuries, says Joel Kotkin, but Washington DC is finally poised to emerge as America's "undisputed centre of national power and influence." The city has always been something of a "wannabe" among world capitals, lacking the commercial and cultural clout of cities such as London or Paris. Its lowly status reflected the ideals of America's founders, who resented the confluence of power and wealth that defined 19th century European capitals. But this model of decentralised power is now unravelling as a result of the economic meltdown and the "unprecedented collapse of rival centres of power" within the US. From California to the Carolinas, once proudly independent states and cities are now looking to Washington to rescue them from insolvency. [...] In time, people may come to resent the capital's dominance, seeing it as "oppressive and contrary to the national ethos". But Washingtonians won't notice. "They'll be too busy running the country." *(158 words)*

Best of the American columnists: Koel Kotkin – "Wannabe Washington walks tall"
THE WEEK, 7 Feb 2009, p. 15. 20 BE

B2 Mediation

While doing research on the topic "Education and work" for your English course you have found the following texts.
Summarize the contents for your fellow students.

Text 1: Rhetorik-Expertin Gloria Beck im Interview mit Spiegel Online

[...]

SPIEGEL ONLINE: Sie waren mehrere Jahre Dozentin für Rhetorik an der Universität Koblenz. Woran hapert es bei Studenten in Sachen Kommunikation?

GLORIA BECK: Studenten übernehmen oft Muster, die sie aus der Schule kennen. Sie formulieren Sätze häufig zu umgangssprachlich und deswegen nicht so exakt, wie es das Niveau des Seminars erfordert. Spätestens an der Uni sind alle Studenten Erwachsene, die ihrem Dozenten gegenüber gleichberechtigt und selbstbewusst auftreten sollten. Die Rhetorik liefert ihnen dafür das notwendige Werkzeug. Ich meine damit nicht eine bestimmte Art zu sprechen. Es kommt auf die Strategie an, kompetent aufzutreten.

SPIEGEL ONLINE: Und die lautet, die Aufmerksamkeit selbstbewusst auf die eigene Person zu lenken?

BECK: Nicht auf die Person, sondern auf die eigene Kompetenz. Denn das interessiert an der Uni. Niemand gibt Ihnen eine gute Note, weil er findet, dass Sie ein netter Mensch sind. Nur leistungsstarke Studenten erhalten gute Noten. Um aber als solcher erst einmal in Erscheinung zu treten, sollten die Fragen und Beiträge im Seminar einer bestimmten Struktur folgen.

SPIEGEL ONLINE: Sie nennen diesen Aufbau „Dreierbeitragsstruktur". Um welche drei Schritte geht es?

BECK: Zunächst muss deutlich gemacht werden, zu welchem Punkt in den Ausführungen des Dozenten man etwas sagen will. Dann formuliert man die eigene Idee, anschließend die Frage. Das dauert etwas länger, wirkt dafür aber kompetenter. [...]

Wichtig ist, dass Inhalt und Aufbau des Redebeitrages stimmen. Und das lernt man am besten, indem man weiß, wie das geht und kontinuierlich übt. Ein erster Schritt könnte darin bestehen, dass sich die Studenten vornehmen, sich pro Kurs einmal zu melden und eine Frage zu stellen. Dann sticht man aus der Masse hervor und bleibt dem Dozenten positiv im Gedächtnis. […] *(283 Wörter)*

Rhetorik an der Uni: Alles nur Show: Interview mit Gloria Beck. 20. 02. 2007. http://www.spiegel.de/unispiegel/studium/0,1518,458398,00.html [download/5. August 2009] 20 BE

Text 2: Rhetorik – Mit den richtigen Worten Karriere machen

[…] „Der Inhalt eines Satzes macht lediglich zehn Prozent der beim Gesprächspartner erzielten Wirkung aus", erklärt Eduard Klein, Geschäftsführer der Münchner Frontline Consulting Group. „Die eigentliche Wirkung der Worte wird über den Tonfall und die Körpersprache transportiert." Bei der Körpersprache werden unter anderem Stimme, Gestik, Mimik, aber auch Kleidung, die Art des Sitzens und der Abstand zu seinem Gegenüber unterschieden.

„Das Gesicht ist der Spiegel der Seele", sagt Roman Braun. Wichtig sei, dass sich die Mimik entsprechend den sich verändernden Gefühlslagen ändere. Ebenfalls von Bedeutung sei der Augenkontakt mit den Gesprächspartnern. „Sind es mehrere, sollten die Augenkontakte gleichmäßig verteilt werden", so Braun.

„Eine positive Körpersprache kann von Beginn an eine gute Gesprächsatmosphäre fördern. Dazu zählen unter anderem öffnende Handbewegungen; darüber hinaus sollten die Arme nicht vor der Brust verschränkt sein", sagt Arnold Kitzmann, Leiter des Management-Instituts Kitzmann in Münster. „Wer in einer Diskussion punkten will, sollte zudem dafür sorgen, dass die Anderen ihn auch verstehen. Dafür ist eine klare und deutliche Aussprache unerlässlich." […]

„Äußerst wichtig in einer Diskussion ist die eigene Überzeugung", stellt Eduard Klein heraus. „Man muss von dem überzeugt sein, was man sagt. Nur dann können die eigenen Worte auch eine Wirkung entfalten." „Man wirkt in einer Diskussion nur dann überzeugend, wenn man authentisch ist", sagt Arnold Kitzmann. „Das Wertvollste bei einer Kommunikation ist die Natürlichkeit. Es ist schön, rhetorische Mittel zu kennen. Wenn ich sie aber nur einstudiert wiederhole, kann ich keine persönliche Ebene aufbauen und darunter leidet dann auch die Glaubwürdigkeit."

In einer leidenschaftlichen Diskussion kann es durchaus auch mal zu verbalen Angriffen der Gesprächspartner kommen. Es ist gut, auf solche Momente vorbereitet zu sein. Bei einer aufbrausenden Replik sollte man in jedem Fall einen ruhigen Kopf bewahren und sich nicht auf eine emotionale Ebene begeben, rät Rhetorik-Trainer Braun.

Stattdessen sollte man in ruhigem Ton seine Aussage wiederholen und gegebenenfalls ausführlicher erläutern.

Auch kann es vorkommen, dass man von einer angesprochenen Thematik wenig versteht. In diesen Fällen sollte man in jedem Fall ehrlich bleiben und seine Unwissenheit in diesem bestimmten Punkt einräumen . […] *(332 Wörter)*

Falk Osterloh: Rhetorik – Mit den richtigen Worten Karriere machen. 02. 04. 2009. http://www.welt.de/finanzen/karriere/article3488742/Mit-den-richtigen-Worten-Karriere-machen.html [download/5. August 2009] 20 BE

Lösungsvorschlag

A Text production

A1 Working with the text

The key points are:
- *contradiction: anti-war rally but not opposed to war in general*
- *difference between "dumb wars" and just wars*
- *examples from (American) history*
- *Obama's personal involvement*
- *appeal to patriotism*
- *stylistic devices: metaphor, parallelism, anaphora, personal pronouns (I, we), personification ...*
- *language: poetic form of expression, ordinary language, rhythm of the sentences*
- *resemblance of the speech to a pop song*

Obama starts his speech "Against Going To War With Iraq", given in Chicago on October 2, 2002, with a contradiction, which must come across like a provocation: although he is officially taking part in an anti-war rally, he makes sure that he is well-prepared to fight a war if necessary: "I stand before you as someone who is not opposed to war in all circumstances" (l. 2). Musically speaking, if you compare the speech to a pop song, as Philip Collins does in line 58, this opening serves like an intro to a song. Thus, Obama draws attention to his speech, as his listeners will be eager to hear how he can resovle this apparent contradiction.

To do so, Obama continues by pointing out several examples of justified wars. First he mentions the American Civil War, which, for Obama, not only kept America together as a nation ("perfect this union" l. 4), but also put an end to slavery. To justify this war, Obama uses positively connoted metaphorical expressions such as "the crucible of the sword" and "the sacrifice of multitudes" (ll. 3/4), which, for me, aim to evoke an image of a glorious victory and consequently trigger a feeling of togetherness and patriotism among his audience. In this respect I would contradict Collins when he says: "Obama's rhetoric is […] not even […] colourful" (l. 49). Here, and elsewhere, Obama's rhetoric is indeed colourful, as the expression "drive the scourge of slavery from our soil" (ll. 4/5), a metaphor combined with powerful alliteration ("s"), shows.

The next war Obama mentions is the Second World War. Here, Obama appeals to the audience's sympathy by demonstrating his own family's involvement, as he explains how his grandfather fought in Europe and how he witnessed the horrors of the Nazi death camps. Obama appeals to America's sense of being the world's leading nation, as his audience knows that America's involvement in the Second World War, together with the reconstruction of Europe and the rise of America as a superpower, is generally conceived as a great success story.

The same is true for the third war he mentions, the fight against terrorism. Obama knows how important it is to make a stance against the terrorists of 9/11, especially in 2002 when this speech was given. Accordingly, his language indeed becomes very belligerent. Terms such as "hunt down and root out" (l. 12) are intended to show absolute determination to protect the "innocents" (l. 13). This is highlighted by Obama's own personal pledge that he "would willingly take up arms" himself (l. 13). With the sentence "And I know that in this crowd today, there is no shortage of patriots, or of patriotism" (ll. 14/15), Obama connects directly with his listeners, as no patriotic American could deny the arguments put forward so far. This strategy could reflect what Collins describes as the "righteous wind at his back" (l. 41): you simply cannot disagree with Obama when he advocates that issues like freedom, democracy, tolerance and security are worth fighting for.

All three parts about just wars end with the sentence "I don't oppose all wars" (ll. 5, 10, 14). This classical element of repeating the most important message of one's speech (evoking recollections of Martin Luther King's famous "I have a dream" speech) does indeed resemble a chorus in a pop song. Like a refrain, it will remain firmly rooted in people's memories. It also adds to the sense of rhythm that Collins detects (l. 56).

So far, Obama has prepared the ground for the very message he wants to convey, which is his opposition to George Bush's war policies. Comparing the speech to a pop song, the anaphora "What I am opposed to is a dumb war. What I am opposed to is a rash war" (l. 16) serves like a new chord, perhaps a rather dissonant one. A new tone has been added, and the audience knows that Obama will now come to the core of his speech.

To do this he makes use of rather factual, objective terminology, ("length", "cost", "consequences", "rationale", "support" ll. 18/19). These terms are then contrasted with the disastrous consequences for America if President Bush were to engage in a "dumb war". Phrases like "only fan the flames of the Middle East" (l. 20), or "strengthen the recruitment arm of Al Qaeda" (l. 21), a personification of the enemy, are intended to create an atmosphere of fear.

To undermine his opponent even more, the rather colloquial, rhetorical question "You want a fight, President Bush?", which is repeated throughout the rest of the speech (ll. 24, 28, 32), evokes images of a street fight, portraying Bush as a rather mindless bully. In contrast, Obama offers "coordinated intelligence" (l. 25) and invites everyone to get active ("Let's").

The short phrase "Poverty and despair" (l. 36) at the very end of the given excerpt shows that Obama "combines a poetic form of expression with a poetic compression of meaning" (ll. 54/55), as this expression is preceded by enumerations and therefore serves as the culmination point of his speech; the condensed message, formulated in telegram style.

All in all, Obama comes across straight; there is no "great mystery" (l. 58), and the vital messages are constantly repeated. Together with the dramatic outline of the speech and the way Obama works with contrastive ideas and rhetorical elements, his speech does indeed have the quality of a pop song. No wonder that his speeches have inspired other people to turn them into songs, e. g. his slogan "Yes we can", which, as a song, served as an original addition to his election campaign. *(945 words)*

A2 Composition

2.1 *The key points are:*
- *quotation put into the context of Obama's speech*
- *examples of dumb wars and/or justified wars*
- *reasons for/against going to war*
- *your own conclusion*

When Obama talks about a "dumb war", he refers to the war against Iraq, which, in his mind, would be fought "without a clear rationale" (l. 19). To me, this means that there must be wars which are fought on a rational basis, or which are at least morally justified. Obama himself mentions two such wars, the fight against Nazi Germany (and Japan) and the American Civil War. The latter is even seen as a means "to perfect" the union (l. 4). The word "perfect" can also be seen as the opposite of "dumb", and in the 1860s a war seemed the "perfect" solution to keep America together as a nation and economic unit – and do away with slavery.

If we agree with Obama, a justified war would then have to follow a clear rationale and be part of a superior moral aim. However, there is a catch. We all know that mor-

al superiority has often served as the justification for aggressive action against other people, the reason for conquests or the colonization of continents, frequently resulting in the extermination of whole peoples and nations.
When Nazi Germany invaded Poland and the Soviet Union, many Germans conceived themselves as belonging to the master race and therefore as justified in subduing and murdering millions of people they regarded as "worthless". Of course it was right to fight Nazi Germany, as it represented perhaps the most loathsome political system ever established on this planet. Of course it was right – and far from dumb – to stop the Nazi hordes from murdering even more people. And the fact that the USA finally gave up their isolationist policies and joined the Allies probably saved the lives of millions of people, because it helped to bring down Germany and Japan faster. Furthermore, if you look at the Marshall Plan and the way America helped in the reconstruction of Germany (and Japan) after the war, you could easily argue that America, along with the other Allied forces, was driven by both a moral obligation and a calculating rationale, as an economically strong and politically stable (West) Germany served as an efficient barrier and ally against the Soviet Union during the Cold War.
So, all in all, the war against Hitler was anything but a "dumb war", as the victors – at least the western allies – not only won the war, but also managed to lead the defeated parties back into the world community, profiting from trade with the now prosperous former enemies.
However, looking back in history, I suppose there are hardly any other examples of "rational" wars, as most wars were fought either for political power or for sheer conquest. If you look at the second Iraq war, which Obama criticizes as a "dumb war", I can almost wholeheartedly agree. Iraq, unlike Nazi Germany, did not pose a threat to the rest of the world. Neither did it serve as a safe haven for international terrorists, nor was it in possession of weapons of mass destruction. Additionally, and this is where the Iraq war lacks true "rationale", there have never been any serious or feasible plans (and financial means) for the political and economic reconstruction of the country.
Looking back at human history, perhaps all wars have been "dumb wars", as the "sacrifice of multitudes" (l. 4) is too high a price to pay, even if you have the best intentions. Mahatma Gandhi has shown that you can defeat even the greatest empire by non-violent means, and Martin Luther King and the Civil Rights Movement (taking Gandhi as an example) also achieved their aims without using force. In this respect, the liberation of India and the emancipation of the African Americans are examples of truly "smart wars"; of fights that deserve a prominent place in our history books, as they demonstrate that great political goals can also be realized without killing one another. In this context, I would like to leave the last words to Mahatma Gandhi who, commenting on the vicious circle of violence and counter-violence, once said that "An eye for an eye makes the whole world go blind." *(684 words)*

2.2 *The key points are:*
- *refusal to take on responsibility*
- *influence of the media*
- *participation in the decision making process, e. g. voting*
- *blame "the system"/"things" rather than fix them*

In the cartoon we see a little boy with his friend, a talking tiger, racing down a slope in a cart. The boy tells the tiger that, as a grown-up, he will not read up on any complex issue, nor will he be prepared to take on any political responsibility. Although he will not vote for any political party, he intends to complain that the government does not represent him, which would in turn justify his ongoing unwillingness to participate

in the political life of his country. This self-fulfilling prophesy is ironically sidestepped by the tiger, who calls it an "ingeniously self-fulfilling plan".
I cannot agree more with that. The little boy is a typical example of people who have either lost faith in our political system, or who simply do not want to make the effort to participate in the complex life of a democracy. The latter is shown by the refusal of the boy to read the newspaper. Considering this, if you live in a democratic society, you have the opportunity to inform yourself independently. That means that, thanks to freedom of speech, people have access to a great variety of information and opinions. I admit that, partly due to the internet, we are currently immersed in such a vortex of information that it is difficult, and sometimes exhausting, to know your way around. However, newspapers especially help you to keep up with what is happening, often exposing political wrongdoings and misconceptions. Which means that if you throw away this right to be informed, you also forsake one of the most important political principles of a democracy: freedom of speech, which serves as a prerequisite of acting as a responsible and mature citizen.
We all know that people who do not bother to inform themselves can easily be manipulated. Today, many people prefer the sensationalist reports of the so-called tabloid press to quality newspapers. The result is that these people are often vulnerable as regards simplistic, often radical, political messages. In this case, the aforementioned vicious circle of non-participation and the result, the situation "when everything goes down the tubes", comes full circle, as a democratic society cannot exist without people taking an active part.
On the other hand, I can understand that people, especially the younger generation, get frustrated with politics. More often than not you get the impression that governments, even on a local level, either do what they like, or are at the mercy of various lobbies. You could also add that national governments are in many ways at the end of their tether, as globalization has unleashed mechanisms which can no longer be controlled by the people we vote for.
But does that mean that active participation in a democratic society is futile? Far from it – it is our only chance, and we should not forfeit it easily. It took centuries to establish democracies in Europe and elsewhere, and even if our modern democracies are still far from perfect, we should make sure that we support and strengthen them from within. This means we should at least take the trouble to make our way to the ballot box, as it is a well-known fact that radical minorities tend to profit from a general "voting fatigue". If we do not take care, we might end up with people in power that we do not want at all; people who would take away our freedom. Because by not showing any interest and commitment, we are showing that we do not really care. *(586 words)*

2.3 *The key points are:*
- *a text containing some typical characteristics/rhetorical devices of speeches*
- *should attract the reader's as well as the listener's attention*
- *historical examples/events and their relevance*

Good morning everybody.

"Don't forget the past!" There you go. For generations, history teachers have justified their bombarding us with dates, facts and figures by reminding us of the relevance of our past to our education. I don't know about you, but I often experienced history lessons as being somewhat out of context, failing to show the relevance of past events for our lives. But if you take the trouble of looking at history more closely, or happen to have a good history teacher (such a species does exist, so I have heard), then the relevance of the past soon becomes clear.
Just one little example: people in Germany, like me, and I suppose most fellow Europeans, often fail to understand the gun control controversy in the USA. You see, we

tend to regard everyone who is in the possession of guns and speaks out against any gun regulations as "trigger-happy nutters", or even fascists who want to take the law into their own hands. Don't get me wrong, I do not advocate the private possession or proliferation of firearms, but when I learned that the right to bear arms is part of the American constitution, (you remember, the Second Amendment and all that), then the whole controversy appeared to me in a new light. I learned that in the past, Americans fought for this right, the right to defend yourself either against common criminals or against a state that has turned on its citizens, e. g. by trying to establish a dictatorship. This shows that we need to know about the past if we want to understand the present.

Back home in Europe we are faced with the challenge of multi-cultural societies. Take, for instance, Great Britain. Only when we understand that due to the legacy of the British Empire, thousands of people from the ex-colonies were asked to come and live in Britain to help the economy back on its feet after the Second World War, can we understand why today, some parts of Britain, especially inner city areas, have a very high percentage of Asian or Caribbean population.

As you can see, our current societies are the result of events and developments in the past. Knowing these facts helps to counteract racist ideas about the "invasion of foreigners" who only come to live in our midst because they want to take advantage of our social security systems. Once you have seen behind the scenes, you know that things are more complex, and you won't fall for political groups using certain minorities as scapegoats or targets for their aggression. Nobody in his right mind would nowadays fall for neo-fascist or Nazi ideology if he knew about the atrocities committed during the so-called Third Reich, and the carnage of the Second World War. Nobody would justify imperial wars as they happened in the past if they knew, for instance, that Spain and Portugal ravaged a whole continent, South America, to strip it of its gold and land. Nobody would justify the extermination of the Native Americans during the colonization of the West. All these crimes against humanity would nowadays be considered as what they were: crimes which ought to be punished by a world community which, in form of the United Nations, has established international laws and regulations to prevent such aggressive acts from happening again.

I hear you say, though, that so far the United Nations hasn't been very efficient, and that there are still wars tormenting the world, like the ones in Afghanistan and Africa, with armies of child soldiers killing and pillaging, and being raped and exploited by ruthless warlords who treat the civilian population like dirt.

I admit that we still have a long way to go, but let us not deny the fact that in many respects people have learned their lesson. The Third World War, the biggest threat to mankind ever, has not happened. Some people might say that this was only due to coincidence, that it was pure luck, but looking back, I firmly believe that our parents' and our lives were spared partly because the political leaders saw a bit of sense, as people on both sides knew that a war between the superpowers would have been the last war on earth.

In fact, the Cold War came to an end when the Berlin Wall came down, and this year we will celebrate the 20th anniversary of Germany's reunification, achieved by peaceful means, with not a single shot being fired. A truly remarkable achievement if you look back into German history.

And there are more examples of such historical achievements. Take Gandhi's successful fight for Indian Independence, which was achieved by means of non-cooperation and other forms of civil disobedience. Take Martin Luther King and the Civil Rights Movement. Doesn't the fact that, today, the USA is led by an African American president show that progress and justice can be achieved, that human society does in fact move forward, that things also change for the better?

As I said before, there is still a long and winding road ahead, and the world is far from perfect. But our past has shown us that things can be changed. And although it has become a bit of a cliché, I would like to quote Barack Obama once again: "Yes, we can." And I say, yes, we can change the present and make provisions for our future if we don't forget the past. Yes, we can make the world a better place if we learn our lessons from history and draw the right conclusions. And yes, history lessons might be boring at times, but we are all part of history, our own history and the history of others, so we might as well take a more active stance towards it.

Thanks for your attention *(969 words)*

B Translation/Mediation

B1 Translation

„Möchtegern"-Washington geht aufrecht[1]

Joel Kotkin sagt, dass es mehr als zwei Jahrhunderte dauerte, aber Washington DC sei nun endlich bereit, Amerikas „unangefochtenes Zentrum[2] nationaler Macht[3] und Einflussnahme" zu werden. Die Stadt war immer schon so etwas wie ein „Gernegroß"[4] unter den Hauptstädten dieser Welt, (allerdings) ohne die wirtschaftliche und kulturelle Schlagkraft von Städten wie London oder Paris. Ihr bescheidener Status spiegelte die Ideale der amerikanischen Gründungsväter wider, die der Verquickung von Macht und Wohlstand, die kennzeichnend für die Hauptstädte Europas des 19. Jahrhunderts war, ablehnend gegenüber standen[5]. Aber im Zuge des wirtschaftlichen Niedergangs[6] und des „noch nie da gewesenen Zusammenbruchs[7] konkurrierender Machtzentren" innerhalb der USA ist dieses Modell dezentraler Macht dabei sich aufzulösen. Von Kalifornien bis Nord- und Süd-Carolina blicken nun Staaten und Städte, die einst stolz auf ihre Unabhängigkeit waren, auf Washington, in der Hoffnung, dass sie so vor der Insolvenz gerettet werden. Irgendwann werden die Menschen sich möglicherweise über die Dominanz der Hauptstadt ärgern und sie als „unterdrückerisch und dem Nationalethos widersprechend" begreifen. Aber die Menschen in Washington werden davon keine Notiz nehmen[8]. „Sie werden zu sehr damit beschäftigt sein, das Land zu regieren."

Anmerkungen

1 Auch: *erhobenen Hauptes*
2 Auch: *unbestrittener Mittelpunkt*
3 Auch: *Größe*
4 Auch: *„Möchtegern"*
5 Auch: *die die Verquickung von Macht und Wohlstand […] störte*
6 Auch: *Zusammenbruchs*
7 Auch: *Einsturzes*
8 Auch: *das nicht merken*

B2 Mediation

The key points are:
- *importance of successful communication for people's careers*
- *strategies of speaking*
- *extra-lingual aspects of communication (e. g. body language)*
- *creating an appropriate atmosphere, (e. g. by being honest, in control)*

Rhetoric and beyond

The two given texts, articles from German quality papers, deal with the importance of successful communication for people's university education and future careers. They both highlight the fact that communication is far more than the application of purely rhetorical skills. Gloria Beck, an ex-university lecturer from Germany, focuses on speaking strategies. To her, a clear structure and overall coherence in your argumentation will make you a successful speaker. To achieve this she suggests a three-step structure for arguments, consisting of what exactly you are referring to, your own idea, and your question. To improve the quality of your contributions, you should refrain from using colloquial language. Furthermore, she advises students to participate actively in classroom discussions by asking the right question at the right time in order to attract their professors' attention. All these skills need to be acquired by constant practice.
The second text points out that rather than rehearsed rhetorical phrases, features such as body language, intonation, facial expression, eye contact, and even the clothes people wear, make up about 90 per cent of all communication. In addition, you need to be convinced of your own ideas and know your facts if you want to make a good impression. When, during a discussion, you are confronted with a harsh verbal attack, try to keep your cool. Finally, in order to stay honest and trustworthy, you should be open enough to admit the fact that in certain areas you might not have sufficient factual knowledge. *(249 words)*

Abiturprüfung Sachsen – Englisch Leistungskurs
Praktischer Prüfungsteil 2010 – Thema 1

Prüfungsteilnehmer A

Topic: Volunteer Work

Your school has a partner school in the US. You know that the students there are required to do a certain amount of volunteer work each month.

Comment on the cartoon.

Francartoons

Together with your partner discuss the benefits and limitations of volunteer work as an obligatory part of school life in Germany.
Try to agree on how such a project could be organised.

Prüfungsteilnehmer B

Topic: Volunteer Work

Your school has a partner school in the US. You know that the students there are required to do a certain amount of volunteer work each month.

Comment on the cartoon.

I'm sorry, this is the line for people who volunteered to help their community. You're looking for the eternal damnation department.

Together with your partner discuss the benefits and limitations of volunteer work as an obligatory part of school life in Germany.
Try to agree on how such a project could be organised.

Lösungsvorschläge

Partner A: Anna

The topic Beatrice and I have been asked to discuss is voluntary work. We all know that for many years, voluntary work has been an integral part of school life in America, where students are supposed to do a certain amount of voluntary work each week. Now the question is whether voluntary work should become an obligatory part of school life in Germany, and if so, how it could be organized.
Now, to me, making voluntary work an obligation for all students seems to be a contradiction in terms, as "voluntary" means "willingly". So generally, I should think that imposing voluntary work on all students would not really work out well, and would probably be difficult to implement. On the other hand, I think that voluntary work would indeed be beneficial for both those who engage in voluntary work, and those being helped, e. g. disadvantaged children or elderly people. But of course, all this needs to be carefully organized, otherwise volunteers might end up like the woman in the cartoon I've been asked to comment on. This woman has apparently applied for work as a volunteer, but the answer she gets from her superior is rather off-putting, even insolent, as he describes her future job as comprising, quote, "a range of experiences including exhaustion, emotional overload, lack of support and stark terror", unquote. So to me, the message of the cartoon refers to the exploitation of volunteers as a cheap workforce, as people you can take advantage of, as people you can treat badly or just neglect because they obviously haven't got any rights. So at the end of the day, volunteers might end up in a rather unpleasant situation, being denied proper support by their employers. As regards our project, we definitely must take care that the situation depicted in the cartoon cannot happen. *(306 words)*

Partner B: Beatrice

I couldn't agree more. Our volunteers must not be left in the lurch under any circumstances. But before we come to the organization of our volunteer scheme, let me describe my cartoon. It depicts a scene at the gates of heaven, with two men trying to get past St. Peter. However they are rejected because, apparently, they have never volunteered to help their community, and therefore are sent to hell, which in the cartoon is called "the eternal damnation department", symbolized by a devilish figure sitting behind a desk. So, there seems to be a divine reward for those involved in voluntary work. And I think that that is something we ought to discuss first. To what extent does voluntary work offer a reward? *(124 words)*

Discussion

ANNA: Well, Beatrice, think of the term "rewarding experience". I think this means that the deed, the activity people engage in, is a reward in itself, as it might broaden your horizons and make you a more rounded person.

BEATRICE: What do you mean by that?

ANNA: What I mean is that voluntary work gives you the opportunity to experience situations you might never face otherwise. Take elderly people for instance. We are young, we don't really know how it feels to be old, when you aren't able to cook for yourself anymore, or wash yourself properly. Only when you volunteer, when you get involved with such a situation, do you get to know what it's like. Before you are old, that is.

BEATRICE: I see what you mean. And I agree. Coming back to my cartoon, I am sure that having been involved in some meaningful voluntary work will give you a lot of satisfaction, you know, the reassurance that you have done something really positive, that you have helped somebody in need. In fact, the example you have just mentioned is quite convincing. You hear it on the news every day: "The ageing society." Soon there will be a great deal more elderly people, with fewer and fewer younger people to attend to their needs.

I'm sure that taking care of elderly people will be a big challenge for us and the next generations, and perhaps this is where the schools might come in. If there aren't enough nurses for the elderly, students and other people might have to jump in and help.

ANNA: You're right, but then this is not America. We still live in a welfare state, where the community takes over when an individual encounters severe difficulties. In America, charity plays a much more important role than here. Therefore I suppose it is more widely expected that high school students get involved in voluntary work. Because otherwise, that work would not get done.

BEATRICE: I agree, there are cultural and political differences, but at the end of the day, there are still a lot of things that could be done.

ANNA: Absolutely. Going back to the growing number of elderly people, I think that someone must help, or at least lend a hand now and again. But are high school students really qualified to do this? I mean, you need some skills and certain knowledge when dealing with elderly people.

BEATRICE: I suppose that depends to what extent the people you take care of, are … I think "challenged" is the politically correct word here.

ANNA: Sure. There are certain limitations, and of course, students cannot really take on any more extensive responsibilities, but they could assist a nurse in her or his job, or read out the papers to those who are visually impaired. They could play games with them, card games, or Ludo.

BEATRICE: Or just talk to them. You know, I've been to a home for elderly people to visit my grandma, and one of the most horrible things I encountered was the fact that many of the residents complained of being bored to tears.

ANNA: Yeah, the same routine day in, day out. No wonder people feel alone and abandoned in such places. I suppose contact with younger people could make a big difference.

BEATRICE: I'm sure it does. I've seen people reacting ever so positively when children started talking to them, or when there was a little concert, you know, a choir or a band playing some music.

ANNA: Well, there we are then. People of all ages could participate when it comes to making elderly people's lives a little more enjoyable. So why shouldn't we make it an obligatory part of our school life? How about at least one good deed per term? That would be two afternoons or evenings in the whole year. That's not really asking too much, is it?

BEATRICE: Not at all, and really, I should think that a great majority of students would participate on a voluntary basis, without teachers telling them to do so. But does that really make sense? People need constant contact with other people. So, really, individual visits once or twice a year wouldn't really help much, would they?

ANNA: Better than nothing I would say. But you're right, if we want students to do voluntary work for only one or two days a year, we need to think of specific activities. How about performing a little play, or music, or organizing a party for the elderly? That would still make sense, and it could be easily organized. Such projects could be done by a whole class, as a joint effort to do something good for the rest of society.

BEATRICE: Not a bad idea. It would help to foster a feeling of togetherness in the class and you could even involve the parents.

ANNA: Well, this does work. We once did a little Christmas show in a hospice. It was great to have an audience, and it felt even greater to have brought so much joy to everyone.

BEATRICE: Ok, so far we can agree on the occasional visit, once or twice a year. But what about something more regular? Could that be done?

ANNA: Well, perhaps the class could act like a godfather, and be responsible for just one or two people. Then the students could take turns in visiting their "godchild", you know what I mean?

BEATRICE: Yes, I do. I think that's a very good idea, you know, you could have a picture of the person you take care of in the classroom, perhaps even build up a file, with photos and reports and things, making it all more personal. Establish a real personal relationship.

ANNA: Sounds good to me. I suppose it could work, theoretically. It all depends on the people, students and teachers, whether they really want to make it happen.

BEATRICE: Yeah, now you're talking about the limitations of such projects. And here we come back to what we said in the beginning. I can't imagine people working as good volunteers if they don't want to do so. They should either do it wholeheartedly, or not do it at all.

ANNA: I don't quite agree with you there. Those people who don't really want to do anything, like the blokes in your cartoon, could be involved in some other projects, like cleaning up the environment, you know, stuff you don't need to do wholeheartedly since you're not dealing with real people, but things which need to be done all the same.

BEATRICE: Sounds a bit like forced labour to me. I'm not sure if that could be implemented. And perhaps such measures would put regular jobs in jeopardy.

ANNA: That needs to be avoided, of course, but that's up to the politicians. If voluntary work was introduced at a national level, the appropriate legal measures would have to be taken. But I was wondering about what could be done to get more people involved on a truly voluntary basis.

BEATRICE: You mean how to motivate people? Well, how about setting each student a couple of days for voluntary work, then leave it up to him or her what to do and when to do it. Maybe some students would prefer doing voluntary work in their holidays, or perhaps they could do something abroad. That might be very motivating.

ANNA: Good idea, you would have your cake and eat it, so to speak: do something rewarding and get to know another culture. Well, as far as I know there are lots of organizations around that help people find a placement as a volunteer.

BEATRICE: Sure, but the problem might be that some organizations charge horrendous fees. So that might put people off.

ANNA: Well, it might, but then schools need the resources to offer various possibilities to their students, for instance by being connected to a larger network of organizations and institutions, especially on a local level.

BEATRICE: Yes, that's important. That way the school would liase with the local community, a matter of give and take. But how could that be organized?

ANNA: Well, I suggest we look at American high schools and find out how they do it.

BEATRICE: Good idea. The internet should provide enough information and ideas. Of course we need to involve students, like the school captains, and teachers, and put these ideas to the school community – which would involve parents as well. Actually, some parents might even work in areas where voluntary work might be needed. So here we could perhaps establish direct contact to children's homes, kindergartens and so forth.

ANNA: And we should address the community at large: the local government, social institutions and so forth.

BEATRICE: Alright, and then we need a proper concept: we need to establish which age group can do what and when. I suppose that depends on current legislation, as there are certain limitations on what kids are allowed to do at a certain age.

ANNA: Well, yes, these are the technicalities. But how do we motivate people to do voluntary work in the first place? I mean if having "a rewarding experience" is not enough?

BEATRICE: How about some of the reward culture we find at schools in English speaking countries? Like awarding prizes for the most charitable class, or individual.

ANNA: You mean medals and certificates and the like? Your picture on the school homepage, or in the local paper?

BEATRICE: Maybe more than that. Maybe you could even find sponsors who would donate a real prize, e.g. finance a trip abroad or something like that.

ANNA: That would definitely motivate me. Perhaps such a sponsor could also assist you in spending a gap year abroad and finding an attractive location. Or just pay for your flight.

BEATRICE: Now don't get carried away, Anna. We're still talking about voluntary work, not a competition to win an attractive gap year.

ANNA: Well, why not? People get scholarships for academic achievements, why not give money to somebody who works hard to help his or her fellowmen?

BEATRICE: OK, it definitely wouldn't hurt to make voluntary work more attractive. Give it a positive image, and people will come and join.

BEATRICE: Right, but we really do have a moral obligation to help those in need. And that doesn't mean travelling to exotic countries, it means helping right here, in our community. *(1739 words)*

Prüfungsteilnehmer A

Topic: Freedom

In autumn this year Germany will celebrate the 20th anniversary of its reunification.

Comment on the following quotation.

"Liberty means responsibility. That is why most men dread it."

(George Bernard Shaw, Irish dramatist & socialist, 1856–1950)

Together with your partners discuss how people have achieved their freedom throughout history.
Try to agree on what must be done to maintain it.

Prüfungsteilnehmer B

Topic: Freedom

In autumn this year Germany will celebrate the 20th anniversary of its reunification.

Comment on the following quotation.

"Only the educated are free."

(Epictetus, Roman, Greek-born slave & Stoic philosopher, 55 AD–135 AD)

Together with your partners discuss how people have achieved their freedom throughout history.
Try to agree on what must be done to maintain it.

Prüfungsteilnehmer C

Topic: Freedom

In autumn this year Germany will celebrate the 20th anniversary of its reunification.

Comment on the following quotation.

"In the truest sense, freedom cannot be bestowed; it must be achieved."

(Franklin D. Roosevelt, 32nd president of US, 1882–1945)

Together with your partners discuss how people have achieved their freedom throughout history.
Try to agree on what must be done to maintain it.

Lösungsvorschläge

Partner A: Katrin

As you know, the topic we are supposed to discuss is freedom. An appropriate topic, I think, as Germany will celebrate the 20th anniversary of its reunification this year.
It's our task to talk about how people have achieved their freedom throughout history and then agree on what must be done to maintain it.
I have been given a quotation by George Bernhard Shaw, an Irish dramatist and socialist, who once said that, quote, "Liberty means responsibility. That is why most men dread it", unquote. What Shaw means here, I think, is that every one of us (not only men) must do something, and take action in order to retain our freedom. And that's what many people find difficult. They would rather sit back and relax, you know, like the typical couch potato who wants to live a carefree life and move as little as possible. Then there are people who would like to change things but don't know how. They feel helpless, powerless and inadequate. That's why they dread the responsibility for their own life, their own freedom. *(179 words)*

Partner B: Bernhard

Another factor for achieving and maintaining your freedom is education. According to Epictetus, a philosopher from ancient Rome, quote, "only the educated are free", unquote. I'm not too sure if I can agree with this statement, as some rich and powerful people might well be rather uneducated, but still free. But in general, education is the key for having a career, for making headway in society, and for shaping your future. Furthermore, education has often been at the core of the development of new theories, either political or theological. Martin Luther, for instance. He was a scholar who translated the bible into the vernacular, making the text accessible to a far greater number of people than before, liberating them, or at least those who could read, from the doctrine of the Catholic Church. And that triggered the Reformation, an event that changed the history and culture of Europe. Or take Karl Marx and Friedrich Engels, who wrote books which laid the foundation of communism and the socialist revolution in Russia. *(170 words)*

Partner C: Valerie

I'm not too sure if the Russian Revolution brought freedom to the people, at least not in the long run, but it certainly changed the history of the world. I have been given a quote by Franklin D. Roosevelt, the famous American president. He once said that, quote, "in the truest sense, freedom cannot be bestowed, it must be achieved", unquote. You can see, Katrin, that Roosevelt and Shaw have something in common. They both claim that freedom is a result of human effort. You must do something to achieve it and do something to keep it. *(97 words)*

Discussion

BERNHARD: And one of those efforts is to educate yourself, to get a good schooling in order to understand what is going on – and what needs to be done to gain or defend your freedom. You need to stay in touch with current developments, realize when things are going wrong and act accordingly. Only then can you take on true responsibility.
But we all know that getting an education isn't only fun: sometimes it is boring, or hard work.

KATRIN: But according to Epictetus, being educated is the only way to be free. Free of ignorance and prejudices.

VALERIE: Perhaps we should now look at how people have gained their freedom throughout history and some examples of what people did in the past to achieve this.

BERNHARD: Right. Now, why don't we talk about the American Revolution, or The War of Independence, as it is called? I mean, Independence Day is one of the most popular and spectacular holidays, and not only in America.

VALERIE: That's true. Just think of the movie "Independence Day", where you had the world unite against a hostile alien race that wanted to wipe humanity off the planet.

KATRIN: Oh yes, and guess who led the fight against the extraterrestrials? It was the American President himself. And it was American scientists who found out how to defeat the aliens. A world fighting for its freedom, united under American leadership on Independence Day.

BERNHARD: Ok, it was somewhat patriotic, and perhaps a bit over the top. Directed by a German, funnily enough. But millions of people all over the world liked the film, and so did I. It showed that with intelligence, coordination and the will to succeed you can even overcome a far superior enemy. So there we are: These are the core qualities of having a successful revolution, of how to change things for the better.

KATRIN: I agree. If we look back to the American Revolution, the "baddies" were the British who imposed unjustified taxation on the colonists, without allowing them to participate in the decision making process: "No taxation without representation." No wonder that after some time people started to think about running their colonies on their own.

VALERIE: Sure, who wants to be exploited? Everybody wants to reap the benefits of their labour, so the Americans gradually organized themselves and started to fight against British suppression. First there were protests and petitions. Then, when that didn't have any effect, there were spectacular events such as the Boston Tea Party, but finally, as the British still wouldn't see sense but sent in their army, the whole thing resulted in military action. We all know how it ended. With the birth of the United States of America.

BERNHARD: And the birth of the American Constitution, a document many people see as the first proper blueprint of a democratic society. Where everybody has the same rights, the right to fulfil his potential. The "pursuit of happiness". So, in a way, the American constitution laid the political foundation for the American Dream. And if you look back to Europe at that time, that really is a great achievement.

KATRIN: Absolutely. People in Europe were ruled by absolutist monarchs and societies were structured hierarchically. With a privileged ruling class, and people at the bottom who were little more than slaves.

VALERIE: But there was a big shake up, just about 10 years after the Americans had gained their independence: The French Revolution. The king himself and many other members of the ruling classes were executed. Well, it was a rather bloody business, with a lot of political chaos in its aftermath, but the French Revolution is still celebrated as one of the most decisive moments in European history.

KATRIN: So what have we learned so far? That successful revolutions, actions that set people free, are always part of a violent struggle, with people either being shot or hacked to pieces. I suppose we should also consider more peaceful examples. For instance Mahatma Gandhi or Martin Luther King.

BERNHARD: Or the German Revolution; I mean our reunification twenty years ago. Perhaps those three have something in common.

VALERIE: They do. First, there were people who could think independently. Take Martin Luther King. He, among others, did not accept the widespread belief that black people were inferior by nature, that segregation was right and that therefore "black people should know their place". So again, the process of achieving liberation starts in your mind. It starts with making use of your education, with generating good ideas, which, at the end of the day, are so convincing that many people join your cause.

KATRIN: Spot on, Valerie. The same was true for Mahatma Gandhi. He was a lawyer, so he also fought the British Empire on legal grounds. He said that according to their own legislation, the British were not supposed to exploit and discriminate against the people of India. And he used the press. Whenever the British arrested him or beat up his followers, he made sure that the press was there. And so people all around the world knew what was going on and sympathized with him. This put the British under enormous pressure. The same was true for Martin Luther King. His media presence, like his famous speech "I have a dream", made him world famous. Suddenly millions of people, also white people, were on his side and supported the Civil Rights Movement. In the end, the American government had to give in to many of his demands. To conclude we can say that media presence is vitally important if you want to achieve, or defend, your freedom.

BERNHARD: And how do you get the media's attention? By spectacular actions. Take Gandhi's "Salt March", on which he and thousands of his followers went to the sea and made salt, which Indians were forbidden to do because the British had the monopoly on making salt. So he publically broke the law, in front of the police, and in front of the cameras of the world's press. This made him world famous, and as he didn't use any violence, people sympathized with his cause.

VALERIE: Yes, these symbolic actions combined with media presence are a very efficient instrument. The "Boston Tea Party" I mentioned earlier is another example. But you also need to make sure that you have enough followers in the first place. The bigger a demonstration, the more attention you get from the media, and the more difficult it is for the government to control or subdue it. You can hardly arrest 100,000 people who have taken to the streets.

KATRIN: True, if you have sufficient numbers, people can neither ignore nor put you down so easily. When my dad told me about the big demonstrations in Leipzig, you know, the "Montagsdemonstrationen" (the Monday Demonstrations) in 1989, he said that first, many people were scared of the police, but then so many demonstrators came together that the police didn't dare to intervene. So that was a great victory for freedom, and at the end, the whole movement against the SED regime had gained so much momentum that the ruling class had to give up the fight and step down.

VALERIE: Without a single shot being fired. But remember, it all started on a rather small scale. With people congregating in churches, small groups which created a network of resistance over the years, and which came up with ideas and slogans. And then these ideas caught on and attracted more and more people.

BERNHARD: Yes, people realized that it was up to them if they wanted things to change. They informed themselves, for instance they watched West German TV, which would give them a different side of the story, as opposed to the one told by the state controlled media in the GDR. So again, education has always played an important role.

KATRIN: And it still does. I think we should now discuss how we, as citizens, can take on our responsibility and maintain our freedom. As we said before, education is vitally important. If you keep yourself informed, if the school system allows for a good education, then you realize what is going wrong.

BERNHARD: So what is going wrong?

KATRIN: Take the internet. It gives companies, as well as the state or organized crime the possibility to control every one of us. Take Google, for instance, do we really know what they are up to? They are collecting data about people worldwide; it looks as if they can find out almost everything. Like Orwell's "Big Brother is watching you". It sends shivers down my spine. And I feel that all of this is going completely unchecked, so it's high time we do something about it. Like petitioning our parliament, or making other people aware of this problem, joining an action group, or voting for a party that acknowledges the problem …

VALERIE: Act responsibly, that's what you mean, I suppose. And you are right, but it's not quite as easy as it seems. There are so many problems, and so many things you could do, theoretically. But then there is so little time. There's school, or a job, friends and lots of other things going on.

BERNHARD: True, but all the same. If you don't act, you silently accept things as they are, and one day you might find yourself in deep trouble. I mean you don't need to be a revolutionary like Gandhi, or a great campaigner like Martin Luther King. But you should be able and willing to tell right from wrong and then show enough commitment to defend your rights.

VALERIE: Bernhard, I think you have just touched on a very important point. You should know your rights, and you should appreciate how good it is to be free, to live in a free democratic society like we do here in Germany. If you see these Neo-Nazis, then you are reminded of what it was like in the Third Reich, of how people were treated, of what the Germans did to the Jews and to millions of other innocent people.

KATRIN: And how they lost the war, how they were smashed by the Allies, representing the free world, who would not accept the rule of fascism. And who were willing to pay a high price for the defence of freedom.

VALERIE: So history must play an important role in people's education and upbringing, because it shows how valuable our democratic society is. And that you don't get away with murder.

BERNHARD: And people must learn that there are many forms of resistance that can bring results. You don't need to take up arms to make yourself heard. Legal action, demonstrations, petitions, industrial action and so on are ways of voicing your opinion in a democratic society which have been quite effective. People should know about these possibilities, and be prepared to act accordingly.

KATRIN: Then it will help to get information on where you can turn, which groups you could join. For instance, a political party, or an environmental group, like Greenpeace, a trade union or a human rights organization such as Amnesty International.

VALERIE: Yes, then you are part of a network, and I think it helps enormously if you know that you aren't standing alone, that there are many people out there who share your ideas; and once you are part of a larger group, you can achieve a lot.

KATRIN: And don't forget that it's not only politics that count. Maintaining your freedom starts with your family and friends. You should stand up for your rights in your family also; for example, parents should listen to their children, and people should resist peer group pressure when it comes to doing silly things, well, at least things you don't want to do.

BERNHARD: Right, and at school, students should intervene when people are being harassed, either by teachers or other students. Don't sit and watch. Do something. *(1996 words)*

Teil A: Text 1

Change drink habits? You're joking

compares our time with antike / Mythen

Sisyphus (and this is true) was sentenced by the gods to roll a huge rock up a steep hill for eternity. Each time he would bring the boulder just about to the summit, and then something would cause the blasted stone to roll right down to the bottom again. The ancient Sisyphus was punished for his cleverness, but we modern Sisypheans are condemned by our stupidity to have the same debate about how to alter the behaviour of our fellows, over and over and over again. points out

The issue might be a health scare, an environmental scare, a crime scare or a combination of all of these. Whatever – the inevitable rubric is as follows. repetition

One: dreadful case or cases, headlines, news stories, moral panic, bishops (optional), MPs, voluntary organisations, something must be done.

Two: government consultation, strong words, determination, much already done – much remaining to be done.

Three: proposals involving tougher sentencing, banning of something in public, strengthening police powers.

Four: proposals involving education, a publicity campaign, special lessons in schools.

Five: vested interests (brewers, head teachers, lawyers) on why measures are impractical or reek of the nanny state; opposition on why measures are impractical and don't go far enough.

Six: Institute of Ideas or similar contrarians on why murder or smoking […] were never a problem in the first place.

Seven: fail to evaluate last set of measures, begin again with something else.

Yesterday it was, once more, drink. Or, rather, kids and drink, which is a quadrupled panic. This concern arises partly out of the endless recent publicity about binge drinking and antisocial behaviour, and partly because of worries about the health of individuals. Kids being involved meant that the main minister in the frame was Ed Balls, the Children's Secretary. So we got ideas for extending ASBOs to persistent public drinkers, greater police powers to disperse youthful drinkers, a two-strikes policy for retailers flogging booze to the unbearded and – on the soft side – an education campaign for parents on what drink advice to give to their progeny (other than "drunk for a penny, dead drunk for twopence"). And we had the Shadow Secretary, Michael Gove, on how this was no good, though no one quite got round to asking him why. Expect the Institute of Ideas (actually alcohol liberates young minds) later in the week.

But in the midst of this hyperactivity Mr Balls said this: "We need a culture change about drinking, with everyone from parents, the alcohol industry and young people all taking more responsibility." In other words the measures were of little use without the culture change. People who currently think that getting blasted, wasted, rat-arsed, hammered, legless, mellow, jolly or wrecked is a good thing need to begin to believe that it is a very bad thing. Radio presenters need to stop joking with victorious sportsmen that there'll be "sore heads" in the morning. Sometimes, in social situations, I am astonished at just how much glug otherwise sensible folk can get down their necks in an evening. So cultural change is right. Without it, everything is just more laws.

[…] But what can governments do about the anti-learning culture in our schools and on our screens, where "swots" are to be pitied and the playing of football is the sole reliable virtue? It's in the culture. Like racism or smoking, it takes decades to shift. It isn't Balls; it's us. *(571 words)*

Aaronovitch, David: Change drink habits? You're joking. The Times, 3 June 2008. http://www.timesonline.co.uk/tol/comment/columnists/david_aaronovitch/article 4053603.ece [downloaded /1 December 2008]

Text 2

Report condemns government response to alcoholism and binge drinking

Government responses to Britain's "shocking" rise in binge drinking and alcoholism have ranged from "the non-existent to the ineffectual", the health select committee warns today.

Supermarkets and the drinks industry have more influence on government alcohol policies than health experts, the scornful report by MPs says.

Minimum prices, combined with restrictions on advertising and sponsorship, could save thousands of lives and billions of pounds a year.

The publication of the long-awaited report has triggered a fresh broadside of condemnation from health professionals frustrated by the failure of the government's strategy to tackle the escalating problems of drink-related violence and deaths.

The call for minimum pricing – already endorsed by England's chief medical officer, Sir Liam Donaldson, and backed by the Scottish government – does not receive the support of the three Conservative MPs on the health committee.

But the whole committee calls for a sharp rise in taxes on spirits and "industrial white cider", improved treatment services for alcoholics, a mandatory labelling scheme for drinks, and tougher regulation of alcohol promotion and advertising.

On minimum pricing, it says that a lower limit of 40 p per unit of alcohol would cost a moderate drinker only 11 p more a week and could save 1,100 lives a year. If the level were set at 50 p a unit, it would save 3,000 people from liver disease and other fatal conditions.

Price controls would curb self-harm among young binge-drinkers and poorer, high-volume consumers, the report suggests, and they would encourage a switch-over to weaker wines and beers. […]

English drinking habits have been transformed over the past 60 years, it warns. Average consumption has risen from an annual 3.5 litres of pure alcohol per head in 1947 to 9.5 now. "The alcohol problem in this country reflects a failure of will and competence on the part of government department and quangos," says the report. […] *(315 words)*

Bowcott, Owen: Report condemns government response to alcoholism and binge drinking. The Guardian, Friday 8 January 2010.
http://www.guardian.co.uk/society/2010/jan/08/binge-drinking-alcoholism-report/print [downloaded /11 February 2010]

(total number of words: 886)

Annotations:

l. 19	Institute of Ideas:	non-governmental organisation dedicated to expanding the boundaries of public debate
l. 26	ASBO:	Anti-Social Behaviour Order (a civil order made against a person who has been shown to have engaged in anti-social behaviour)

A Text production

A1 Working with the text — 25 BE

Analyse and compare how both texts serve their purposes.

Write a coherent text.

A2 Composition — 25 BE

Choose one of the following tasks.

2.1 In his article, David Aaronovitch talks of an "anti-learning culture in our schools and on our screens, where 'swots' are to be pitied and the playing of football is the sole reliable virtue" (ll. 42–44).

Write a letter to the editor of *The Times* commenting on this assertion.

2.2 Discuss this modern Sisyphus image focusing on at least one of the issues shown on the boulder.

2.3 Choose a work of literature from an English-speaking country. Comment on the way its character or characters have responded to challenges.

Erreichbare BE-Anzahl Teil A (Summe A1 und A2):
Inhaltliche Reichhaltigkeit und Textstruktur: 20 BE
Sprachliche Korrektheit: 20 BE
Ausdrucksvermögen und Textfluss: 10 BE

Gesamt: 50 BE

Teil B: Translation/Mediation
Choose one of the following tasks (B1 or B2),

B1 Translation

Penalising Teenage Boozing

Parents who give their children alcohol risk being hit with court orders under a new government clampdown on teenagers drinking in public.
The move follows research showing more than half of underage drinkers get their supplies from home, while 11- to 14-year-olds, who are unlikely to be served in pubs or shops, are now drinking double the number of units they did in 1990.
Parents of persistent offenders will face interventions from courts and social workers to improve their parenting skills, while police powers to disperse groups of teenagers in public parks and on street corners will be extended to children as young as 10.
Although fewer children drink than in the 1980s, those that do appear to be starting younger and drinking harder. [...]
Children falling foul of a new offence of persistently possessing alcohol in public will have to sign behaviour contracts spelling out alcohol's health effects and the intimidatory impact of their activities on others. *(159 words)*

Hinsliff, Gaby: Parents to face court over young drinkers. The Observer, 1 June 2008. http://www.guardian.co.uk/society/2008/jun/01/drugsandalcohol.health/print [downloaded /1 December 2008] 20 BE

B2 Mediation

You have been invited to take part in a youth conference on values in society organized by the European Commission in Brussels.
In preparation for a discussion with other participants write a summary in English of what the following text says about children's values.

Erster Kinder-Werte-Monitor des Kindermagazins GEOlino in Zusammenarbeit mit UNICEF

Im Auftrag von GEOlino und in Zusammenarbeit mit UNICEF hat das Marktforschungsinstitut Synovate Kids+Teens im Juni und Juli 2006 insgesamt 908 Kinder im Alter von 6 bis 14 Jahren aus ganz Deutschland in persönlichen Interviews zu ihren Wertvorstellungen befragt.

Danach verfügt die Altersgruppe der 6- bis 14-Jährigen über einen ausgeprägten Gerechtigkeitssinn und eine große Hilfsbereitschaft. Diese „idealistische" Orientierung steht aber nicht im Widerspruch zu einer insgesamt pragmatischen Grundeinstellung. So hat für die heutigen Kinder – anders als noch in den 1980er Jahren – Leistungsbereitschaft eine genauso hohe Bedeutung wie Gerechtigkeit oder Hilfsbereitschaft sie haben.

Für alle befragten Kinder haben die Kinderrechte einen hohen Stellenwert. Am wichtigsten ist ihnen das Recht, ohne Gewalt aufwachsen zu dürfen. Zum einen wollen sie selbst vor Gewalt geschützt sein, zum anderen ist es ihnen besonders wichtig, dass Kinder in Kriegs- und Krisengebieten Schutz und Hilfe finden.

Die meisten Kinder haben heute offenbar gute und vertrauensvolle Beziehungen zum Elternhaus. So nennen sie als wichtigste Vermittlungsinstanzen und Vorbilder für ihre Werte Eltern und Großeltern. Im Teenageralter gewinnen Freunde und die Zugehörigkeit zu sozialen Gruppen bei der Wahl von Vorbildern an Bedeutung. Berühmte Personen, die Medien und die Kirchen spielen bei den 6- bis 14-Jährigen bei der Wertevermittlung eine untergeordnete Rolle. Am wenigsten bringen die deutschen Kinder Politiker mit der Vermittlung von Werten in Verbindung.

„Kinder entwickeln schon früh ein Bewusstsein für Gerechtigkeit und die Bereitschaft, sich für andere einzusetzen. Wir wollen ihnen die Erfahrung vermitteln, dass es sich lohnt, danach zu handeln – in der Familie, in der Schule, im Verein und auch in der Politik“, sagte Entwicklungsministerin Heidemarie Wieczorek-Zeul bei der Vorstellung der Studie in Berlin.

„Wer Kinder stärken will, muss ihre Familien stärken und ihnen gute Lern- und Bildungsmöglichkeiten verschaffen. Deshalb ist es so schlimm, dass in Deutschland die soziale Herkunft mehr als in den meisten anderen Industrieländern über den Schulerfolg von Kindern entscheidet“, sagte Dietrich Garlichs, Geschäftsführer von UNICEF.

„Die heutigen Kinder haben Zugang zu mehr Informationen und wissen mehr über ihre Rechte als frühere Generationen. Sie wollen ernst genommen und nicht nur als Konsumenten betrachtet werden“, sagte Gerd Brüne, Verlagsleiter der GEO-Gruppe, in deren Auftrag die Umfrage im Sommer 2006 durchgeführt wurde.

Bereitschaft zu sozialem Engagement

Entgegen der verbreiteten Einschätzung, dass Heranwachsende heute eher auf sich bezogen sind, zeigt die Umfrage, dass die meisten deutschen Kinder gerne bereit sind, sich für Menschen oder Werte einzusetzen. Am stärksten ist die Einsatzbereitschaft ausgeprägt, wenn es darum geht, Freunden zu helfen. Großes Interesse besteht aber auch am Engagement für Tiere, Vereine sowie ärmere oder hilfebedürftige Menschen – am geringsten ist bei den 6- bis 14-Jährigen das Interesse am Umweltschutz. Der Schwerpunkt des Engagements liegt dabei im Lebensumfeld der Heranwachsenden. Klassische Organisationen wie Parteien, Gewerkschaften oder Bürgerinitiativen spielen nur eine untergeordnete Rolle.

Nach der Umfrage haben die meisten Kinder ein gutes und komplexes Verständnis von Werten:

Mut haben
Hierunter verstehen die Kinder in erster Linie, „sich etwas zutrauen“, „Ängste zu überwinden“ – und zwar auch stark zugunsten anderer, um zum Beispiel Schwächeren zu helfen oder Gerechtigkeit herzustellen:
„Wenn jemand geschlagen wird, laut zu sagen: ‚Lass das sein!‘“ (Junge, 6 Jahre)

Verantwortung
Diesen Wert bringen die Kinder vorrangig mit „sich um Andere, um Schwächere kümmern“ in Verbindung. Dies betrifft vor allem ihr Nahumfeld in der Familie oder andere Kinder – und auch Haustiere. Die Kinder erkennen klar, dass es hilfsbedürftige Menschen gibt, um die man sich kümmern muss:
„Dass Eltern sich um Kinder kümmern müssen, dass man andere Leute nicht ausschließt, dass man Menschen, die auf der Straße liegen, hilft.“ (Mädchen, 9 Jahre)

Toleranz
beziehen die Kinder vor allem auf das Akzeptieren anderer Meinungen:
„Meine Freundin ist peinlich. Sie hört Tokio Hotel. Sie ist aber dennoch meine Freundin. Das ist tolerant.“ (Junge, 11 Jahre)

Am zweithäufigsten verstehen die Kinder unter Toleranz die Achtung gegenüber anderen Nationen.
„Alle Menschen sind gleich.“ (Junge, 7 Jahre) *(638 words)*

UNICEF (Hrsg.): Familie und Freundschaft sind wichtiger als Geld: Erster Kinder-Werte-Monitor des Kindermagazins GEOlino in Zusammenarbeit mit UNICEF. UNICEF Presse, 24. 10. 2006. http://www.unicef.de/3990.html [downloaded /17 September 2008] 20 BE

Lösungsvorschlag

A Text production

A1 Working with the text

The key points are:

- *both texts are articles published in British quality papers*
- *different ways of dealing with the topic and influencing the reader (informative, critical, provoking, entertaining)*
- *tone (e.g. factual, witty, humorous, ironic), stylistic devices (e.g. accumulation, ellipsis, alliteration, personal pronouns), vocabulary/register (formal/informal)*

Both texts were published in British quality papers and highlight the problems surrounding the consumption of alcohol by young people in Britain today. However, whereas David Aaronovitch offers a pointed and at the same time entertaining and humorous critique of the government's policies, calling for change and a different approach towards the problem, the text by Owen Bowcott appears to be primarily factual, aiming at merely informing the reader.

Already in the headline to his article, Aaronovitch shows his scepticism as regards the government's aim to change young people's drinking habits by putting forward a rhetorical question and then answering it in the negative, using a fairly colloquial and even disrespectful phrase ("You're joking").

The failure of society to act against alcoholism is further illustrated by the author telling the story of Sisyphus in a rather colloquial way, thereby adding colour and a humorous effect to his argument ("the blasted stone", l. 3) Here, Aaronovitch illustrates mankind's dilemma, the fact that throughout modern history ("over and over and over again", ll. 5/6), man has been trying hard to alter his behaviour, but to no avail. The phrase "condemned by our stupidity" (ll. 4/5) confronts the reader directly and is aimed at arousing his curiosity to find out whether the following text can offer a solution.

In the following part, the author presents seven areas of failure when it comes to tackling larger issues such as health and environmental problems. The number "seven" could be an allusion to the biblical "seven deadly sins". The telegram style (ellipsis) used throughout this part, which beforehand is rather mockingly described as "the inevitable rubric" (l. 8), adds to the ironic and even sarcastic tone ("banning of something", l. 13) and highlights the author's criticism of efforts to change human nature, which he describes as mere activism ("hyperactivity", l. 33). This pointlessness connects to the Sisyphus story: Having (once again) failed to solve one problem, society starts to "[…] begin again with something else" (l. 21), using the same strategies that failed before.

The tone becomes almost derisive in the following paragraph. The expression "once more" (l. 22) shows that the problem has been tackled many times before, unsuccessfully, and employing hyperbole ("quadrupled panic", l. 22), Aaronovitch sets the ground for more criticism. At the same time, by referring to different politicians and institutions, as well as to the current debate on the topic, Aaronovitch adds some seriousness to his argument, making his text even more compelling as he combines the factual with spicy criticism.

The extensive use of alliteration and contrast when referring to public policies adds to the entertaining value of the text: The expressions "persistent public drinkers" (l. 26), "greater police powers" (ll. 26/27) and the term "progeny" (l. 29) first create a pompous atmosphere of self-importance on the side of the government, which is then contrasted with either humorous phrases such as "flogging booze to the unbearded"

(ll. 27/28) or informal, even slightly disrespectful utterances such as "no one got quite round to asking him why" (ll. 30/31).
However, in the next paragraph, Aaronovitch becomes more serious when he suggests a more realistic solution to the problem by quoting the Children's Secretary (whom he had ridiculed before for his "hyperactivity"). After all, he partly agrees with Mr Balls' suggestion. To connect with his humorous approach in general, and to make the minister's ideas even more explicit, Aaronovitch translates Balls' speech into informal language by using an extended enumeration of colloquial terms for being drunk ("getting blasted" etc., ll. 36/37). Especially the contrastive terms ("good thing" – "bad thing", ll. 37/38) make it clear that that only a culture change at large can bring about a change of people's attitudes and drinking habits.
In the concluding sentence Aaronovitch appeals to the reader to think in new, respectively in the author's terms, almost literarily going out with a bang by speaking to "us" directly and by using a rather saucy, sexually charged pun: "It isn't Balls; it's us." (ll. 44/45).
In contrast to Aaronovitch's text, Owen Bowcott writes in a far more neutral, matter-of-fact style, keeping to the formal language a reader would expect from a report in a quality paper.
This is already reflected in the headline, where Bowcott just summarises the view of the health select committee, whereas Aaronovitch starts with a provocation.
Throughout the article Bowcott tries to convey the seriousness and objectivity of his writing by extensively quoting different sources, showing that he is at pains to give a comprehensive and reliable account of the debate.
However, like Aaronovitch, Bowcott's article is also a harsh critique of the government's apparently fruitless attempts to curb alcoholism and binge drinking. The excerpt of the article ends on very critical note, as the expression "failure of will and competence" (l. 70) suggests.
Furthermore, negatively connoted expressions such as "condemn" (headline) and "scornful" (l. 49) are noticeable. Especially the phrase "has triggered a fresh broadside of condemnation" (ll. 52/53), a drastic, violent metaphor using (or alluding to) military ("broadside") as well as religious and legal terminology ("condemnation"), evokes an image of the health experts acting as a firing squad executing the government.
The deliberate use of such emotionally laden language, together with the fact that throughout the article the government is not given any space to respond to the criticism of the health select committee, clearly shows which side Bowcott is on.
In conclusion, when comparing the two articles, it can be stated that both authors heavily criticise the government, albeit with different means. Aaronovitch takes sides rather openly by using humour, irony, sarcasm and colourful, even playful language to influence the reader, which makes his text both entertaining and informative. Bowcott, however, resorts to the form of the (seemingly) neutral report, using formal language to give his article a more serious and factual tone in order to convince readers of his opinion. *(997 words)*

A2 Composition

2.1 *The key points are:*

- *formal requirements of a letter to the editor: "Sir/Madam" or "Dear Editor" (US)*
- *referring to the quote: what can be understood by "learning culture" as reflected at school and in the media (screen: tv/ internet)*
- *attitudes towards "swots" and footballers ("virtues"), prestige/recognition*
- *stating your own point of view: support, criticize, contradict, put into perspective*

Sir,

I am writing to you in response to the article by David Aaronovitch which, by and large, I consider an entertaining, witty and clear-cut analysis of the fruitless endeavours by the British government to tackle the problem of alcoholism.

However, I do not agree with Mr. Aaronovitch's statement on our learning culture, which he describes as being virtually non-existent. In fact, I feel greatly distressed by the way he depicts young people's attitudes as being hostile to any form of formal education, an attitude he describes as "the anti-learning culture at our schools".

According to Mr. Aaronovitch, all youngsters (or at least the boys?) seem to be dreaming of a career as a football-pro, with the "swots" (I would call them "serious, responsible, rationally-minded and hard-working people") being regarded as outsiders, either vicitimised or pitied, as if they were doing the wrong thing.

Does Mr Aaronowitch really assume that the values and virtues of our generation only center around drinking, having fun and dreaming of football stardom without willing to work hard for it? Are we just a bunch of mindless (drinking) football supporters?

As far as I am concerned, the majority of us students are highly motivated. They know that good grades do matter and they feel good about obtaining them. Our self-esteem is not based on how much we can drink, but on how successful and creative we are.

And what about our schools? Are they really just a refuge for the lazy and unmotivated?

Mr Aaronovitch might have in mind some derelict inner city schools, where disadvantaged children find it indeed hard to accomplish their education, with distressed teachers, social workers and parents helplessly standing by. Of course, there are problem schools with problem children. But these are the exceptions, not the rule. In fact, most schools, at least in my country, and I am sure that applies to yours as well, are trying hard to fulfill their teaching targets and provide a good education.

And as regards distressed schools, there is an overall willingness in our society to alleviate the situation. Take the notorious Rütli-School in Berlin, which once was portrayed as being the worst school in the whole of Germany. In almost no time it was transformed into a well-run school with a positive learning culture. So people do care about education.

Another favourite commonplace the adult world in general seems to relish, and Mr Aaronovitch fell victim to as well, is the worn-out cliché of young people's addiction to the media, of young people being glued to the box, watching idiotic programmes all around the clock, playing violent and mindless computer games, or chatting on the net for hours on end. As much as this might apply to some youngsters, it is definitely not true for the majority of my generation. Perhaps the obsession with this topic is fostered by the high attention troubled teens receive in the media?

Be that as it may, I should think people ought to be more relaxed about our generation and our values, as I firmly believe that most youngsters know how to handle television, computer games and the Internet without being caught up in the sort of "anti-learning culture" Mr Aaronovitch describes in his otherwise brilliant article.

Yours truly,
Jan (18), Leipzig (Germany) *(547 words)*

2.2 *The key points are:*
- *reference to the situation depicted in the picture*
- *tackling at least one of the topics mentioned (e. g. global warming, overpopulation)*
- *pros and cons as regards the message of the picture ("discuss")*

Modern Sisyphus

The given picture depicts the dilemma of modern man, symbolized by a man rolling up a giant rock representing the problems of human society, such as global warming, conflicts, overpopulation and others. There is an obvious allusion to the Sisyphus story and consequently, we can assume that the rock will, at one point or the other, roll down again, with the next generation having to roll it up again as indicated by the words "Someday, son, this will all be yours."

In general, the given image illustrates the assumption that however hard we try to solve the most pressing problems we are faced with, we are bound to fail, as the Sisyphus stone will inevitably roll down again and we will have to start all over again. So, like Sisyphus, we can never accomplish our goals.

The question is, though, whether the myth of Sisyphus can really serve as an appropriate depiction of the human condition.

At first sight, there seems to be an overwhelming amount of facts to support this. Just by looking at our history, we are indeed faced with an endless amount of strife. In fact, human history could be described as an endless and perhaps never-ending story of wars and conflicts. In "the good old days" wars were generally approved of as being a rightful means to increase one's own cultural, religious and economic influence. Just take the endless wars for hegemony between the European powers, or the colonization of Africa involving the displacement of millions of Africans in the cause of slavery.

However, amidst all the suffering and wrongdoings, humanity as such did try to improve the situation. The enslavement of the African people finally came to an end, and the fact that America now has an African American president can be seen as proof that conflicts can be brought to a positive ending.

On the other hand, slavery as such has not been wiped off our planet. It still exists (unofficially) in many parts of our world, in form of child labour or, predominantly in Africa, in terms of thousands of child soldiers being brutalized and exploited every day. In this respect, the stone has rolled downhill again, with humanitarian organizations trying – rather helplessly – to alleviate the situation.

Another example of both improvement and relapse into conflict can be noticed when looking at international postwar history. The setting up of the United Nations and the widely held view (quite contrary to the aforementioned periods) that you must not make war with other nations has limited the number of conflicts between states considerably, and that alone can be described as a success story. The fact that the Cold War did not develop into a "hot war" and the formation of the European Union could indeed give hope that man is reasonable enough to resolve conflicts without resorting to violence.

However, those historians who were quick to usher in a period of worldwide peace after the iron curtain had come down have been proven wrong. There are still numerous conflicts worldwide, such as civil wars and ethnic cleansing; there still is the looming threat of international terrorism; and in general, people still seem to be ready to take up arms (with the arms industries making more profit than ever before) to solve their problems. In this respect we are just trying to roll up the stone once again.

The same is true for conflicts on a more personal level. At least in the western world, women have achieved a lot during the last decades, such as voting rights, the right to work in almost any job they choose and equal access to education. Nevertheless, there

is still discrimination in the work place, e. g. in terms of unequal pay, and a lot of women are still subject to domestic violence. So amidst all the progress, the stone is still not up the hill. Yet, looking back at human history, it has not rolled back either, as the situation has definitely improved.
In conclusion, it can be said that, in spite of many setbacks and new starts, the Sisyphus image does only partly apply to human existence, since there has been considerable progress in many areas, slowly but surely. The question is, will we ever reach the top? Is there a chance for the stone to stay up? I do not dare to answer this complex question, but as an optimist, I see the stone moving upwards. *(741 words)*

2.3 *The key points are:*
- *One or more characters of a work of literature from an English-speaking country.*
- *How do the main character (and other characters) respond to challenges?*
- *What are their aims and ambitions?*
- *Reasons for the characters' success as well as failure.*
- *You can use a more neutral or a more personal style.*

One of the first great works of English literature that comes into my mind when talking about challenges is William Shakespeare's *Macbeth.* Although written more than 400 years ago, it still speaks to us through its dramatic intensity and deep insight into human nature and behaviour. To me, Macbeth is, in many ways, a typical representative of modern man. Modern man as he is trying to realize his ambitions and satisfy his needs, setting things in motion and unleashing powers he cannot control, and therefore dismally failing in the end.
In the beginning, Macbeth serves his country well and is rewarded by his king for his craftsmanship and bravery as a war leader. When the three witches foretell that one day he will be king of Scotland, he first reacts in a reasonable, almost rational way. He knows that, albeit being of noble birth, he is not of royal blood, so he cannot possibly become king. At this point Macbeth himself is contented with this situation, and in rational terms he should be, but his wife – a character that is both crafty, ruthless and (over)ambitious – finally talks him into grasping the opportunity of a life time: to kill the king in order to become King of Scotland himself.
Lady Macbeth describes the regicide as a true challenge, something an ambitious man must respond to positively by taking action. First, Macbeth opposes the plan arguing along moral lines. He refers to moral obligations such as hospitality, mutual trust, political and personal loyalty to the king, and the fact that Duncan has indeed been a very competent leader. At first, these obligations count more than his (or his wife's) individual ambitions. But when Lady Macbeth accuses him of not being a real man (also by questioning his sexual prowess), of being a weakling incapable of realizing his dreams, he finally gives in and accomplishes the deed.
His own ambitions have got the better of him and make him act against all reason and turn him into a traitor and murderer. As a consequence, throughout the play, Macbeth will be painfully aware of the fact that, although he has won the challenge of becoming king, he has lost his moral integrity.
Haunted by pangs of remorse, a childless marriage and a wife falling into madness, he finds himself isolated and threatened by real or imagined enemies. In fact, Macbeth is not able to reap the benefits of his crime as he has set off an avalanche of almost uncontrollable carnage: retaining his position as king is another challenge calling for even more blood.
Macbeth also fails to meet the challenge of being a worthy successor of the previous king. Instead of being a trustworthy guardian of his people, he develops into a ruthless tyrant whose country is going to rack and ruin, hit by natural disasters – in Shake-

speare's time believed to be the godly punishment for Macbeth's violation of the natural world order by seizing the throne.
The last challenge Macbeth fails to meet is facing reality and saving his own life by fleeing the country. So great is his hubris, that he now considers himself invincible. Ironically, the belief in his own strength is, once again, based on information from the witches, creatures from the underworld a clear-thinking man should not have trusted in the first place.
In summary, it could be said that Macbeth, as a true tragic hero, fails to meet the challenges of his life due to his tragic misjudgment when it comes to temper his ambitions, by trusting in the wrong people and finally by being unable to control the forces he has conjured up by his deeds. *(610 words)*

B Translation/Mediation

B1 Translation

Saufen von Teenagern unter Strafe gestellt

Infolge neuer, verschärfter Maßnahmen der Regierung gegen Heranwachsende, die in der Öffentlichkeit trinken, riskieren Eltern, die ihren Kindern Alkohol geben, gerichtlich belangt zu werden.
Diese Maßnahmen resultieren aus Forschungsergebnissen, die zeigen, dass mehr als die Hälfte aller minderjährigen Alkoholkonsumenten ihren Nachschub von Zuhause erhalten, und dass 11- bis 14-Jährige, die in Kneipen und Geschäften praktisch nicht bedient werden, mittlerweile die doppelte Anzahl von Einheiten konsumieren wie im Jahre 1990.
Eltern von Wiederholungstätern werden in Zukunft mit Interventionen durch Gerichte und Sozialarbeiter konfrontiert werden, die darauf abzielen, sie bei Erfüllung ihrer Elternpflichten zu stärken. Außerdem werden die Befugnisse der Polizei, Ansammlungen von Teenagern in öffentlichen Parks und an Straßenecken auflösen zu können, auf Kinder ab dem zehnten Lebensjahr[1] ausgedehnt werden.
Obwohl insgesamt[2] weniger Kinder trinken als in den 1980er-Jahren, scheinen die, die es tun, früher anzufangen und deutlich mehr zu trinken.
Kinder, die wiederholt[3] mit dem Gesetz, welches ihnen den Alkoholbesitz in der Öffentlichkeit untersagt, in Konflikt geraten, werden Verhaltensvereinbarungen unterzeichnen müssen, in denen sie deutlich dazu Stellung beziehen müssen, wie sehr Alkohol die Gesundheit beeinträchtigt und wie bedrohlich ihr Verhalten auf andere wirkt.

Anmerkungen
1 Auch: *bis auf Kinder im zarten Alter von zehn Jahren*
2 Stilistische Ergänzung
3 Auch: *erneut*

B2 Mediation

The key points are:

- *importance of the family*
- *values, e. g. social commitment, the will to work hard*
- *focus on children's rights*
- *importance of traditional political institutions*

In a survey, conducted and published by Unicef and the German youth magazine GEOlino in 2006, children and youngsters throughout Germany were asked about their personal and political values.

It showed that nowadays 6 to 14 year-olds seem to adhere to a complex value system including a sense of justice, the general readiness to help those in need and – in contrast to the 1980s – the willingness to work hard.

Today's German children seem to be firmly rooted within their families, with their parents and grandparents, rather than celebrities or politicians, acting as role models. Furthermore, they seem to show a great deal of social commitment regarding their immediate environment. However, they also show empathy towards disadvantaged people in general.

On a political level, they are committed to animal rights and are ready to play an active part in various associations, clubs and societies. However, they show less interest in joining classical political institutions or in environmental protection. All the same, they keep themselves better informed than previous generations and, knowing their rights as children, they want to be taken seriously, especially concerning the right to grow up in a non-violent environment.

Personal courage, especially when it comes to helping the weak and helpless, tolerance and respect for other individuals and nationalities are also considered vital values.

(216 words)

Prüfungsteilnehmer A

Topic: Speed of Life

You are working on a project about the pressure of fast-paced modern life and are preparing a presentation on ways of coping with stress.

Comment on the following photos.

© 2011, Sheri Christianson, AtlantaPhotos.com

© Q1

Together with your partner decide on what causes stress.
Compile a list of strategies to cope with stress effectively.

Prüfungsteilnehmer B

Topic: Speed of Life

You are working on a project about the pressure of fast-paced modern life and are preparing a presentation on ways of coping with stress.

Comment on the following photos.

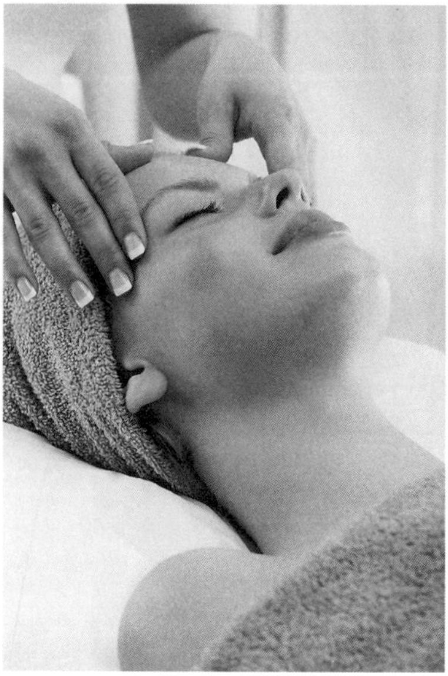

© Jacob Wackerhausen / iStockphoto.com

© Ljupco Smokovski | Dreamstime.com

Together with your partner decide on what causes stress.
Compile a list of strategies to cope with stress effectively.

Lösungsvorschläge

Partner A: Pauline

Jonas and I are asked to discuss a project about the pressure of fast-paced modern life and prepare a presentation on ways of coping with stress effectively.
In order to do this, we would have to find out about the various factors causing stress.
Now, I have been given two pictures, one of them is a photo showing a big motorway crossing with several lanes and exits, and full of cars. This photo could stand for modern man's dependency on cars, epitomising the speed of modern life. As many people have to commute to their workplaces, they spend a lot of time in their cars, and of course, they try and travel as fast as possible because commuting takes away so much of their valuable time. They have to live fast, "living in the fast lane", metaphorically speaking, with all the stress that goes with it.
The second picture is collage showing a big clock and a man, probably an office worker, carrying two piles of folders in his arms and, like a pirate just about to board an enemy ship, he has a pen stuck in his mouth. The clock tells him that he is late (twelve o'clock as the proverbial deadline is just past) and consequently, he looks stressed.
To me, he symbolises modern man who is under a lot of pressure because he cannot keep up with the pace of work. All in all, the picture could allude to the fact that in many ways people have become alienated from their work and have become part of a giant machine they can neither control nor slow down.
Talking about speed, the photos are connected in that they both show how people are being exposed to the speed of life, that is, to the fast-paced rhythm of work and travel we have to succumb to. This puts a lot of stress on all of us – a process that is life-threatening. So people need to find a strategy to slow down and reduce the speed of life. Although the man looks fairly young, I guess he might end up with some heart disease or burn-out syndrome sooner or later.
(360 words)

Partner B: Jonas

I have also been given two pictures, and in fact, they do stand in contrast to yours. The first one shows a woman who has her temples massaged, nice and gently as it seems. It looks as if she is enjoying it a great deal, as her eyes are closed and her overall facial expression shows that she is very relaxed. Since her head and body are wrapped up in towels, you could conclude that she has been to the sauna before or enjoyed some other kind of spa treatment. Keeping body and soul together, just let go, or just treat yourself are mottos represented in the picture.
The second photo shows a woman walking her dog in a park. You can guess that she has to do this regularly, I suppose at least twice a day. So this picture represents an active way of life, but a life that connects you to an animal, and nature in general. This woman does not walk her dog in the noisy streets but in the quietness of a park. I think animals, especially dogs or cats, can have a very soothing and relaxing effect on people, helping them to calm down and unwind after a stressful day at work.
So my pictures somehow present antidotes to the stress experienced in your pictures, Pauline. They suggest relaxation, being close to nature, taking care of an animal as well as physical exercise as strategies to cope with stress. *(244 words)*

Discussion

PAULINE: I see. Well, I think that animals, or pets, do in fact play a very important role when it comes to handling stress. You see, a dog for instance is always in a good mood, or have you ever seen a depressed dog? So in the morning, before you set off to work, you experience a great deal of friendliness, the dog wagging its tail joyfully, looking forward to be taken out for a stroll.

JONAS: Yeah, I get your point, Pauline. But doesn't that obligation cause stress as well? You know, having to walk the dog every day, first thing in the morning, last thing in the evening, even when it rains, or hails, or snows, or when it's dead cold outside. Whatever the weather, however tired you are, you have to do it.

PAULINE: Sure, you should think twice before buying a dog. You need to be prepared to make some sacrifices. And you need to live in the right surroundings. But believe me, taking care of living creature is ever so rewarding, it does alleviate stress. It will also automatically give you discipline and thereby help you to structure your life more effectively, which in many ways can help to reduce stress as well. In fact, my granddad always says that if it hadn't been for the dog, he would never have taken so many walks outside, and consequently he would never be as fit as he is now. He says that walking the dog and playing with it is so relaxing, and it helps you to get focussed, to reflect on your problems in peace and quiet.

JONAS: I see, it can help to unwind after a stressful day at work. So what else is causing stress, and what could be done about it? What about the millions of commuters, who spend so much of their valuable time on the road? They must be absolutely shattered when they come home. And then they have to take care of their kids, or do the odd household chores. No wonder they can't relax properly. Perhaps they should be thinking of moving closer to their workplace. But I suppose many people have realised that, and instead of settling down in the suburbs, as it used to be the fashion for many decades, many people nowadays find it more attractive to move back and live in inner city areas.

PAULINE: That does make sense. Just think of the time you can save; especially when you have children. Then you need a good infrastructure, including schools, kindergarten, sport facilities etc. Otherwise you end up as your kids' chauffeur, which will make your life really hectic and frustrating because you won't have enough time for yourself.

JONAS: Absolutely, and it's stressful for the kids as well. So finding a place to live not too far away from your workplace is very important. Well, it's the basis of a good life without too much stress, isn't it?

PAULINE: Quite so. And you should also try and live in a reasonably safe and quiet neighbourhood, preferably with friendly people as neighbours, and with enough space in the house so that everyone has the possibility to retire if he or she wants a quiet time.

JONAS: I can't agree more. Permanent conflicts with your neighbours, domestic strife in general, or a constant flow of traffic going past your house are the major sources of stress. As the British say: "My home is my castle". It's your final retreat and the place where you should feel at ease. But what about work? How much time do you really have to relax? Even if you have a wonderful home – if you want a job, you have to be flexible. Which means you have to be available all around the clock, work never stops. That leaves little time to switch off.

PAULINE: Sure, it's not that easy. But I sincerely hope that it can be done somehow. Like switching off your mobile, refraining from checking emails over the weekend – by just trying to protect your privacy and not being available all the time. I mean, by and large, this is also a political issue, for the trade unions for example.

JONAS: And for the government and the employers as well, because so many members of the workforce are on sick leave, showing burn-out syndromes or other symptoms of overstress, like physical or emotional fatigue. At the end of the day it's costing them money, so they should do something about it.

PAULINE: True. Actually, lots of companies have already come round to the opinion that they should do something about the well-being of their workforce, like establishing kindergartens to help women cope with the double burden of waged work and the bulk of household responsibilities.

JONAS: Oh and I know that some firms have set up rest areas or fitness facilities for the employees to relax and recuperate. So there is something being done to reduce stress at the workplace. But then I suppose that accounts for only a few employees, and it is still quite a long way to go.

PAULINE: Sure, and there is still one major problem as regards work. Boredom. People having to do a job they don't like because it offers no inspiration, no challenges, no fun. I think having to do a job I couldn't relate to would actually kill me.

JONAS: So how do you cope with stress caused by boredom? Well, I think you need to find something that appeals to you, something you experience as being rewarding. Then you don't really count the hours and don't experience the whole thing as stressful. For example, at school we spent hours on end practicing with the orchestra, or rehearsing plays or doing projects. That didn't feel like stress. And quite a few lessons were interesting, and you got something out of them, didn't you?

PAULINE: That's right; it was fun, now and again. I suppose you mean that you should try and see the positive aspects as regards your job; find something you really enjoy, something that makes it more bearable, so to speak. For me that has always been the PE lessons, or maths, or meeting my friends.

JONAS: Absolutely. Working together with other people also means sharing your problems. And that makes it a lot easier to cope. To sum up, thinking positive and being sociable can do a lot to reduce stress at work.

PAULINE: Well, not only at work. Having friends and getting along with your workmates is very important for your well-being in general. We all know how stressful it is for people who experience bullying or just don't get along with people, at work or in private.

JONAS: Yes, getting on with others is perhaps the most important factor of all. We are social beings, and it's vital that we feel at ease with the people around us. So that means we also need to be prepared to work on our relationships with others. Like being open-minded, tolerant and friendly, and perhaps even caring.
But apart from that, we also need some distraction, something that is not part of our daily work routine, something we can look forward to when coming home from work, or from school. Take sports for instance. It has been scientifically proven that running, for instance, makes you feel happy and more relaxed as your body produces certain substances that reward you, so to speak, for having worked hard.

PAULINE: The term reward is quite important, I think. I mean, let's face it: you cannot really have a life without stressful situations. So by giving yourself a reward, either by spending time doing sports or some other activity, you can restore your power and your motivation. Take my mom, for example: she's got long working hours, but twice a week, no matter what, she does a thorough workout in the gym and relaxes in the sauna afterwards.

JONAS: Yes, she is doing the right thing, I suppose. But you see, there are so many people claiming that they haven't got the time for hobbies or for sports. Maybe you need a fixed schedule, a schedule that tells you: "Right, it's Saturday, and at such and such a time you go jogging with your friends or go to the gym."

PAULINE: Well, I think you have hit the nail on the head. If you really want to enjoy any kind of sport you should try and work out regularly and you should set yourself reasonable and realistic targets. Not like my uncle, who wanted to run a marathon just after having done some light jogging for about two months.

JONAS: Absolutely, because if you want too much, you end up having just another kind of stress, often referred to as leisure stress. I suppose in general you should reflect your own ambitions and abilities and look at yourself from a realistic point of view. Sometimes it might be difficult to strike the right balance, but you could ask your PE teacher or your coach when starting to work out.

PAULINE: Good idea. In fact, I remember our PE teacher telling us that, when it comes to performing well at sports, you need a sufficient amount of rest, too. So some people, I would describe them as the hyperactive, really need to bear that in mind. I'm talking about people who feel guilty wasting time when they just sit back and relax. They forget that our body and soul need time to unwind; time when you do nothing at all, just chill-out in order to recover from the stress we have been exposed to.

JONAS: So another strategy to keep out the stress is to be aware of the fact that you need some rest periods, and that you should be somewhat realistic about your abilities and aspirations. Frustrated ambitions contribute a lot to you feeling stressed out, I suppose.

PAULINE: Spot on. A negative self-image or a constant feeling of being inadequate is perhaps the most important stress factor in people's life. So, up to a certain extent, being contented with what you are and what you have can definitely help you to cope with stress more effectively. So how should we present our ideas to our audience?

JONAS: Perhaps we could do a wall chart or a PowerPoint presentation, with images such as the ones given to us in this exam, in order to raise people's attention – and then comment on the images. As an introduction to our topic.

PAULINE: Great. And we could illustrate our ideas further by drawing up some role plays, for example in form of and expert talk, or some mini-plays depicting typical situations that cause stress.

JONAS: … and show how the problem could be solved by giving practical examples.

PAULINE: Sounds good, and entertaining. I think people might actually enjoy this.

JONAS: And perhaps we should round off our presentation by having a discussion with our audience at the end. That way the whole thing would be more communicative and it would involve our audience more actively.

PAULINE: That's a good plan! *(1858 words)*

Prüfungsteilnehmer A

Topic: Health Awareness

You are organising a project day on health awareness at your school.

Comment on the quotation.

"The only way to keep your health is to eat what you don't want, drink what you don't like, and do what you'd rather not."

(Mark Twain, American writer, 1835–1950)

Together with your partners plan this day.
Consider how you could make as many of your fellow students as possible take an active interest in the topic.

Prüfungsteilnehmer B

Topic: Health Awareness

You are organising a project day on health awareness at your school.

Comment on the quotation.

"So many people spend their health gaining wealth, and then have to spend their wealth to regain their health."

(A. J. Reb Materi)

Together with your partners plan this day.
Consider how you could make as many of your fellow students as possible take an active interest in the topic.

Prüfungsteilnehmer C

Topic: Health Awareness

You are organising a project day on health awareness at your school.

Comment on the quotation.

"If you are young and you drink a great deal it will spoil your health, slow your mind, make you fat – in other words, turn you into an adult."

(P. J. O'Rourke, American comedian)

Together with your partners plan this day.
Consider how you could make as many of your fellow students as possible take an active interest in the topic.

Lösungsvorschläge

Partner A: Anton

We have been given the task to plan and organise a project day on health awareness at our school. We should also consider how we could make people interested in taking an active interest in the topic.

Let me read out the quotation on my sheet, first. I think it is quite revealing and amusing. Quote: "The only way to keep your health is to eat what you don't want, drink what you don't like, and do what you'd rather not." unquote. Now, this is from Mark Twain, the author of *Huckleberry Finn*, *Tom Sawyer*, and lots of other humorous writings. And I'm sure this quote is also somewhat tongue in cheek. But he's got a point. A healthy lifestyle does indeed involve certain restrictions, for instance as regards the food you eat. Hamburgers and chips taste great, at least most people think so, including my humble self, but everyone knows that they are not exactly healthy. The same is true for what most people drink, sugary soft drinks or beer and other alcoholic drinks.

Now this leads to the third point Mark Twain refers to: our behaviour. Staying out late at night, boozing, watching too much TV, spending too much time in front of our computer, and not exercising regularly – all this amounts to a rather unhealthy life style. But for too many people, activities like drinking alcohol or playing computer games are vital parts of their life. It's fun, and people won't do away with it quickly, even though it's exactly the kind of thing "you'd rather not" pursue, as Twain correctly remarks, and, subconsciously, people know that. Perhaps this might be the biggest problem: to get people truly interested. We should not preach too much about a super-healthy life style, because just telling people that certain things are not good for them is preaching either to the converted or to those who know but don't care. Finger-wagging won't help. But of course, in our project, we need to deal with food and drink, including alcohol, and I suppose other drugs, so we'll have to find a way. *(350 words)*

Partner B: Belinda

I agree. We should not be moralizing too much. But of course, we need to discuss food and drink.

There is a saying that goes: "You are what you eat." Maybe that's taking it a little bit too far, but a healthy diet is definitely an important part of our project.

Well, I have also got quite a witty quote, by someone called A. J. Reb Materi. He or she says that, quote: "So many people spend their health gaining wealth, and then have to spend their wealth to regain their health." Although this statement is sort of verging on the sarcastic, I think it is quite true. There are many people working themselves to the bones by doing physically demanding jobs, by working overtime, or by being exposed to too much stress that they have to spend a lot of money to reinvest it into their health. For instance, they spend their money on massages or physiotherapy, or to see a psychologist. I mean, there are so many people around nowadays, young and old, who attend all sorts of therapies and need emotional as well as physiological support. Really, I think everyone knows somebody suffering from "burn-out syndrome" or the like. There are just so many people who can't cope with the stress anymore. No wonder people buy all sorts of tranquillizers or stimulants, more often than not taking both at the same time. Or they go for other performance-enhancing drugs. Apart from the requirements at work or at school, there are other demands put forward, e. g. by the beauty industries: You've got to look gorgeous, so as a girl you must be as slim as those anorexic models you see in the ads or on TV, like in *Germany's Next Top Model*. Boys must be fit, not fat, and look it. So there is a lot of pressure, not only on working adults, but also on young people. And I know quite a few fellow students who spend a lot of money on medicines, performance enhancing drugs or on therapies in order to function better, to fit into the system and obtain good grades. So, as regards our project, we should perhaps be looking at strategies, especially for people at our age, of how to combat stress in a more healthy fashion. *(383 words)*

Partner C: Claudia

Sure. But we should also look at how the adult world influences young people's behaviour. The quotation I've got actually points out that people start following an unhealthy life-style when they are young because they seem to imitate the life-style of adults. Like the quotes before, I like this one because it is witty and poignant at the same time: P. J. Rourke, an American comedian, says that, quote, "If you are young and you drink a great deal it will spoil your health, slow your mind, make you fat – in other words, turn you into an adult." unquote. So it's not the kids in the first place, it's the adults who seem to be getting it quite wrong. It's them who are overweight due to an unhealthy life-style; it's them who sit in front of the box, watching mindless soaps and drinking away all of their reason. Therefore, it is necessary that we question the role adults play when it comes to health education. Knowing that young people imitate their parents or other adults, we should perhaps think about in how far the latter set a negative example and what can be done about this.

Furthermore, O'Rourke points out that people adopt an unhealthy lifestyle at an early age. That means that we should definitely look at our present youth culture and discuss to what extent unhealthy lifestyles are being promoted by parents, peer groups and the media, like the tradition of drinking alcohol as the initiation into the adult world. *(251 words)*

Discussion

ANTON: Absolutely. I suppose I'm one of the typical examples of how you're being taught to start drinking at an early age. In my football team we started celebrating our victories by drinking beer when we were about fifteen. In fact, our coach bought us the first drinks. "Come on boys, you are real men now, so it's time to go for the real thing. Cheers."

CLAUDIA: Well, I suppose this is somewhat part of the football culture. But girls go and imitate the behaviour of adults as well. Although it might be the boys who lose control quicker.

BELINDA: That could be. But before we discuss this matter any further, I think we should try and set up a programme or schedule, of what could be done on this project day.

ANTON: Right. So perhaps we should have some workshop on youth culture and how young people literally learn from the adults to live unhealthily. For example, why do people drink although they know it doesn't do them much good?

CLAUDIA: Yes, in this respect we should also deal with the importance of peer group pressure. Why is it prestigious to drink? Why is drinking linked to a certain social recognition? Why is it such an important part of our culture?

BELINDA: Yeah, but we should not just concentrate on drinking. A healthy diet and a healthy lifestyle are equally important. Like eating the right food, getting enough exercise and enough rest.

ANTON: Enough rest? You mean people should chill out more?

BELINDA: Up to a certain extent, yes. Some people are either working too hard, or they are engaged in so many different activities in their free time that they forget to give their minds and bodies enough rest. I have heard that even young people nowadays are suffering from burnout syndrome. Look at some kids' schedules. Sports, violin lessons, extra tuition, drama society and so forth.

ANTON: And attending therapies. You are quite right. Well, Belinda, you really do have a point.

Many people are just doing too many things, they want everything and they want it now. A good example are some guys I know from the gym, you know, fitness fanatics who spend so much time weightlifting that they simply overtrain. They don't give their bodies enough rest, and as a result, instead of being refreshed and feeling fit, they feel stressed out and frustrated. The next step, and believe me more boys get hooked on this than you might think, would be to take performance-enhancing drugs in order to keep up with things.

CLAUDIA: But I don't think that overtraining, as you call it, is such a big issue among us students. Isn't it the other way round, that most people don't do enough sports?

ANTON: Well, what I wanted to say was that young people put demands on themselves they cannot possibly meet. So people's personal goals as regards physical fitness and their self-image should be included in our project. We should be talking about young people's expectations and aspirations.

BELINDA: Alright, I'm beginning to see what you mean.
So how do we get people motivated to join our project and turn up in greater numbers?

ANTON: First of all, we need to make the project sound interesting, you know, without coming across like teachers or social workers. I mean, we did have biology lessons on health, and everyone knows that carrots are healthier than fatty burgers and that drugs and smoking are not really any good for you. So we don't need that kind of stuff.

CLAUDIA: I agree. As Anton rightly said before, we should neither preach nor moralise. I think we should be informative as well as entertaining. Offer a fresh perspective.

BELINDA: Good idea. How about a day that provides action, entertainment and information? I could imagine inviting a psychologist or somebody from the advertising industries talking about beauty ideals, how they are created and to what purpose. Maybe it could be interesting to refer to the history of the human body, to show how beauty ideals have changed; how arbitrary, how relative, they are.
And how people fall victim to beauty ideals and expectations, and what they can do about it. I mean, people should learn to accept who they are and what they look like. I think this workshop could be interesting for girls, who are often quite insecure about their bodies.

CLAUDIA: Good idea, perhaps we could even invite an ex-model or somebody who has suffered from anorexia, somebody who can give our students some first-hand experience of what it is like to succumb to those weird beauty ideals. Or a doctor. Perhaps we could even involve some of our parents to join in as experts.

BELINDA: How about a cooking workshop in which students learn how to prepare some healthy and tasty food? There could in fact be a little competition, like in those TV shows, and in the end a student jury gives some kind of reward to those who produced the tastiest and the healthiest meal. They could actually run a little restaurant for the whole day. "Fit, healthy and yummy!", or something like that.

ANTON: Sounds great, and it would attract people, I'm sure.
Well, I would suggest a rather practical workshop for boys, too. They have their own problems, believe me. Many of them should do more sports because if they did, they would feel a lot better. Perhaps we could do a workshop on sportive activities for the "not so sporty", you know what I mean? New sports, sports that are fun to do and fairly easy to learn; and not quite so competitive. Or fitness training. Why not invite a professional fitness trainer or get some first-hand experience by going for a workout in a proper fitness studio? That would definitely be more appealing than doing press-ups in the gym during PE lessons, I should think. I know a school that does just that, and they are quite successful in attracting the otherwise inactive.

BELINDA: "Attracting" is the word. Maybe we could stage a play or do a workshop which leads up to a play. First you talk about the problems, e. g. bad eating habits, extreme dieting, lack of exercise, computer addiction, fitness madness, abuse of steroids and other performance enhancing drugs in sports as well as in everyday life. And then you write a little play about it.

CLAUDIA: So a group of students would be writing this play themselves and then perform it? I like the idea. The big advantage is that it would more or less automatically include what they are really interested in. Perhaps we could put it on as the final event – because I suppose most of the problems we will be dealing with in the workshops should be incorporated.

ANTON: If it is presented in a humorous, entertaining way as well as being informative, it could attract a big audience. And it would round off the whole day quite nicely.

BELINDA: Perhaps we could do it like a revue, a show with different scenes, and each workshop group contributes a part, with a host connecting the different scenes.

CLAUDIA: Great. That would involve everybody, at least as contributors to the script if not as actors. But it would require quite good coordination and time management.

ANTON: Yes, but I think it could be done. We just need to make sure that people know that they have to contribute a little scene and we should definitely set a time limit, depending on how many groups we have

BELINDA: So, we agree on practical workshops including reflections on a healthy life-style, involving sports, beauty ideals and a healthy diet, with a theatrical performance in the end. Doesn't sound too bad, does it? *(1297 words)*

Teil A: Text

A dark and shrewdly funny look at ambition and betrayal

How do you make a compelling film about the start-up of a website, even one as massively popular as Facebook? *The Social Network* shows us how it's done.

You begin with a highly coloured source like Ben Mezrich's controversial 2009 book *Accidental Billionaires: The Founding of Facebook, A Tale of Sex, Money, Genius and Betrayal.* Then you get Aaron Sorkin *(The West Wing)* to write the screen adaptation, replete with witty, high-speed dialogue that crackles like autumn leaves.

After that, put his script in the hands of flashy director David Fincher *(Fight Club, Se7en)*, who can give things like writing computer code and arguing intellectual property the suspense and urgency of a thriller. Finally, place at its centre a splendid dysfunctional-genius performance by Jesse Eisenberg and propel the action with a deliciously insistent score by Trent Reznor and Atticus Ross.

The end result is not only engrossing, but also shrewdly funny. Fincher and Sorkin have great fun exposing the immature undergrad heart beating beneath Facebook's multi- billion-dollar empire. Set among the Ivy League elite, it's a kind of *Gossip Girl* with geeks, and it exploits the irony that the world's biggest online social network was created by people who were socially inept.

Eisenberg stars as Harvard sophomore Mark Zuckerberg, a brilliant, ambitious but spectacularly tactless computer programming wizard who, in the first minutes of the film, is dumped by his understandably exasperated girlfriend (Rooney Mara). In a burst of misogynistic sexual frustration, he creates Facemash, the prototype of what would become Facebook. Hacking into the dormitory records of Harvard's houses, he filches photos of female students and juxtaposes them in pairs on his site, inviting users to decide which one is hotter.

Facemash is a campus sensation that gets Mark into trouble with the authorities but catches the attention of the patrician Winklevoss twins (Armie Hammer and Josh Pence). The duo, along with their dweeb sidekick, Divya Narendra (Max Minghella), have plans to launch an exclusive social network site for Harvard and they woo Mark to help them create it. The Jewish Mark, who is keenly aware of his lower caste status at WASP- infested Harvard, strings them along while independently building his own site with his pal Eduardo Saverin (Andrew Garfield), a Brazilian immigrant and fellow wunderkind/misfit.

Fincher flips back and forth between these heady early days and the subsequent lawsuits served against Mark by the Winklevosses and Saverin. The latter is the more painful of the two, and the film soon becomes a tale of betrayed friendship.

As Mark and his partners begin to expand Facebook's reach beyond Harvard, the business-savvy Eduardo starts canvassing for ads to support the site. But Mark, who finds the idea distasteful, instead falls under the spell of California golden boy Sean Parker (a perfectly cast Justin Timberlake), co-founder of Napster. Sean lures Mark and his team to sunny Palo Alto to join the Silicon Valley community, leaving Eduardo stuck in New York on an internship and out of the loop. It's the stuff of adolescent drama: a cool newcomer drives a wedge between two BFFs – only with world wide web domination hanging in the balance.

Fincher and Sorkin savour the absurdity, taking computer geekdom to mock-heroic levels, complete with its own bold rallying cry: “Refresh!” But under the comedy there lurks a quiet pathos in the figure of Eisenberg’s lonely character. […] His eccentricities –wearing a bathrobe to a business meeting or cargo shorts in the middle of winter – aren’t signs of lovable nerdiness, but of a flippant disregard for anything outside his own teeming brain.

[…] Eisenberg expertly conveys Mark’s sadness and sense of frustration with himself.

You can see why Zuckerberg is drawn to Garfield’s more handsome Eduardo, who has the insouciance of a budding Wall Street hotshot. But that also makes him a more desirable candidate for one of Harvard’s snooty clubs, a fact that secretly provokes Mark’s jealousy and leads to unresolved tensions between the two.

Timberlake lends his own charisma to the role of Parker, while Hammer and Pence make for amusing stereotypes as the blond, blueblood Winklevoss boys. A pair of over- privileged jocks, they’re more than ripe for comeuppance from a vengeful nerd like Mark Zuckerberg. (If you’re wondering how Pence and Hammer look identical, it’s because Fincher used the same digital manipulation employed in his last film, *The Curious Case of Benjamin Button,* to replace Pence’s face with Hammer’s.)

You could complain about the lack of strong female characters. Apart from Mara as Mark’s razor-sharp ex-girlfriend and a sympathetic but romantically uninterested lawyer played by Rashida Jones, the young women here are all groupies, bimbos or – in the case of Eduardo’s girlfriend, Christy (Brenda Song) – psychos. Then again, this is the world of frats and roomies and bromances, the male-fantasy land of beer commercials and MTV spring-break parties.

People have been skeptical about the idea of a full-on feature film about something as new as Facebock (witness the parody trailers for Twitter and YouTube flicks). But the very audacity of this movie is what makes it both funny and dead-on. There are certain pictures that come to define a particular period in time. I’m guessing that, years from now, we’ll look back on *The Social Network* as the film that captured the speed, chutzpah and sheer unbelievability of the first big internet sensations. *(897 words)*

Martin Morrow. “Review: The Social Network”. Canadian Broadcasting Centre News. 30 September 2010.
http://www.cbc.ca/news/arts/film/story/2010/09/30/social-network-review.html [downloaded 8 August 2011].

Annotations:

I. 28	WASP	acronym for White Anglo-Saxon Protestant
l. 40	BFFs	acronym for Best Friends Forever
l. 62	bromances	a close but non-sexual relationship between men; term coined by a skateboard magazine in the 1990s (from brother and romance)

A Text production

A1 Working with the text — 25 BE

Explain how Martin Morrow reaches the conclusion that *The Social Network* is a compelling film and assess whether he succeeds in writing an appealing review.

Write a coherent text.

A2 Composition 25 BE

Choose <u>one</u> of the following tasks.

2.1 Once a year your school shows films in English for students of grades 11 and 12.

Write a speech to be delivered as an introduction to the event praising film as a unique form of art.

2.2 Discuss the message of the cartoon.

http://www.cartoonstock.com/newscartoons/directory/y/yahoo.asp

Annotation:
Google bought Google Earth in 2004,
Google Street View was launched in 2007.

2.3 "The elevation of appearance over substance, of celebrity over character, of short-term gain over lasting achievement […] distracts you from what is truly important." *(Barack Obama, Arizona State Commencement Speech, 2009)*

Comment on this notion.

		Erreichbare BE-Anzahl (Summe A1 und A2):	
A1	Working with the text	Inhaltliche Reichhaltigkeit und Textstruktur:	10 BE
		Sprachliche Korrektheit:	10 BE
		Ausdrucksvermögen und Textfluss:	5 BE
A2	Composition	Inhaltliche Reichhaltigkeit und Textstruktur:	10 BE
		Sprachliche Korrektheit:	10 BE
		Ausdrucksvermögen und Textfluss:	5 BE
		Gesamt:	50 BE

Teil B: Translation/Mediation

Choose one of the following tasks (B1 or B2),

B1 Translation

Dicing with data

In the space of a week two of the best-known internet companies have found themselves in a pickle over privacy. Facebock faces criticism for making more information about its users available by default. Meanwhile Google has been castigated by a bevy of privacy regulators for inadvertently collecting data from unsecured Wi-Fi networks in people's homes as part of a project to capture images of streets around the world.

Although the two cases are distinct, they have revived fears that online privacy is being trampled underfoot as internet behemoths race to grab as much data as possible. And they have provoked calls for tougher action by regulators and governments to prevent web firms from abusing the mountains of personal data they now hold. Danah Boyd, a social-networking expert, has even argued that Facebook, with its hordes of members around the world, is now so embedded in people's lives that it should be regulated […]. *(155 words)*

"Dicing with data". The Economist. 20 May 2010. From the print edition. http://www.economist.com/node/16163396/print [downloaded 30 August 2011]. 20 BE

B2 Mediation

In your English class you are collecting material on the role technology plays in our lives.
Write a summary of the given text for your classmates that serves as a contribution to the topic.

„Bots sind wie Parasiten"

Der US-amerikanische Autor und Programmierer Daniel Suarez, 45, im Interview mit KulturSPIEGEL

KulturSPIEGEL: Herr Suarez, in Ihren Romanen „Daemon" und „Freedom™" erschaffen Sie eine Welt, in der kleine Computerprogramme, sogenannte Bots, uns kontrollieren und unser Schicksal bestimmen. Müssen wir Angst haben?

Daniel Suarez: Nun, was ich schreibe, ist natürlich reine Fiktion, aber diese Fiktion ist nicht so weit weg von der Realität. Die Menschen sollten besorgt sein. Denn schon heute sind wir von einer Armee von Bots umgeben, die unser Leben tiefgreifend beeinflussen.

Können Sie Beispiele nennen?

Nehmen Sie das, was kürzlich an der Wall Street passiert ist …

… am 6. Mai verlor der Dow Jones plötzlich fast tausend Punkte …

Zum Glück nur für kurze Zeit; aber das waren Bots, die miteinander gehandelt haben – ohne menschliche Kontrolle. Hunderte Milliarden Dollar verdampften in 20 Minuten. Dasselbe bei medizinischen Entscheidungen: Erst kürzlich wurde der Fall mehrerer Frauen bekannt, die hier in den USA ihre Krankenversicherung verloren, nur weil bei ihnen Brustkrebs diagnostiziert worden war. Es war kein Mensch, der diese Entscheidung traf, sondern ein Bot. Diese Programme können grauenhafte Dinge tun. Und niemand stellt das in Frage. Bots prüfen auch Ihre Bonität und entscheiden damit, ob Sie einen Kredit, eine Wohnung oder sogar, ob Sie ein Vorstellungsgespräch bekommen. Und solche Daten verschwinden nie wieder.

Woher kommen die Daten?

Sie werden ständig gesammelt. Denken Sie an Ihr Handy. Ihre Telefongesellschaft weiß zum Beispiel genau, wo Sie sind. Und nicht nur das: Forscher der Northeastern University in Boston haben kürzlich die Daten von 50 000 Handy-Nutzern analysiert. Nach einiger Zeit konnten sie mit 93-prozentiger Sicherheit voraussagen, was jeder Nutzer als Nächstes tun wird. Das lässt sich dann mit Kreditkarten-Käufen korrelieren oder mit den Aufnahmen von Überwachungskameras.

Wird die Datenflut bereits ausgewertet?

Ich wäre erschüttert, wenn es nicht so wäre – einerseits natürlich als Teil des Kampfs gegen den Terror; andererseits jedoch auch, um Sachen zu verkaufen. Bots sind sehr gut darin, riesige Mengen von Daten nach Mustern zu durchforsten. Dabei ist es egal, ob es darum geht, einem Geheimdienst bei der Suche nach Oppositionellen zu helfen oder den Leuten Eis genau in jenem Augenblick anzubieten, in dem sie unbedingt ein Eis wollen. Wer ausgefeilte Bot-Programme entwirft, kann eine Menge Geld verdienen. [...]

Aber hinter den Bots stehen doch immer noch Menschen, die sie programmieren und ihnen Aufträge geben.

Sicher, und ich glaube auch nicht an eine riesige Verschwörung. Es ist nicht so, dass da böse Leute in der Ecke sitzen und „ha, ha, ha, ha" machen. Die Programmierer sind alle ehrbare Menschen. Aber das Ganze kann leicht aus dem Ruder laufen. Es gibt Botnets mit zehn Millionen Maschinen. Wer kontrolliert sie? Sagen Sie mir, von wo aus Ihre Daten attackiert werden. Bots lassen sich nicht einfach ausschalten.

Man könnte den Stecker ziehen.

Wie wollen Sie beim Internet den Stecker ziehen? Das ist unmöglich. Rechenzentren haben längst Generatoren und sind nicht mehr auf das Stromnetz angewiesen. Wo sollte man außerdem ansetzen? Wenn Sie 20 Prozent des Internets abschalten, wäre es immer noch da. Wir erschaffen hier gerade etwas sehr Mächtiges, ohne die Folgen zu verstehen. Bots sind wie Parasiten. Sie entwickeln sich die ganze Zeit weiter. Wir könnten die Kontrolle verlieren.

Was sollten wir also tun?

Wir müssen die Kontrolle über unsere Daten zurückgewinnen. Der Schlüssel ist Transparenz. Wenn Sie wissen, woran Sie sind, können Sie entsprechend handeln.

Wie schützt sich ein Software-Spezialist wie Sie?

Ich habe keine Facebook-Seite. Ich twittere nicht. Ich biete nicht viel Angriffsfläche. Manchmal nehme ich sogar die Batterie aus meinem Handy, um nicht lokalisiert werden zu können. Eine sehr kleine Gruppe von Mächtigen entscheidet, was mit unseren Daten geschieht, und diese Leute nutzen Bots, um ihre Ziele umzusetzen. Das hat nichts mehr mit Demokratie zu tun. Es geht nur noch um Effizienz. Das ist das wirklich Beängstigende daran. Wir sollten diesen Weg nicht gehen. Andernfalls steuern wir in eine teuflische Zukunft. *(646 Wörter)*

Philip Bethge. „Bots sind wie Parasiten". Spiegel Online. 28. Juni 2010. http://www.spiegel.de/spiegel/kulturspiegel/d-71083990.html [downloaded 8 August 2011].

(Rechtschreibung und Zeichensetzung folgen der Vorlage.) 20 BE

Lösungsvorschlag

A Text production

A1 Working with the text

The key points are:

- *reasons why Morrow considers The Social Network a compelling film:*
- *good adaptation of a controversial book: exciting, entertaining and informative, brilliant cast, important issue (historical document)*
- *assessment whether the text is appealing to you:*
- *well written, colourful language (similes, metaphors, puns, portmanteau words, antithetical expressions …*
- *aimed primarily at young people (facebook users)*

In his review of "The Social Network" published on the website of a Canadian TV station in 2010, Martin Morrow celebrates the film as being well-made, exciting, highly entertaining and informative.

According to Morrow, the film is based on a fascinating ("highly coloured" l. 3) and controversial book which has been adapted very compellingly into a fast running and witty screenplay, with the director succeeding in giving the otherwise fairly dry issue of "writing computer code and arguing intellectual property the suspense and urgency of a thriller." (ll. 8/9), supported by excellent actors and a great soundtrack.

As regards the plot and the theme of "The Social Network", Morrow describes the film as multifaceted as well as entertaining and informative ("both funny and dead-on", l. 66) as it is highly successful in conveying the paradox that the greatest communication network the world has seen so far, has in fact been created by socially rather incompetent people.

He concludes his review by saying that "The Social Network" constitutes a contemporary document, shedding light on an important cultural and historical phenomenon.

To my mind, Morrow has (more or less) succeeded in writing an appealing review by structuring his text clearly and by using language in a creative and sophisticated way to attract the reader's attention and motivate him to watch "The Social Network."

To begin with, Morrow employs a heading aimed at arousing the reader's curiosity with the help of an antithesis ("dark and shrewdly funny") and together with the words "ambition and betrayal", which sound almost Shakespearian in tone, alluding to Macbeth, makes the heading sound truly "dramatic" in a literal sense.

Morrow then addresses the reader directly ("you") and answers the rhetorical question of how to make a compelling film by presenting his appraisal of "The Social Network" in form of a recipe, in which the source, the screen-play, the acting and the music are presented as ingredients of a most tasty dish ("deliciously insistent", l. 10).

Another striking feature of Morrow's review is the constant use of colourful language which adds spice and vividness to the text.

First, there is the mix of sophisticated, elevated language ("insouciance", "audacity", "misogynistic") and colloquial, even slangy expressions like "sidekick", "stuff", "bimbos" which make the text appear sophisticated and accessible, formal and personal at the same time.

Secondly, Morrow employs a number of stylistic devices such as the elaborate use of adjectives throughout the text ("flashy director", l. 7). In addition, there are compound adjectives of an antithetical nature which the author has created himself, like in "splendid dysfunctional-genius performance" (ll. 9/10) or "wunderkind/misfit" (l. 30). These telegram-style messages make the reader stop and think.

Another creative use of language are similes like "high-speed dialogue that crackles like autumn leaves" (l. 6), which is again of an antithetical nature as the reader (at least I do) associates the term "high speed" with the noise of a highway but thinks of a romantic, colourful Indian summer at the words "autumn leaves", an interesting combination (perhaps not too meaningful though, but sounding good) which puts the reader's mind in motion.

Altogether Morrow displays a wide variety of literary devices ranging from portmanteau words such as "bromances", acronyms ("BFF"), alliterations ("filches photos of female students" ll. 21/22), metaphors ("falls under the spell of California golden boy Sean Parker" l. 36), and puns like "WASP infested Harvard" (ll. 28/29) all adding to the literary quality of the text.

Morrow is also at pains to target his intended audience, the Facebook generation, by using student jargon like "frats and roomies" (l. 62) and the allusion to the TV series "Gossip Girl".

Strategically, and rhetorically, Morrow makes a clever move, when anticipating criticism of the film as regards the lack of strong female characters. By putting this problem into perspective in a rather self-mocking, ironic way when he describes the film as depicting "the male-fantasy land of beer commercials and MTV spring-break parties." (ll. 62/63), Morrow manages to defuse the argument to pave the way for the final paragraph praising the film as a "dead-on" movie.

In conclusion, I should think that the given text is a well-written and well-conceived review, although a bit lengthy, and in parts over the top when Morrow seems to use language more for the jokes or for displaying his linguistic virtuosity as a writer. Besides, the constant name-dropping made it hard for me to concentrate on the content, but then, this review was written for a specific readership and in this respect will have served its purpose. *(758 words)*

A2 Composition

2.1 *The key points are:*

- *write a speech: include rhetorical and stylistic devices typical of speeches*
- *target group: fellow students (aged 16–18), so your speech does need to be too formal*
- *affirmative text : "praise"*
- *context: presentation of English films at school*

Dear fellow students, dear film lovers and lovers of the English language,

Once again, we have come together to celebrate the most astonishing and mesmerizing art form on this planet: film. And to kill two birds with one stone, we will enjoy all the contributions in the original, which means in English. Oh my God, I hear you say, he's now talking about the benefits of watching films in the English original and how it improves your language competence and all the rest of it.

Well, folks, I won't. Instead, I will talk about film as a unique form of art, as something that easily constitutes the most fascinating medium you can enjoy.

But why should film be the greatest of all art forms? What distinguishes film from other genres? What makes film so successful, so impressive?

Well, here we go. First, there is the moving image. When the first films were shown more than a hundred years ago, people screamed in panic, ducking for cover when a train approached. They took the moving image for real, and – folks don't laugh at this – we still do today. Even if we know that all the action is made up, carefully planned and directed, as well as professionally executed by perfectly trained actors, stunt men and special effects artists, this world of make-believe and illusion still leaves extremely strong impressions on everyone of us. Even to this day, film displays a magic we can hardly elude, as film is able to create imaginary worlds so close to reality,

even if it shows things like giant starships or alien creatures which do not exist anywhere in the universe but in the film maker's mind.
Add the music, (have you ever come across a film without music? Very unlikely, although there might be some …), which in itself is a very powerful art form to trigger off our feelings, evoking passion, fear or aggression, tenderness or romance. Whatever emotion you can think of, music can generate it, play with it, and put you into an ecstatic frame of mind. Now combine this with the powerful images created by painters, sculptors and designers, shown on a huge, larger-than-life screen, aided by elaborated special effects and you have the one and only art form that can reach parts of your brain and heart other art forms cannot reach.
And let's not forget the power of the camera person – guiding our eyesight, and your hearing by choosing between angles, close-ups or wide-angle shots, thereby creating an almost perfect illusion. Then, as the result of the editing process, the cutter finally creates an assembly of powerful images, actions, sounds, speech and music fired at us in a well-composed rhythm, occupying our senses to a degree and intensity unrivalled by any other forms of art. This is what makes film so unique, the coming together of all arts in one, the total work of art.
Honestly, what could rival film? Opera perhaps, which I would call the fore-runner of film, a splendid century-old combination of drama, art, music and dancing, but then – opera is still limited to the stage. We see that all the props, the whole stage design, as impressive and aesthetically pleasing as it might be, just constitutes a cardboard reality – never ever capable of unleashing the power of the moving image, never succeeding in unfolding the magic of film.
Now follks, sit back, relax and make yourself comfortable to enjoy this unique form of art in form of our first film being shown tonight. *(589 words)*

2.2 *The key points are:*
- *refer to cartoon and its message*
- *discuss: pros and cons*
- *examples: Google Earth, Google Streetview and other internet applications*
- *conclusion*

The cartoon shows a humorous depiction of the growing intrusion of our privacy by internet search engines, namely Google. Even in our sleep, perhaps the most private moment, we are not safe, as cameras, linked to internet data bases all around the world record every step we take, even if it is only something as profane as the state of our tonsils.
Of course, the sheer content of the cartoon is exaggerated, verging on the absurd. Its message however is not. We all know how much our lives are influenced by modern information technology, with all its advantages and its dangers.
Going back to the cartoon, it is obvious that Google provides us with some useful and practical information. Finding out about places, as remote or far away as they may be, via Google Earth enhances our knowledge as we can obtain valuable impressions of the geographic make-up of our planet at the touch of a button. Furthermore, we can see for ourselves how cities grow, how the infrastructure of certain regions develops, how the rainforests disappear and much more. So Google Earth can be seen as a useful tool to enable more of us (i.e. everyone who has access to the Net) to inform themselves. In this respect Google Earth can be conceived as democratizing the flow of information in general.
Google Street View might be a different matter, though. Conceived as a tool for orientation (What is the area I might want to move to like?) people fear that it reveals too much of their privacy as their homes can easily be identified by billions of people all around the globe. Furthermore, people fear security risks, as potential burglars (or

even terrorists) might use Google Street View for their own dark purposes. That's why especially in Germany people have grown critical of Google Street View with some of them taking legal action to ensure that they have the right to have their homes made undistinguishable. Critics have also demanded that faces be blurred out if they accidentally appear on one of the panoramic photos taken by Google.
But then the data collected by Google Street View are only the tip of an iceberg of information gathered by internet companies and institutions worldwide. Be it data from unsecured WLAN systems inadvertently collected by Google when setting up Google Street View, or the deliberate drive for information on consumer habits which make private companies spy on us, we find it increasingly difficult to distinguish who we allow access to our private lives. The complex world of bits, bytes and bots have made it almost impossible to know what is being revealed about us, and to whom. As a result the risk of data abuse has been increasing ever since the proliferation of the Internet. It might be as real as identity theft in order to empty your bank account, or as threatening as a surveillance state gaining full control over you because it knows everything about you. In fact, we have come a lot closer to Orwell's dystopia of *1984,* as the combination of surveillance cameras and the electronic footprints we leave behind when using mobiles or the Internet could indeed create a "Big Brother" watching over you all the time, even while you're sleeping, as the cartoon shows.
On the other hand it would be wrong and misleading to demonize the Net. It is not a Leviathan, a giant political monster which it just out there to infringe our freedom and exert complete control on us. Apart from the useful services it has created (such as online shopping or banking) and together with an unprecedented wealth of information it provides, mostly free of charge, the Net can also be seen as having liberated mankind from ignorance. Knowledge is now available to almost anybody on the planet, no matter where they live. It has transformed our planet into what we now refer to as the global village, making communication faster and easier. The Net, together with modern technologies like smartphones, can bring people together, forming new communities . In this respect, internet platforms such as Facebook are actually said to have furthered the democratization process worldwide and helped fighting totalitarian regimes, e.g. in Egypt or Tunesia.
To conclude, I should think that the Internet, provides both freedom enhancing and freedom endangering elements. It is up to us to make choices, either by taking political action regulating and restricting companies as regards their practices of data collection, or by choosing carefully which personal data we want to make available on the Net for example on Facebook or when using our mobiles. As the Net could not (and should not) be switched off, nor be controlled completely, we have to learn how to live with it. *(796 words)*

2.3 *The key points are:*

- *Topics: appearance over substance, celebrity over character, short-term gain over lasting achievement*
- *Comment: can be critical or affirmative, neutral or personal*

When Obama says that people pay too much attention to superficiality like their outward appearance, celebrities or short-term gains, he only states the obvious. There is no alternative but to agree.
Of course we should regard substance more important than appearance. At least in theory I would put inner values, moral guide lines and character qualities such as tolerance, forgiveness, helpfulness and integrity over appearance as represented by a beautiful outfit, fashionable clothes or a trendy hairstyle. But sometimes it is not so easy to distinguish between "substance" and "appearance."

Fashion for instance has two faces. First, there is the desire in people to become themselves an object of desire, which means to look beautiful and attract people's attention for all sorts of reasons. To me, there is nothing wrong with that, and although fashion is a rather short-lived business, it represents respect for our bodies and our appearance in society and therefore stands for the substantial value of self-respect. However, when people start being obsessed with looking "cool" or trendy, when they can hardly think of anything else but their looks, then they have put appearance over substance and as a consequence fail to understand what is truly important. To my mind this applies when people undergo plastic surgery or give in to elaborated body ornaments such as large tattoos or piercings. There are body cults which are harmful, like young men taking steroids to pump up their muscles, or young girls going on crash diets, becoming anorexic just to obtain the perfect figure.
And this is when certain celebrities come into play. Assisted by hordes of personal trainers, photographed at the right moment and photoshopped thereafter, the media often present them as perfect role models. And people fall prey to this. Instead of looking behind the scenes and realizing that character, as defined by compassion, intelligence and achievement, can be found in anybody, also, and perhaps foremost, in ordinary people like you and me.
I'm sure that less hero-worship and more concentration on ourselves would be indeed very beneficial for our self-esteem. On the other hand, celebrities are often crucified, especially in the tabloid press. Then their private life is drawn into the public sphere, we become witnesses to the most private moments, preferably embarrassing failures, and we can conclude, with malicious joy, that celebrities are just as human and fragile as we are. But then we just indulge in sensationalism, in stories mostly made up or blown out of proportion by the media, focusing on the banal, on trivia that have nothing to do with our own lives, or any relevant social and political issues. It's even more problematic if people are celebrated who are proud of displaying negative character traits such as greed, sexism, violence or racism.
The third weakness in people Obama points out is the fact that we tend to put short-term gain over lasting achievement, which is just all too human. We spend more money than we can actually afford to just to buy the latest gadget, just to wake up to realty with the dept collector on our doorstep. It is a fact of life that more often than not people do not think of the long-term consequences of their actions.
Unfortunately this also happens on a much larger scale, when politicians ignore the experts' warnings but carry on, just to win the next election. This, by the way, includes Obama himself, who saw himself forced to make concessions in order to remain popular with the American electorate.
Considering the shortcomings of national politics in general, I hope that international organizations, working on a global scale and acting from a global perspective will eventually set the stage for a policy that really tackles the world's pressing problems by elevating lasting achievement over short-term gain once and for all. *(643 words)*

B Translation/Mediation

B1 Translation

Das Würfeln mit den Daten

Innerhalb von zwei Wochen fanden sich zwei der bekanntesten Internetfirmen in Bezug auf das Thema Privatsphäre in einer äußerst peinlichen Situation wieder.[1]
Facebook sieht sich der Kritik gegenüber, automatisch[2] mehr Informationen über seine Nutzer verfügbar gemacht zu haben.

Unterdessen ist Google von einer Schar Aufsichtsbehörden, die für die Wahrung der Privatsphäre verantwortlich sind, scharf angegriffen worden.
Der Grund war das versehentliche Sammeln von Daten aus ungesicherten Wi-Fi Netzwerken von Privathäusern als Teil eines Projektes, welches Bilder von Straßen auf der ganzen Welt festhält.
Obwohl beide Fälle verschieden sind, haben sie wieder Ängste aufleben lassen, dass die Privatsphäre im Netz (Online-Privatsphäre) mit Füßen getreten wird, da die Internet-Giganten[3] miteinander wetteifern[4], so viele Daten wie möglich in ihren Besitz zu bringen.
Und sie haben Rufe nach strengeren Maßnahmen seitens der Regulationsinstanzen und der Regierungen provoziert, Internetfirmen daran zu hindern, die Berge persönlicher Daten, die sie mittlerweile angehäuft haben, zu missbrauchen.
Danah Boyd, eine Expertin für soziale Netzwerke, hat sogar argumentiert, dass Facebook, mit seinen Unmengen von Mitgliedern weltweit, bereits so im Leben der Menschen verankert ist, dass es reguliert werden sollte.

Anmerkungen
1 Auch *in Bedrouille/ in der Klemme*
2 by default: hier (beim Computer) automatisch, standardmäßig
3 behemoth: biblisches Ungeheuer, steht nicht in allen gebräuchlichen Wörterbüchern, aber im Duden (als Fremdwort) und in einigen einsprachigen Wörterbüchern
4 Auch: *sich ein Rennen liefern*

B2 Mediation

The key points are:
- *Summary for your (German) English class , neutral tone, not too formal*
- *so-called "bots" as a danger to democracy, the individual and society*
- *how bots work (collect data from the Interne and make decisions affecting our lives)*
- *No world conspiracy, but data can be used to control and manipulate people,*
- *As full control of the Net is impossible, the individuals are advised to be careful about their personal data*

This is a summary of an interview with the American novelist and IT-expert Daniel Suarez which was published by *Spiegel Online*[1] in 2010 in which Suarez expresses his concerns about so-called "bots" – small computer programmes that can interact with each other – on our personal freedom.
Suarez claims that bots collect data from the Internet and can even make decisions affecting people's lives, e. g. whether they qualify for a bank loan or a job interview. Suarez considers this development a serious threat not only to our personal freedom but to our democracy and society at large,
The data these bots collect come from our mobile phones, credit cards or from surveillance cameras and Surarez is sure this data is not only being used by the police but also by private companies or powerful individuals in order to manipulate us.
Although Suarez does not believe in a world conspiracy of people using bots deliberately to establish a dictatorship, he is afraid that it might be increasingly difficult to control who is using them and to what purpose.
Asked what we could do in order to curb this harmful development he said that we will not be able to control this technology fully, as we can hardly switch off the Internet, but should be ever more careful about submitting our personal data to the Net. *(221 words)*

Anmerkung
1 Der Leser ("your English class") müsste den *Spiegel* (als "serious German news magazine") kennen.

Abiturprüfung Sachsen – Englisch Leistungskurs
Praktischer Prüfungsteil 2012 – Thema 1

Prüfungsteilnehmer A

Topic: Being happy

In some federal states in Germany the subject "Happiness" is being taught at schools.

Comment on the quotation.

Happiness is nothing more than health and a poor memory.

(Albert Schweitzer, philosopher and medical missionary, 1875–1965)

Together with your partner discuss what it means to be happy.
Try to agree on the question whether the subject "Happiness" should be compulsory.

Prüfungsteilnehmer B

Topic: Being happy

In some federal states in Germany the subject "Happiness" is being taught at schools.

Comment on the quotation.

When I was young, I used to think that wealth and power would bring me happiness.
I was right.

(Gahan Wilson, author and cartoonist, born 1930)

Together with your partner discuss what it means to be happy.
Try to agree on the question whether the subject "Happiness" should be compulsory.

Lösungsvorschläge

Partner A: Lisa

We are asked to discuss what it means to be happy, and whether the subject "happiness" should become a compulsory subject at school. Interestingly enough, it has already been incorporated into the curriculum of some German states.

But let me start off our discussion with a statement by Albert Schweitzer, who once said or wrote (quote): "Happiness is nothing more than health and a poor memory." (unquote)

You see, I quite like this. Well, even if it is probably somewhat meant tongue- in- cheek, I think it contains more than just a grain of truth.

To me, health is indeed an important, if not the most important, prerequisite to happiness. Perhaps it is not happiness itself, but being unhealthy or even seriously ill means a serious infringement on your personal freedom because it really limits your range of motion and the scope of what you can do. Or, and I think that's quite a worst case scenario, you constantly suffer from pain and that really makes your life miserable. On the other hand it must be said that there are very ill, or physically and/or mentally impaired people who seem to be a lot happier than their healthy counterparts.

Well, and young people like us just take good health for granted. I suppose you need to get older to really appreciate good health.

Now, the question is: What does Schweitzer mean by "poor memory"? I suppose he does not mean becoming senile or suffering from Alzheimer's disease and forgetting everything. I think that you could translate the term "poor memory" with "the ability to cope with unpleasant experiences". This is indeed the important ability to stop thinking – not necessarily forgetting – about the hurtful moments in our lives. It's self-protection, self-preservation. Especially if people have suffered from severe traumata. I'm sure that, even if you cannot completely forget these terrible events, trying to put them out of your mind helps. Because then you stop being preoccupied with these experiences, they stop clogging up your brain. As simple, or perhaps even simplistic, as it sounds, I suppose there is a lot of truth in it and I'm a hundred percent sure that happiness starts right there, in your mind. If you look at things positively, you feel good. And bad thoughts make you feel bad and unhappy. As we know from depressed people, bad thoughts and memories can make you seriously ill.

But anyway, there is more to happiness than good health and thinking positive. What have you got, Gerion? *(419 words)*

Partner B: Gerion

You are quite right there, Lisa. You see, my quote is also quite humorous. Gahan Wilson, an author and cartoonist born in 1930, once said: (quote) "When I was young, I used to think that wealth and power would bring me happiness." (unquote) Now, you would expect him, or at least I expected him to continue with something like "But of course I was wrong. The key to really happiness is..." Well, but you are mistaken. Wilson actually ends by saying. (quote)"I was right." (unquote)

I really like the way he plays with the listeners' expectations. And I like it, because it is just plain honest. I mean, it's a commonplace to say that true happiness is not really based on material gain, but at the end of the day, we all know that money makes the world go round. Let's put it like this. Wealth is not everything, but it helps. And it helps a lot. Just imagine being really poor, growing up in a slum, being forced to do drugs or prostitute yourself, or work yourself to the bone in a sweatshop. Now, there is nothing romantic or positive about being poor, on the contrary.

So having enough money in your pockets is, like health, a vital prerequisite for happiness, but, here I do agree with you, Lisa, there is more to happiness than just wealth.

Perhaps more important than wealth, although it is often linked to it, is power. Power does definitely make people happy, otherwise there would not be so many people striving for it. It is not for nothing that successful (which means rich and powerful) men enjoy the company of young attractive women. Success makes sexy. And it constitutes a powerful aphrodisiac, not just sexually, I suppose, but it also seems to improve people's overall vitality. Success gives you a lot of positive energy based on self-confidence which in return makes you look at the world and yourself a lot more optimistically. *(329 words)*

Discussion

LISA: I agree, the striving for power is indeed a very powerful drive. No wonder, some people walk over dead bodies to get it, but does it really make them happy? I suppose throughout history there have been numerous people in power suffering from depression, or have just not been very happy at all. Just think of the dictators or gangsters who have to live in permanent fear of being assassinated or brought to justice.

GERION: Ok, it's not that easy. As you said before, there is no simple formula to define happiness. I'm sure it takes a whole lot of elements to make somebody happy. Like good friends for example, the fact that you are part of a well-meaning and supportive community.

LISA: Like your family. Really, I mean, what comes first? The first thing you encounter is your mom and dad, then the rest of your family. They can do you so much good, hold you, protect you, give you all the love you need in order to be happy.

GERION: Or they give you hell and destroy your life before it has even begun. But you are right; the family does constitute the first important stepping stone in your life. Other important institutions are kindergarten or school, and later on your workplace. where you interact with people who can either support you, or make your life miserable. But then, despite all these external factors, I suppose the individual is, to a great extent, responsible for the development of his own happiness. As you said, it starts in the mind. If you think positive, you will feel happy.

LISA: Right. Perhaps we should consider other factors which can make people feel happy. Often, it's little things, like listening to some good music, or performing music yourself. Or looking at wonderful pieces of art, or creating some yourself.

GERION: Absolutely. The ability to enjoy art in all its beauty is something that can relieve your mind and distract you from your sorrows. Like the blues, or watching a good play, or film. Comedy for instance, makes you laugh – and I should think that laughter, especially humour, is a vital part of happiness, so is catharsis, when at the end of Macbeth, or any other drama the world is put right again. All this does have a cleansing, a soothing effect on our minds and creates happiness in us.

LISA: That's a good point. Culture makes people happy, well, it makes us human, doesn't it? And you know what, when we did the theatre project in grade nine, you remember, writing our own script, our own music and so forth, and then performing it in front of a cheering crowd. I really did feel very happy, because I was part of a creative process.

GERION: Indeed. Being creative, and successful at that, must be a wonderful experience. I just wonder if artists, actors or musicians are coming close to perfect happiness.

LISA: I'm not too sure. I suppose fame has its price. You can't go shopping or anything like that, because the media, or your fans are there all the time. And if you look at how many superstars are suffering from depression, or drug addiction or died an early death, then I don't think that fame is necessarily a key to happiness.
Coming back to creativity, I suppose "happiness" boils down to having a fulfilled life, with things to do you really enjoy, a life where you have the opportunity to "go and create", as an advert once said.

GERION: I see, perhaps you don't need to be a genius artist then. I suppose you can find fulfillment in your job, because there, you can get things done. Or you can pursue a hobby to put your creativity into practice.

LISA: Yeah, that's the fascinating thing about happiness. It's up to the individual, because, as I said before, it happens in your mind, and it is up to you, how you live your life, how much you allow yourself to be happy. And of course, you must see there are always downfalls in everybody's life. Even if you're rich and powerful.

GERION: I suppose that's true. You just have to learn to take the rough with the smooth, as the saying goes.

LISA: True, well, as time is running, we should now discuss if happiness should become a subject taught at school all over Germany.

GERION: Spontaneously I would say yes, it should. Because happiness is such an important factor, not only for the individual, but also for our economy and for society at large. Just look at our culture of consumerism with the influence of the advertising industry, the film industry, the car industry just to name a few. They all claim to make us happy, in their own sweet way that is.

LISA: I agree. Happiness, as it is being treated in our society, is very important, also from a political point of view. Just remember, "the pursuit of happiness" is, as we all know from our English lessons, a vital part of the American dream, deeply rooted in the American constitution, so there is a political dimension to it as people's happiness relies on liberty and tolerance, specifically the absence of religious or political persecution and any form of discrimination. Now, practically speaking, the question is, how many lessons should be given to the subject of happiness, in which year or years should it be taught and who should teach it.

GERION: Good questions. I think happiness could be dealt with in religious and social studies, in history, in English, but also in biology and chemistry.

LISA: You mean looking at the effects of drugs and the function of chemicals on our frame of mind. That could be fascinating stuff indeed. I have just read recently that they treat depressed people with new medical drugs, and quite successfully, too, at least in some cases.

GERION: That issue alone could spark off a really good discussion. Do we have the right to make people happy, by meddling with their bodies? Or their brains? Can happiness be learned? Is it genetically determined? How much does nutrition contribute to happiness? Are we what we eat?

LISA: Some very interesting questions, indeed. It shows that the topic of happiness really needs a rather multi-disciplinary, cross-curricular approach, with perhaps several teachers working together.

GERION: There we are then; the topic should be incorporated into our lessons, as a cross-curricular project. But there is definitely no time for an extra subject, unless at the expense of another one. Well, Lisa you know that our timetable is full, and demands are high, so there is not really any space left for an extra subject. Unless you treat it as an optional subject.

LISA: I can't agree more. Perhaps we should look at the German states, how they have included happiness in their curriculum. Otherwise I would agree with you that we should integrate the topic of happiness into all the aforementioned curricula – as part of our cross-curricular teaching.

GERION: Agreed. And we should start early. Why not at elementary school and then proceed up to our final year.

LISA: Perfect. It's such a relevant and complex topic that it should be dealt with at all age levels.

(1214 words)

Prüfungsteilnehmer A

Topic: Characteristics of our times

At your school a cross-curricular project is being prepared that will include English and Social Studies. The topic is “Characteristics of our times” and you have been asked to give a presentation.

Comment on the cartoon.

“For the last time- will you please remove the parental lock!”

http://www.cartoonstock.com/cartoonview.asp?search=site&catref=lhan103&MA_Category=&ANDkeyword=parental+lock&ORkeyword=&TITLEkeyword=&NEGATIVEkeyword=

Together with your partner(s) discuss how you would define the times in which you live. Agree on what to include in your presentation and how to make it appealing.

Prüfungsteilnehmer B

Topic: Characteristics of our times

At your school a cross-curricular project is being prepared that will include English and Social Studies. The topic is "Characteristics of our times" and you have been asked to give a presentation.

Comment on the cartoon.

http://www.cartoonmovement.com/cartoon/924

Together with your partner(s) discuss how you would define the times in which you live. Agree on what to include in your presentation and how to make it appealing.

Prüfungsteilnehmer C

Topic: Characteristics of our times

At your school a cross-curricular project is being prepared that will include English and Social Studies. The topic is "Characteristics of our times" and you have been asked to give a presentation.

Comment on the cartoon.

http://www.toonpool.com/user/4484/files/trademark_and_womens_511245.jpg

Together with your partner(s) discuss how you would define the times in which you live. Agree on what to include in your presentation and how to make it appealing.

Lösungsvorschläge

Partner A: Ben

To start off our discussion on what characterizes our times, I was given a cartoon which depicts a situation all too familiar. We see a helpless parent who desperately asks his son, a child of about eight, to remove the parental lock from his computer. Either the father has installed it himself, and forgotten how to remove it, or the son has installed it in order to secure control of the computer. Be that as it may, the cartoon shows that even kids are nowadays outclassing their parents when it comes to modern information technology.

Well, there we are. This takes us right to the perhaps most striking characteristic of our times, the importance of media competence, and the generation gap that goes along with it. Just take my grandparents. They don't even possess a computer. My parents are somewhat more advanced. They use theirs as a typewriter and for emails. OK, they also consult the Internet for information, and last year they actually booked our holiday online. But compared to us, they are a bit like the parent in the cartoon, fairly ignorant of what else is out there. To my parents, Facebook is a mystery, unknown territory, dangerous, threatening and incomprehensible. My parents hardly know what an app is, and how and where you can download it, and what it is good for. They say "What do you need a smartphone for? Why can't you have an ordinary mobile, just for making phone calls?"

Now, just to get this right, I don't think my parents are stupid or anything, but our generation thinks differently about information technology and the development is so fast that older people are just left behind.

To put it in a nutshell, the digital revolution, together with the growing importance of the electronic media and the extent to which they are permeating our daily lives, is perhaps the most striking characteristic of our times. *(319 words)*

Partner B: Saskia

I would agree with that, although there are other issues that are equally important, for instance environmental protection or the use of our natural resources. You see, I was given a cartoon that depicts our throwaway society. There are two pictures. In the first you can see a private home and a repair shop with the home owner handing over an iron for repair. The second picture shows the same home, with lots of technical appliances being thrown out of the window and the repair shop having closed for good. I quite like the cartoon because it shows how little we care about our resources. When in the old days, things could be repaired, today they tell you that it needs to be replaced by a new device. No wonder our scrap yards are getting bigger and bigger. However, I suppose there is a new way of thinking about this, as our planet's natural resources become scarcer. This is shown by the growing importance of recycling, but really we are still miles away from a responsible, sustainable management of our resources. And this issue is important, even vital, because it is closely linked to the energy problem which affects us all. Everyone knows we are running out of oil, and what was, at least by some people, conceived as a "clean" alternative has been greatly discredited since the catastrophe of Fukushima. Now Germany is trying to find alternatives to nuclear energy, relying more on renewable forms of energy. But contrary to that, our neighbours, France and Poland (the latter is actually thinking of putting up their first nuclear plant) are still holding on to it. And so do many other countries.

Furthermore western industries find it hard to secure the supply of rare earth metals which are used in modern technological devices such as computers, or mobile phones, including your smartphone, Ben. This is why the cartoon depicts the madness of our society when it comes to using our resources meaningfully. Instead of using stuff again, you know, recycle it, we still throw tons of valuable materials away. *(352 words)*

Partner C: Klara

Well, we do live in a material world, don't we? The problem depicted in my cartoon is the impact of consumerism on our thinking. You can see a lady on a psychologist's couch. However, she apparently fails to communicate her problems, as her speech bubble is filled with the brand tags of fashion designers and textiles instead of meaningful language. So all she seems to be occupied with, or driven by, is fashion. This is highlighted by the fact that all her clothes have labels attached to them, which makes the woman herself resemble a shop window dummy rather than a human being. The self-indulgent smile on her face seems to suggest that she is quite content with what she is, a lifeless and somehow meaningless product of fashion and consumerism who has lost her human voice.

Indeed, in our society there are so many people obsessed with looking good and with buying the right things, either clothes or the latest electronic gadget, which after a short time land on the rubbish tip, like in Saskia's cartoon. I mean, philosophically speaking, our society is characterized by the predominance of consumer goods over substance, with social commitment or other pressing moral and political issues just fading into the background. Let's face it, we, as citizens of the richest societies the world has ever seen, do we actually care about what happens elsewhere? Many of us are just preoccupied with ourselves, buying things we don't really need. *(244 words)*

Discussion

SASKIA: That's true. There are so many things you can buy, so many shops, so much ever more subtle advertising, and series like "Germany's Next Top Model", which suggest that looking good is the top priority when it comes to leading a happy life. And because of that you lose interest in more important things, like saving the environment.

BEN: I suppose that's true in a way, but you should not forget that many people do care. I mean in Germany, we have started to recycle electronic junk, and other valuable materials, for example copper cables and so forth. And many people have joined in and support recycling

KLARA: That's right, at least in Germany we are taking some steps in the right direction, but it's not enough, and we are running out of time. Just look at other areas where we squander the planet's resources, take fishing for instance. It's unbelievable that modern trawlers from Europe are now exploiting the fishing grounds of West Africa, after having annihilated most of the European fish population. In fact, some scientists warn that due to the extermination of certain fishes, e.g. tuna or sharks, the seas will soon be taken over by jellyfish. Yummy. And this of course would put a serious threat to world sustenance, endangering the eco-systems of our oceans.

BEN: I see your point, food and energy are problems. But I don't see it quite as problematic as you do. I mean there are lots of solutions to the problems you have mentioned. First of all there are people working on solutions to the energy problem by developing alternative energies. Solar power, for instance has come quite a long way and the car industries are working, quite successfully, on electric, environmentally friendly cars. And even when it comes to nature, environmental awareness has risen considerably and steps are being taken to alleviate the problems. There are now regulations as regards deep sea fishing and efforts are being made to create something like sustainable fishing practices in order to protect aquatic life throughout the world. It is even advertised on the labels of the fish you buy in shops. And efforts are being made to breed fish, like salmon, or tuna, so it can be harvested without endangering the fish population

KLARA: You are very optimistic, aren't you? You seem to believe that there is a solution to every problem

BEN: Right, I think there actually is. And this is what characterizes our times most, the advances in science. Never, at any given period in time, has mankind been so powerful, so much the master of their own destiny

SASKIA: Well, that's a very interesting proposition. OK, there are some efforts being taken to tackle (I wouldn't say solve) the aforementioned problems, but then, in spite of all the wonderful technologies at our disposal, the most basic need of human existence cannot be satisfied, as starvation is increasing, not decreasing. We have the Internet and are developing the most sophisticated technologies, but still people are starving to death, while developed countries do not only throw away their junk but also millions of tons of food, every day. That's the grim reality, and in that respect, the cartoon I was given is pretty harmless. There is a lot more at stake than just some repairmen's jobs.

KLARA: Absolutely. If we agree that technological progress characterizes our times, we should also include the gross injustice when it comes to the distribution of food and wealth – with all the political, ecological and economic problems that go with it.

BEN: Ok, you've got a point there, Saskia. There is indeed a huge contrast between our technological possibilities and our inability to provide even the most basic needs to a large part of the world's population

KLARA: Right. Contradiction and contrast should then be the keywords for our presentation. Just look at the west, there is (still) a climate of unprecedented liberalism. People are trying out new forms of living together, in communes, or patchwork families. And not only has overt discrimination of homosexuals diminished, there are even many countries now allowing homosexual marriages. What I want to say is that in western societies, people enjoy a great degree of personal freedom, never before seen in human history. But then, on the other hand, there are big areas elsewhere ridden by the political unrest, I mean civil wars, terrorism

BEN: And we shouldn't forget the dangers to our freedom posed by modern technologies, even in our western democracies. I just say "Big Brother is watching you" – which means that companies, all sorts of organizations and governments can follow people's electronic footprints. And they can spy on us by the most sophisticated means, without us knowing. And that's the dark side of modern technology.

SASKIA: That's a very important point, Ben. It should definitely be incorporated into our project, showing the contrast between modern information technology as liberating on the one hand, and seriously threatening our freedom on the other hand

KLARA: And we should not forget the great number of unsolved social problems like widespread unemployment, child labour, or even worse, child soldiers. You are right Saskia, there is a huge prosperity gap between the wealthy western nations and the poor rest. And like the lady in my cartoon, many of us are not even aware of that, because we are completely absorbed in fashion or going shopping. Many of us don't think "How can I make this world a better place?" But "What shall I buy next?"

SASKIA: Now Klara you are perhaps a bit too pessimistic here. I think a lot of people do care. They buy fair trade products for instance. And don't you think there are positive developments worldwide? Take countries that used to be fairly poor but which are now making good progress, for instance China or Brazil.

BEN: That's true, but whereas some countries have taken great leaps forward, others have fallen behind even more, like many countries in Africa, which are torn by civil wars or have even become what we call "failed states", like Somalia.

KLARA: Ok then, we agree. We should use the concept of contrast to present our findings to the class. I suggest we produce a great wall chart, with pictures, captions and short texts to capture our classmates' attention

BEN: Good idea, we could do it like a gallery walk, distribute different posters on the key issues in different places, so people do not get overwhelmed by the material, and have time to reflect on it while walking from poster to poster

SASKIA: I agree, there is so much to say, so many facts we could put forward, we must definitely limit ourselves to some basic ideas and concepts. I think we should aim at making people think, more than trying to provide them with lots of information

BEN: Good point, let's concentrate on three items then. Number one: "Information technology and its impact on society", focusing on the generation gap and the extent it is permeating modern life. And how it can be beneficial and dangerous to our freedom at the same time.

KLARA: Number two: Man and Nature, the contrast between technological possibilities and our present failure to preserve our planet. A suitable heading could be: "Killing off our Planet: Consumerism and the throwaway society."

BEN: But don't forget some of the efforts which have been made already. You know, I think we should not get too negative, or too pessimistic. All the moaning and groaning about environmental destruction and global warming, it's just not motivating.

SASKIA: OK, but then we don't need to look at the problem through rose-tinted glasses either. We should definitely point out the contrast between technological feasibility and reality. But of course we could give it a slightly hopeful and optimistic outlook by pointing out what we can actually do, like Obama said: "Yes, we can."

KLARA: Right, and last but not least, we should deal with the global prosperity gap. A title for a display could be: "Eat the rich? Eat the poor! Consumerism, hunger and poverty in the 21st century." We could try and show that it is partly due to our irresponsible behaviour that the fight against poverty hasn't been won, well, what do I say, hasn't even really started yet.

BEN: I like the heading, but we should be careful not to sound too biased or simplistic, as there are no easy solutions to any of those problems. These are all very complex issues, and if we want to make our classmates think, then we should refrain from offering easy solutions or blaming just one part of the world for everything.

KLARA: Ok, but then I think a bit of a provocation doesn't hurt either. *(1466 words)*

Teil A: Text 1

We need an Academy of English to save our beautiful language

The attempt by the Queen's English Society to create an Academy of English, on the model of the Académie Française, is both welcome and long overdue. Authoritative bodies exist to maintain the purity of the French, Spanish and Italian languages, but English has been left to fend for itself at a time when it is under unprecedented attack.

Globalisation has meant that the predominance of English in computerised societies is making it more vulnerable to abuse than any other tongue. The advent of texting has had a disastrous effect on literacy and the mass media are complicit in bastardisation of language. Then there is the omnipresent, nightmarish gibberish of management jargon. The worst problem, however, is the collapse of literacy within our education system – the forum that should have been the sturdiest bastion of correct practice.

Instead, laissez-faire attitudes towards spelling, grammar and syntax, encouraged by trendy educationalists, have created a situation in which illiterate pupils have now been joined by a generation of largely illiterate teachers. The "inclusive" mania to embrace the lowest common denominator has left the language of Shakespeare fighting for survival. The universal misuse of apostrophes recently provoked the writing of a best-selling book; its success suggests there is still a desire among the bulk of the population to understand and employ correct usage, but abuses are proliferating.

The inarticulacy of young people's speech is not something that will necessarily correct itself with maturity, as optimists rashly assume: where there is no understanding of the basic structures of our language, self-improvement can only be a hit-or-miss effort. […]

Aggravating the current crisis is state-sponsored illiteracy, with central and local government promoting politically correct Newspeak, such as "chair" for chairman, and innumerable hideous neologisms such as "spokesperson", which are additionally offensive in patronisingly attributing infantile insecurity to women. We live in an age of aggressive Philistinism. Modern "art" is a sick joke, imposed on the public in the absence of courageous opponents denouncing the Emperor's new clothes; it is no coincidence that its iconic artefact was a urinal exhibited in 1917, as the old world that had produced so many glories of true art was dissolving.

In this climate of anti-aestheticism it is unsurprising that even an attempt to preserve the beauty and coherence of the English language should meet with opposition by those who claim that it needs to "evolve" unimpeded. There is nothing wrong with a language evolving – English has always done so; but what is happening now is not evolution but nihilism. It must be resisted and the Queen's English Society is to be congratulated on its initiative. All champions of literacy will wish the society success in establishing a much-needed Academy of English. *(459 words)*

Gerald Warner. "We need an Academy of English to save our beautiful language". The Telegraph. 8 June 2010. http://blogs.telegraph.co.uk/news/geraldwarner/100042575/we-need-an-academy-of-english-to-save-our-beautiful-language/ [downloaded 8 August 2010]

Teil A: Text 2

Why proper English rules OK

"To be born an Englishman," Cecil Rhodes supposedly said, "is to win first prize in the lottery of life." But the old imperialist was wrong. What he should have said was, "To be born an English-speaker …" The global rise of bad English is helping us native speakers rise.

I first realized our advantage at a conference last year. The speakers came from across northern Europe, but they all gave their talks in English – or a sort of English. Germans, Belgians and French people would stand up and, in monotones and distracting accents, read out speeches that sounded as if they'd been turned into English by computers. Sometimes the organisers begged them to speak their own languages, but they refused. Meanwhile the conference interpreters sat idle in their booths.

Each new speaker lost the audience within a minute. Yet whenever a native English-speaker opened his mouth, the audience listened. The native speakers sounded conversational, and could make jokes, add nuance. They weren't more intelligent than the foreigners, but they sounded it, and so they were heard. Here, in microcosm, was a nascent international hierarchy: native English-speakers rule.

English has been invading international settings since at least 1919, when the Treaty of Versailles was written in English as well as French. Later leg-ups for the language include the rise of American multinationals, the fall of the Berlin Wall, the coming of the internet and the opening of China, says Nigel White, head of international training and development at the Canning communications company.

Today about one in four humans speaks at least some English, according to the British Council. Many more want to learn it. Robert McCrum, co-author of *The Story of English*, hails "the apparent realisation of one of mankind's oldest dreams – the end of Babel".

Of course most of these new speakers don't speak proper English. They speak "Globish" – a simple, dull, idiom-free version of English with a small vocabulary. Most Europeans at my conference, for instance, spoke Globish. Speakers of Globish often struggle to understand native English. They are confused by idioms, half-sentences, references to ancient TV programmes, or simply the British habit of not saying what you mean. […]

Because English-Globish misunderstandings are common, experts often warn that native English-speakers will suffer in this new world. However, native speakers simply need to learn Globish. White says a half-day course can teach native speakers to speak slowly, without irony, and to bin confusing verbs like "to put up with". […] *(414 words)*

Simon Kuper. "Why proper English rules OK". FT.com. (Financial Times). 8 Oct. 2010. http://www.ft.com/cms/s/2/3ac0810e-d0f0-11df-a426-00144feabdc0.html#axzz1UQPI3aNu [downloaded 8 August 2011]

Annotations:

l. 22:	Newspeak:	a fictional language in George Orwell's novel "1984"; a term used to refer to a deliberately impoverished language prompted by the state
l. 25:	Philistinism:	the state of being hostile or indifferent to culture or the arts
headline:	to rule OK:	*(coll.)* to be the best

A Text production

A1 Working with the text — 25 BE

Analyse the two texts comparing what the authors say about the state of English and how they present their topic.

Write a coherent text.

A2 Composition — 25 BE

Choose one of the following tasks.

2.1 Comment on the message of the picture.

Funtoosh.com

2.2 In his article Simon Kuper focuses on non-native speakers' use of English.

Write a letter to the editor of the *Financial Times* defending the concept of English as a lingua franca.

2.3 An international magazine calls for readers to send in articles or fictional prose on the topic "We live in an age of …".

Write your text.

		Erreichbare BE-Anzahl (Summe A1 und A2):	
A1	Working with the text	Inhaltliche Reichhaltigkeit und Textstruktur:	10 BE
		Sprachliche Korrektheit:	10 BE
		Ausdrucksvermögen und Textfluss:	5 BE
A2	Composition	Inhaltliche Reichhaltigkeit und Textstruktur:	10 BE
		Sprachliche Korrektheit:	10 BE
		Ausdrucksvermögen und Textfluss:	5 BE
		Gesamt:	50 BE

Teil B: Translation/Mediation
Choose one of the following tasks (B1 or B2).

B1 Translation

Stanley Wells: "Shakespeare, Sex and Love" (extract from a review)

If there is any one aspect of Shakespeare's work that singles him out from every other great writer, it is the astounding comprehensiveness of his treatment of love and sex. Not only do those great themes figure prominently in virtually every play he wrote, he explores, with detailed vividness, a range of sexual […] experience that leaves Masters and Johnson looking pretty skimpy. From the most exalted Petrarchan effusions to the basest bodily function, he covers the waterfront. […]

Wells's concise and elegantly written book subtly and systematically illuminates Shakespeare's acknowledgment of the glory and the horror of what it is to be fully human, the unceasing contradictions, the inescapably oxymoronic nature of our life, especially in this area of sex and love. It is his supremacy in this territory which makes him so much the greatest of writers, effortlessly eclipsing his closest rival for the crown, Charles Dickens.

Simon Callow. "Shakespeare, Sex & Love by Stanley Wells". The Guardian. 24 April 2010. *(157 words)*

20 BE

Annotations:

ll. 4/5:	Masters and Johnson:	research team that pioneered research into the nature of human sexual behaviour between the 1950s and 1990s
l. 5:	Petrarchan:	in the style of the Italian poet Petrarch (1304–1374)
l. 9:	oxymoronic:	an oxymoron is a phrase that combines two words that seem to be the opposite of each other

B2 Mediation

While dealing with Shakespeare in your course the following article on *Romeo and Juliet* has caught your attention. Sum up for your classmates what it says about the original work and its translations.

Love-Story mit Widerhaken: Vom Gefloskel, Geferkel und Gewitzel in *Romeo und Julia*

Romeo und Julia ist ein Mythos. Jeder kennt ihn. Auch der, der das Stück nie gelesen oder gesehen hat.

Um so genauer Bescheid weiß natürlich derjenige, der dem Stück tatsächlich schon einmal in Schlegels Übersetzung begegnet ist. Romeo und Julia, die lyrische Liebestragödie: eine idealische, hehre, reine Herzensliebe geht an den Widerständen der Welt so tragisch wie poetisch zugrunde. In hohem Ton und edler Bühnendiktion. Die Schlegelsche Übersetzung – in sich eine große, sprachschöpferische Leistung der deutschen Literatur – hat diesen getragen-lyrischen Ton geprägt und ihn im kollektiven kulturellen Unterbewußtsein so fest eingemeißelt, als wär's die Grabinschrift auf Julias Marmorsarg. (Daß Julia aber zum Beispiel in einem Monolog ausführlich und handfest davon spricht, wie leidenschaftlich gern sie jetzt gleich mit Romeo ins Bett gehen wird, erfährt der deutsche Shakespeare-Leser aus dieser Übersetzung nicht.)

Wenn man aus guten Gründen meint, das jedermann bestens bekannte Stück *Romeo und Julia* anders übersetzen zu müssen denn als lyrisches Gedicht, so wird dies zumeist als Kulturschande und Vergewaltigung des edlen Barden Shakespeare aufgefaßt – der Übersetzer spricht aus leidvoller Erfahrung. Da Shakespeares Text aber durch dieses tradierte

Vorverständnis einigermaßen beschädigt wird, bleibt dem Übersetzer nichts anderes übrig, als an dieser Stelle Shakespeare gegen seine Verteidiger zu verteidigen.

Das genannte gängige *Romeo-und-Julia*-Verständnis begreift Shakespeares Text, als wär's das Libretto der Westside-Story – als sentimentale Seelenoper, romantisch und rührend, schön traurig und tränenselig. Shakespeares Love-Story ist aber widerborstiger, welthaltiger und fragwürdiger komponiert: Sie ist ein üppig orchestriertes, wildes Konzert realistischer Stimmen in den widersprüchlichsten und schrillsten Tonarten über das Thema „Liebe" in allen Variationen und Facetten. Und einige dieser Tonlagen des Originaltextes sind ungewohnt für den, dessen Ohr auf den Schlegel-Ton gestimmt ist.

Am auffälligsten ist zunächst einmal die gnadenlose Kalauerei, Wortspielerei, Wortverdreherei, die diese klassische Tragödie über lange Passagen in die Nähe einer Komödie rückt.

Ein Wortwitz, ein sogenannter „pun", war zu Shakespeares Zeiten ein seriöser literarischer Kunstgriff. Die Wortspielmode hatte ihren Nährboden in der Mehrdeutigkeit zahlloser englischer Wörter. Ein „pun" konnte ein derbes, deftiges Geblödel nach Stammtischmanier sein, ein Kalauer oder genausogut ein phantasievolles Spiel mit der Sprache, ein geistesschnelles Umdeuten der Wörter, ein „display of wits", ein Spazierenführen des pfiffigen, gewitzten Geistes. Da mehrdeutige Wortspiele grundsätzlich die Mehrdeutigkeit der Welt spiegeln, sind sie keineswegs auf komische Situationen beschränkt: Shakespeare verwendet Wortverdrehungen, also „puns and quibbles", mit Vorliebe auch in tiefernsten Situationen. Aus den schwimmenden Doppeldeutigkeiten der Sprache konkreten Sinn zu schlagen galt zu seiner Zeit als seriöse Methode des Erkenntnisgewinns – eine Tradition, die im deutschen Sprachraum nie bestand, wo Ernstes per definitionem ernst zu sein hat und eben nicht Scherz, Satire, Ironie mit tieferer Bedeutung sein kann. Für den exzessiven Gebrauch von „puns" selbst in Augenblicken höchster seelischer Erschütterung der sprechenden Person wurde Shakespeare allerdings auch in England schon kurz nach seinen Lebzeiten getadelt. [...]

Wie immer man nun Wortspiele wertet, ob man sie als albern und schäbig empfindet oder als legitime Mittel zur Welterkenntnis – Shakespeare jedenfalls hat sie in *Romeo und Julia* exzessiv verwendet. Der Versuch, sie in ihrer ganzen ungebärdigen Bandbreite von grobschlächtig-derb bis raffiniert-subtil in einer Übersetzung wiederzugeben, steht zwar in Widerspruch zum gepflegten deutschen Shakespeare-Verständnis, aber nicht in Widerspruch zu Shakespeare.

Befremdlich ist zum anderen die beachtliche Menge an Verbalferkeleien, in denen das Stück sich gefällt; *Romeo und Julia* ist durchaus nicht jugendfrei – was übrigens bis auf den heutigen Tag zu einer Vielzahl gereinigter Ausgaben im prüden Amerika geführt hat; da mußten „Stellen" getilgt werden. Der *Romeo-und-Julia*-Text ist – die Wissenschaft hat's nachgezählt – im Gesamtkanon das Shakespeare-Stück mit den meisten Zoten. [...]

Kalkulierte Kontraste und Stilbrüche sind grundlegende Mittel der Shakespeareschen dramatischen Kunst, die immer auf Wirkung aus war – und der Praktiker Shakespeare wußte: Nichts wirkt fader als durchgehend empfindsames Gesäusel. Deftige, obszöne Gossenkalauer als Einleitung zu einer seelisch hochgespannten, sensiblen Szene, in der sich zaghaft und verwirrt zwei neuverliebte Kinder an das noch nie erlebte Gefühl der Liebe herantasten – ein recht gutes Beispiel für die eigentliche Spannweite des so oft beschworenen „großen Shakespeareschen Atems". Mancher Shakespeare-Verehrer hätte ihn gern etwas kurzatmiger. [...] *(670 Wörter)*

Frank Günther. „Aus der Übersetzerwerkstatt". In: Shakespeare. Romeo und Julia. Zweisprachige Ausgabe. Neu übersetzt und mit Anmerkungen versehen von Frank Günther. dtv München, 7. Auflage, 2001, S. 245–249.

(Rechtschreibung und Zeichensetzung folgen der Vorlage.) 20 BE

Lösungsvorschlag

A Text production

A1 Working with the text

The key points are:

- *Differences between the two texts: biased, derisive, sarcastic, aggressive versus factual, mildly ironic, more relaxed*
- *Warner: English language is under attack by globalization and the failure of the British education system*
- *Kuper: only people whose mother tongue is English speak the language properly, English is not under threat*
- *Warner: uses war metaphors, and other stylistic devices*
- *Kuper: refers to facts, quotes experts, fewer rhetorical devices*

Gerald Warner claims that the global use of English – especially in "computerised societies" (l. 5) dominated by mass media – as well as recent developments in education ("laissez-faire attitudes", l. 11) and the rise of a "management jargon" (l. 8) are seriously undermining the English language. That is why he calls for the establishment of an Academy of English, similar to the Académie Française.

The tone of his text, which is a direct appeal for action, is subjective, biased, polemic, outraged, and even belligerent.

Beginning with the heading, Warner points out the vital importance of the issue by directly addressing the reader: "We need […] to save our beautiful language". When in the opening paragraph he writes that the Academy of English "is both welcome and long overdue" (l. 2), he suggests that the establishment of such an academy is a general wish of society or at least of the readers.

To illustrate the urgency of the matter, the author constantly uses war metaphors, insinuating that the situation has become one of life and death, as the English language "is under unprecedented attack" (l. 4). The education system, which is supposed to be "the sturdiest bastion of correct practice" (l. 10), is failing to defend the English language. This development "has left the language of Shakespeare fighting for survival" (l. 14).

To show the reader who the enemy is, Warner is at pains to ridicule his opponents by employing expressions such as "hideous" (l. 23) and "infantile" (l. 24) (he refers to neologisms such as "spokesperson" (l. 23) here). One of his main targets is the educational system. To describe it he uses sarcasm and hyperbole, castigating the education system as consisting of "trendy educationalists [who have] created a situation, in which illiterate pupils have now been joined by a generation of largely illiterate teachers" (ll. 11–13).

To add further spice and colour to his arguments, Warner uses various rhetorical devices, for examples pejoratives such as "bastardisation" (l. 7) with its racist undertones alluding to racial impurity. The term "gibberish" (l. 8) is a strong onomatopoeic phrase and together with the comparison "nightmarish" (l. 8) it evokes darkness and destruction. It affects the reader on an emotional level and expresses the author's anger as well as his determination to fight. To strengthen the feelings the reader has for the English language Warner uses personification. The language "fend[s] for itself" (l. 4) and is "vulnerable" (l. 6). The reader is supposed to feel pity and to fight on the side of the language in danger.

The author's general criticism of the current political and educational system is stressed further by alliterations such as "the current crisis is state-sponsored" (l. 21, two alliterations) and "promoting politically correct Newspeak" (l. 22), the latter also being an allusion to George Orwell's *Nineteen Eighty-Four*, a novel dealing with the

misuse and corruption of language by an all-powerful state. Here Warner reflects the general fear in the reader of the "Orwellian State" in which freedom of expression and political freedom are annihilated.
Similar to Gerald Warner, Simon Kuper points out the shortcomings of international English as used by non-native speakers when he describes native English as a superior variety in a globalised English-speaking world. This idea is already shown by the heading "Why proper English rules OK", a rather colloquial term, by which the author also demonstrates a certain ease regarding the topic. To him, international English does not pose a threat, and consequently, in contrast to the belligerent tone of Warner's text, Kuper employs only mild irony.
Furthermore, Kuper adds credibility to his argument by referring to facts and by quoting various linguistic experts. Overall, his style is simpler and more factual than the complex, more literary style used by Warner.
As the heading implies, Kuper believes that English has evolved as the dominant and all-pervasive language of the world with native speakers being at an advantage ("English rules"). According to Kuper, the English spoken by non-native speakers often represents a rather "simple, dull, idiom-free version of English with a small vocabulary" (l. 60) referred to as "Globish" (l. 59).
To Kuper, "Globish" fails to convey the irony, allusions and references contained in "proper English" (l. 59) therefore making it rather unattractive to listen to. However, in contrast to Warner, he does not see the English language as being under threat. On the contrary: the English language is spreading. Here it is Kuper who uses military language: "English has been invading international settings" (l. 51). In this image English is the aggressor rather than the victim. But its victory is for the benefit of all of us: quoting Robert McCrum, Kuper points out that the world-wide use of English might lead to better communication, to "the end of Babel" (l. 58).
So all in all, Kuper conceives a simplified global variety of English as a positive development. However, when he passes on Nigel White's advice that "a half-day course can teach native speakers to speak slowly, without irony, and to bin confusing verbs like to 'to put up with' " (ll. 66/67) the reader cannot help but note a certain ironic detachment as regards the linguistic value of "Globish". On the other hand, Kuper also employs some self-irony when it comes to taking one's native language all too seriously explaining that non-native speakers of English are confused by the "British habit of not saying what you mean" (l. 63). *(905 words)*

A2 Composition

2.1 *The key points are:*

- *Description, reference to the given photomontage*
- *Different interpretations: change of eating habits, proliferation of American culture, exploitation of countries in the developing world*
- *Support views by referring to facts: history, spread of American (western) culture, globalization, problems of developing countries*
- *neutral or personal style*

The photo, actually a photomontage, shows an African woman in traditional dress carrying a huge hamburger on her head and an oversized coke can in her hand. It looks as if the woman is walking through very dry, barren land, with the hamburger and coke replacing the fire-wood and water the woman might normally be carrying.
To me this image could contain several messages. First, it could stand for the proliferation of American fast food culture throughout the world, with the coke and burger symbolising western dominance and the attractiveness of western or American life styles.

Given the fact that companies such as McDonald's and Coca-Cola can in fact be found almost everywhere on this planet, even in the poorest developing countries, the picture makes the viewer reflect on why these American products are so successful. Why are burgers and coke so attractive that they find their way into virtually each and every culture?

To me, there is no easy answer to this. I suppose that all around the world people are attracted by the ease with which fast food can be consumed. No forks, no knives, and just throwing away the box the food is served in. It is somehow luxurious (though of course outrageous) to do so, something carefree, something most people would not do at home, especially when they happen to grow up in fairly poor societies. So eating out at a burger restaurant might mean a (temporary) place in the western throwaway society, representing an affluence which allows such a carefree treatment of natural resources.

Let me elaborate on this a little further: fast food is typical of the American life style, at least as depicted in commercials all around the world. And as regards the global competition of values and products, American values still rate very highly. America is still seen as the most powerful nation, a superpower representing freedom, affluence and individual opportunity as symbolized by the American dream. And in this respect, coke and burgers are the culinary and symbolic representatives of that dream, the part of America you can consume at your doorstep, together with American TV series, music and fashion – even if you live in an impoverished society as portrayed in the picture.

On the other hand, there is also a more sinister side as regards the global domination of American food culture. Consequently, the given image could also stand for the exploitation of the developing world by global western companies extracting the countries' natural resources but leaving the population with (almost) nothing in return. In this respect the oversized burger might also be interpreted as a burden the inhabitants of the developing countries have to carry.

Just look critically at the production of beef, the main ingredient of burgers. To secure supply for the western markets, cattle ranching has been introduced in many parts of the developing world, with great areas of the rainforests being chopped down to make way for cattle, or cattle feed which is imported to Europe or America. All this uses up a lot of water, water the indigenous population needs, especially in dry areas as shown in the picture.

Another example of western exploitation of developing countries in order to secure our food supply is the fishing industry. European trawlers, after having more or less wiped out the fish population around their owns coasts, are now invading west African fishing grounds. Shady deals with corrupt African governments make that possible, at the expense of the native fishermen who, with their traditional fishing methods, do not stand a chance against the modern fishing fleets.

And there are many more examples: take the establishment of huge plantations to produce palm oil or biofuel for the world, mainly western markets. The monocultures run by international companies destroy the natural habitat of many species and prevent the native population from establishing their own agricultural businesses.

To sum things up, to ensure that fast-food chains can offer cheap burgers and that we have enough fish up on our shelves, at a "reasonable" price of course, or that we can alleviate our environmental consciousness by putting biofuel into our tanks, we allow western companies to rob developing countries of their natural resources. And we don't mind, as long as things are cheap, as long as the price is right, or do we?

(721 words)

2.2 *The key points are:*
- *Formal requirements of a letter to the editor:*
  - *Beginning: "Sir/Madam" or "Dear Editor" (US)*
  - *First sentence(s): reference to the article (e. g. author, date of publication, title) and the article's main message: Kuper's attitude towards "Globish", non-native speakers' use of English*
  - *End of the letter: name and where you come from (no "yours faithfully/ sincerely" necessary)*
- *Commenting on the importance of English as a lingua franca*
- *Stating your point of view: support, criticize, put into perspective*

Sir/Madam

I'm writing to you in response to the article by Simon Kuper from 8 October, which I consider fairly entertaining and, in part, a witty comment on the shortcomings of English as a lingua franca. However, being a non-native speaker of English myself, I do not quite appreciate Kuper's slightly condescending tone when it comes to the non-native's ability, or better, inability, to speak what he calls "proper English".

Sure, a native speaker has a lot more words and expressions at his disposal, he can crack jokes more easily, use puns, metaphoric language, in short more elevated language than we non-native speakers can. However, not all of us speak (or write) dull and boring English sounding as if it was generated by a computer. Neither do we all speak in monotonous and distracting accents. In fact, some British local accents sound at least as distracting, as even speakers of Standard English fail to understand them (fully). So Mr. Kuper should beware of such generalisations. He might come across a lot more arrogant and self-righteous than he intended to.

In his article, Kuper points out the importance of English as world language, and rightly so. English could indeed help to improve communication around the world, ushering in the "end of Babel" and consequently make our world a better place. Without a doubt the variety (or varieties) Kuper refers to as "Globish" (a term sounding rather unpleasant, if not derogative to me) acts as a lingua franca, but does that mean that it is just the cheap, debased and primitive off-spring of "proper English"?

One of the most famous writers in English literature is Joseph Conrad. He was born in Poland and learned English as a second language. This clearly shows that non-native speakers can master English to a very high degree, using metaphoric and idiomatic language. The same applies for the thousands of pop music bands worldwide, as well as filmmakers and artists, all of them communicating in English.

But you don't need to be a world-class writer or any other kind of artist in order to speak "proper" English. There are lots of scientists and other professionals who indeed communicate on a highly sophisticated level all around the globe, mastering technical terms which even a native speaker might not have heard of. Complicated machines like satellites are being operated, pilots of all nations land their planes safely only because they can communicate in English.

There are many more occasions where English serves as a lingua franca: e. g. tourism, a multi-billion dollar industry, or sports, which is just as important, economically and culturally. Both would not work without English as the one and only language (almost) everybody understands and can communicate in. International youth camps, furthering understanding between nations, would hardly work without English. Almost all international companies communicate in English as do important charity organizations operating on a world-wide scale. It does work, and that is what matters.

Furthermore, you cannot say that every version of English that is simplified or contains grammatical "mistakes" is "improper". Because English is a lingua franca, several varieties of English referred to as Pidgin or Creoles have developed around the world, e. g. in the Caribbean. Would you really denounce Bob Marley's lyrics (and music) as "improper"? I guess you wouldn't.
English has a great potential and the fact that the community of speakers and users is growing steadily (currently, some billion people are able to speak English) will surely enrich the language rather than create just a dull and impoverished version of it.
In fact, as a native speaker of English, Mr. Kuper should take pride in the fact that the world revolves around English and that the language is bringing people together on a global scale and perhaps, as I have already said, helps to make our world a better place.

Tobias (18), Dresden (Germany) *(647 words)*

2.3 *The key points are:*

- *Write <u>either</u> an article <u>or</u> fictional prose.*
- *Article: (mainly) formal style; should contain a headline; typical stylistic devices (e. g. rhetorical questions, comparisons, allusions, idioms …)*
- *Prose fiction: literary devices like interior monologue, stream of consciousness, elliptic sentences, allusions, quotations, formal and informal language, rhythmic elements, imagery, narrative perspective, setting*
- *Concentrate on a (self-chosen) theme: e. g. age of uncertainty and contradiction, age of technology, age of transparency, age of crisis …*
- *Include plausible arguments, facts, developments etc. to support the theme (This applies not only to the article, but to the fictional text as well. It makes your text more convincing.)*

Just another Monday in the age of uncertainty and contradiction
Henry woke up early. He didn't even have to set his alarm clock. He knew he was supposed to be up at least an hour earlier than normal.
But what is normal these days? Are there any certainties these days? Not really. Not anymore.
Ok, there must have been long and hard winters before. But this one? Quite unusual. Result of the climate change? Global warming? But Europe was getting colder, not warmer. To hell with all the sensationalist loudmouths, or scientists coming up with new theories every day, and politicians paying lip service as regards climate change. Nothing is certain. Explosion of facts and figures. But no certainty.
The global economic crisis, the financial crisis. Where is the difference? How did it happen? Who could foresee it? Nobody. Even the experts don't have a clue. Age of uncertainty.
The strain on the European Union. Will it break apart? (Who are the Europeans anyway? Ex-colonial powers, once ruling the world, imperialists, makers of the industrial revolution, but now being obliterated by the USA and China.) Losing our grip, losing power, losing coherence … things are falling apart.
Henry was worried. And confused. He was worrying about things all the time. Politics, the economy, the climate, the social coherence of society, the food people eat, the media, the health system … absolutely everything. What is right, and what is wrong?
A fast world, a changing world where you don't know what might happen next, where things are uncertain, where old alliances and securities have become null and void, where you might have a job today and join the dole queue tomorrow.
Henry put on his coat, boots and woolly cap. This winter was the coldest, and snowiest and longest in donkey's years. Time to clear the pedestrian way. At least he would get some exercise. Important, very important these days.

Be fit, look fit, feel fit: fit for life, fit for fun, fit for winter (sports). Body consciousness, good looks are important. Be strong. Work out in the gym, washboard stomach, six pack, biceps and triceps in perfect harmony, proper nutrition, protein, low-carb shakes. Well, the pressure is on. Constantly. The health craze, the food craze ("Go organic, take your supplements: you are what you eat."). – On the other hand: sharply rising figures of obese people, not caring at all. Not having the time to care, not having the money, the education? Confusing contradiction: Nutritional deprivation in the land of plenty. – On the other hand: we have never had it so good. But which direction are we heading? A healthy society? Or a society of the sick?
Henry had cleared away most of the snow by then. The newspaper boy (actually an elderly man trying to supplement his meagre pension) said hello. As a matter of fact, Henry felt a bit of a cultural conservative: he was still reading newspapers, printed matter that is, and real books, like his parents.
Of course he was on the internet every day, writing emails or looking things up, or just watching weird things on YouTube.
He was not on Facebook … yet.
I could live on Facebook, like so many others. Why go out into the real world? I could have a thousand friends on Facebook. Or be what I want to be, create my own identity. Unlimited freedom.
But then: Computer games, the surrogate of reality. People don't go out anymore. Stay indoors, in their own self-chosen private prison cells.
Others do the exact opposite: Engage in extreme sports, go on survival trips in South America. Outdoor activities being a craze, too. At least according to the media. Contradiction again. The real world? Where or what is it?
Uncertainty. How should I live? Are there only the extremes left?
What should I do? What is the right thing to do?
The net. Endless freedom, but under close surveillance. Leaving my electronic fingerprint everywhere. For all eternity. Because the net never forgets. But then, we all leave our tracks, don't we. Uncertainty. Should I be using the net at all?
I can be tracked down at any time by Big Brother. But they say we don't need to worry. We live in a democracy, don't we. So don't you worry. You've got nothing to hide, have you? And these cameras in public, and not so public places, closed-circuit TV. It's good for you. Guarantees your personal security. Helps to fight crime and terrorism. We can't do without. And you have got nothing to hide, … or have you? Give up your freedom to be free.
A contradiction in terms: "Freedom is slavery." Orwell.
Henry went back in and put on the kettle. Time for a cuppa. Time to get moving. Time for school. Start into a new week. Get ready for the real world.
Becoming an adult.
Learning to live with contradictions and uncertainties.
Learning to live.
Your life. *(825 words)*

B Translation/Mediation

B1 Translation

Stanley Wells: „Shakespeare, Sex und Liebe" (Ausschnitt aus einer Rezension)

Wenn es irgendeinen besonderen Aspekt in Shakespeares Werk gibt, der ihn gegenüber jedem anderen großen Schriftsteller auszeichnet, so ist es die erstaunliche Bandbreite seiner Auseinandersetzung mit Liebe und Sex. Diese großen Themen spielen nicht nur in praktisch jedem Theaterstück, das er geschrieben hat, eine herausragende Rolle, er behandelt darüber hinaus mit großer Freude am Detail ein solches Spektrum sexueller Erfahrungen, dass er Masters und Johnson geradezu armselig aussehen lässt. Von den überschwänglichsten Gefühlsausbrüchen im Stile Petrarcas bis hin zu den niedrigsten Körperfunktionen deckt er alles nur Erdenkliche ab. [...]
Wells prägnantes und elegant geschriebenes Buch beleuchtet hintersinnig und systematisch Shakespeares Anerkennung dessen, was es bedeutet ganz und gar menschlich zu sein, samt allen Höhen und Tiefen sowie[1] der unvermeidbar widersprüchlichen Natur unserer Existenz, besonders in Hinsicht auf die Thematik Sex und Liebe.
Es ist seine Überlegenheit auf diesem Gebiet, die ihn so sehr zum größten aller Schriftsteller macht, dass er seinen ärgsten Rivalen beim Kampf um die Dichterkrone[2], Charles Dickens, mühelos in den Schatten stellt.

Anmerkungen
1 Das „sowie" dient der besseren Lesbarkeit. (Stil)
2 Die Krone muss hier in Ihrem übertragenden Sinne gesehen werden. Der Begriff Dichterkrone trifft die Bedeutung im Originaltext am besten.

B2 Mediation

The text is written in a high brow-style. Probably you will have to read the text several times before you understand it properly. Then you have to break down what Günther says for your classmates. After you have identified the most important aspects of the text try to express them in a simple way.
The key points are:
- *in Schlegel's translation: love between Romeo and Juliet = spiritual rather than physical*
- *Frank Günther made a translation of the play himself (cf. source)*
- *original play contains several sexual connotations*
- *German audience = strongly influenced by Schlegel's translation → rejects translations that contain sexual aspects.*
- *many puns (often dirty and rather colloquial) = symbolize that many aspects in life can be interpreted on several levels and are deliberately used to create contrast*
- *play is written for adults*
- *to do Shakespeare justice and to get the full literary effect of his work, all aspects of the play have to be translated*

Frank Günther, who produced a new translation of Shakespeare's *Romeo and Juliet* himself, writes that in Germany, even those who have not seen the play on stage, or have not read it yet, are still deeply influenced by traditional, bowdlerized translations which have failed to come to terms with the diversity of Shakespeare's language.
He accuses especially Schlegel's translation of having removed many passages he considered improper or offensive, thereby turning *Romeo and Juliet* into a harmless, sentimental lyrical ballad. However, these cleaned-up translations still exert a considerable influence on the German audience and, as a result, more appropriate translations are often seen as a violation of Shakespeare's work.

Günther goes on to point out that Schlegel has not only obliterated the apparent sexual innuendos, but has also failed to do justice to one of Shakespeare's most remarkable literary techniques, the skilful and entertaining employment of puns and quibbles. It is for that reason that Schlegel's translation misses out on Shakespeare's display of wit and deliberate change in style. Günther claims that the rather saucy, wild and provocative statements add realistic and lively colour to Shakespeare's work and therefore must not be omitted.

Günther comes to the conclusion that *Romeo and Juliet* is indeed a piece intended for an adult audience and therefore any translation should try to include Shakespeare's complete stylistic scope, without making any concessions to "good taste" or public morals. *(233 words)*

Abiturprüfung Sachsen – Englisch Leistungskurs
Praktischer Prüfungsteil 2013 – Thema 1

Prüfungsteilnehmer A

Topic: School in Society

Your headmaster has called for students to contribute ideas towards promoting cooperation between your school and external partners.

Comment on the notices.

> Watercolour pictures, linocut prints and collages by A-level Art students re-exhibited in the local hospital from November 10th to December 10th.

> A-level language students have prepared topical city tours in English, French and Russian. The City Council welcomes this idea as a good example of cooperation.

Together with your partner discuss the mutual benefits of cooperation between schools and external partners. Try to develop realistic suggestions for your school.

Prüfungsteilnehmer B

Topic: School in Society

Your headmaster has called for students to contribute ideas towards promoting cooperation between your school and external partners.

Comment on the notices.

> Local firm advises students on running their own company at school and acts as main sponsor.

> A-level student writing research paper in Biology on the composition of blood, assisted by specialists from the local hospital where he is doing practical research.

Together with your partner discuss the mutual benefits of cooperation between schools and external partners. Try to develop realistic suggestions for your school.

Lösungsvorschläge

School in Society

JEREMIAS: Our topic is "School in Society", and we are supposed to contribute some realistic ideas about how our school could cooperate with external partners and to what extent our school could benefit from such a cooperation.

Now I have been given two notices about two projects where students have worked with external partners. The first one is a notice advertising an exhibition in which A-level art students show their work in a local hospital.

I should think this is quite interesting, because as an artist you do rely on an audience. If you paint, you don't just do so for yourself: you want to have people look at your work, be delighted, and – at least if you want to turn professional – you want people to buy it. So any exhibition which allows people to look at your products is helpful, and why not use a hospital as a venue? I can see the mutual benefit here. Hospitals are, more often than not, fairly dreary places. People are sick, they don't feel well, and as regards interior design, most hospitals look quite uninspiring, to say the least. Therefore, some lively art, made by young people, and hopefully not too depressive, might cheer people up. Give them something beautiful to look at. Why not create some art for hospitals, art that gives you a good feeling, keeps your mind busy, but on a positive plane. You know what I mean? That would be a real challenge and a good deed, too.

ANNALENA: I get your idea, but perhaps you should not really impose any restrictions on those students. As you know, the beauty of things lies in the eye of the beholder. What you might conceive as depressive, might just be a good and realistic representation of other people's feelings.

JEREMIAS: Yeah, perhaps you are right. But as a patient, I would rather look at something colourful, something positive, and anyway, why shouldn't artists be considering a specific audience, or place? Not just "l'art pour l'art", but art to achieve a certain effect such as the use of art in advertising or industrial design. It would open up some art students' perspective, you know, so that they could get a well-paying job with a company later on.

By the way, that connects nicely with the other notice I have been given. It's about making yourself useful, and perhaps even making some money, by using your language skills. You see, it's about A-level students working for the city council, offering topical city tours in different foreign languages. I think that's great, as you can practice your foreign language in a realistic, truly communicative setting. You don't speak to be graded by your teacher as we are doing right now, but to really inform people who have a genuine interest in what you have to say. Again, you use your skills to do something useful for others, namely the city council and the tourist, as well as for yourself. Even if you don't take up the job as a tourist guide for the rest of your life, you could still do that on the side, for instance when you go to university. And I guess it could be fun. If you are good and well prepared, you would get positive feedback in a real life situation, and when working out a tour, you might get to know your own town a lot better.

ANNALENA: Perhaps that is the major point here. Mutual benefit. Doing something for others and getting something in return. One of my notices says that there is a company that advises students on running their own company at school, and not only that, it also acts as main sponsor. It does not say what kind of company they have in mind, but I could think of a catering firm, providing sandwiches, drinks and so forth. You know, the typical "Schülerfirma", a students' company.

JEREMIAS: Sounds intriguing. These are things that school does not really prepare us for: the economy, economic thinking, thinking up strategies of how to sell your services, or your skills, or products like in my art project, on the market, how to earn a living, real life.

ANNALENA: Or just how to make things work. How to get yourself organized in a commercial context.

The other note I got is equally interesting. It's not so much about the economy, but finding a job in science, of finding out why the stuff you learn at school in the natural sciences might prove useful and rewarding. You see, the note is about an A-level student writing a research paper in biology on the composition of blood. He is assisted by specialists from the local hospital where he's doing practical research. Sounds like a BELL[1] to me, our "special project" we can do to replace one of our orals. So that one is quite practical, catching two birds with one stone, so to speak. As a future scientist, or medical doctor, you get some good insight into practical research, and as a student, you can hope for a good grade. And on top of that, your research might indeed be more than just a little exercise, it might in fact be relevant, if it is imbedded in a greater project. As far as I know, research on blood cells or other biological items is almost always done in research groups, often spanning the entire world. So in this context, such work might prove to be very fruitful to the student. It might even open the doors to something greater, helping to establish some useful contact with other scientists, or sponsors. You never know.

JEREMIAS: And for the other side it might be good because they can recruit some new scientific talent, junior scientific staff.

So we both agree that such projects with external partners, commercial or non-commercial, are of mutual benefit to all partners involved.

Now, how about some more realistic suggestions for our school. What other projects could we think of, which are both beneficial and realistic?

ANNALENA: How about our musicians performing in homes for the elderly, or the local hospice. Music is great for bringing happiness to those with a hard life. And our musical people would have the chance of playing for a real audience, …

JEREMIAS: … and experience the great benefit and joy music might bring, apart from the usual critical listeners such as teachers, fellow musicians, or parents who expect, or at least hope for, top performances.

ANNALENA: Right, it would be playing without the pressure, just to be enjoyed by others. In a real context, with a real, grateful audience.

JEREMIAS: It could be done either as charity, for free, or they could charge a little money from the institutions, or pass the hat around after the performance. And some students could start organising this on a more professional basis, with various groups, from solos, to duos, trios, up to an entire orchestra, playing in all sorts of places, perhaps even commercial ones, like restaurants, or at weddings, where you would earn some money.

ANNALENA: Good thinking. I believe it is important to look at the commercial side of things like how you can make money, because that is what makes the world go round. You cannot live on charity projects for the rest of your life. If you want to become a musician, you need to find a way to make ends meet.

JEREMIAS: Sure, but using your talent for charity does not hurt either. Still, you do have a point, "mutual benefit" could well mean that things also pay off financially.

Our musicians could perhaps also give lessons. Why not found our own music school, using the classrooms for giving lessons in the afternoon? Or during the lunch break? That would be great for students who think of taking up an instrument, but do not really want to attend a professional music school. They could try themselves out, at low cost … or at no cost at all, if we could find a commercial sponsor, or at least students whose parents have a small income could get lessons for free. But finding such a sponsor might prove difficult …

ANNALENA: But not impossible. Maybe we could find some more parents to act as sponsors. Anyway, I was thinking of a student firm which could run an extra tuition network, where, for a modest fee, they organize student tuition, with older or more advanced students helping those who need "a little help from a friend". Something that would be useful for those in need of extra tuition, and fruitful for those who run such a service. I mean, education is big business, and there are lots of commercial companies out there offering support for students. A student firm like this would prepare you to think in economic terms, think about supply and demand, think about qualifications. Perhaps you could even organize some training for your student teachers. Here the teachers of our school could come in. The school would benefit in terms of better students, better results, and less stress for the teachers. Of course it would be great if the teachers would get paid to train us. That's why a sponsor would come in handy. We could then perhaps offer something more substantial, more professional, and make it a real success.

JEREMIAS: I agree. All these projects should be supported by a professional external partner to help with money, and most of all, expertise.

ANNALENA: Or just providing facilities, like rooms, or equipment, like computers, projectors, teaching materials, or musical instruments …

JEREMIAS: But they should not just be asked to give something to us. We need to think of something we could give back in return.

ANNALENA: Right, but difficult to do since students cannot really act professionally, nor can they really produce anything that meets professional standards. We would need some good will on behalf of the companies in the first place, but as we have pointed out, they might profit in the long term.

JEREMIAS: Like boosting up their reputation, or finding recruits for their own company. But you are right: it's finding sponsors or partners who would be prepared to make a financial commitment, which is the difficult part.

ANNALENA: Yeah, that would be the first task on the list. Find out who could sponsor what, and I suppose at the end of the day it would be a matter of trial and error. We would have to send mails, try and establish contact.

JEREMIAS: That's right and find out about networks of support. Perhaps asking the parents might be useful because at least in principal, they should have a genuine interest in helping.

ANNALENA: Or they might know somebody who knows … It would definitely be worth a try.

(1804 words)

Anmerkung

1 *Besondere Lernleistung*

Abiturprüfung Sachsen – Englisch Leistungskurs
Praktischer Prüfungsteil 2013 – Thema 2

Prüfungsteilnehmer A

Topic: Equality

As an assignment in your English class you are expected to write and deliver a speech on the topic "Equality".

Comment on the results of this survey.

Earnings by degree and sex (for women and men in the US, ages 30–44, in 2007)

Degree	Median weekly earnings, **women**	Median weekly earnings, **men**
Doctoral	$ 1,243	$ 1,754
Master's	$ 1,126	$ 1,458
Bachelor's	$ 891	$ 1,200
High school graduate, no college	$ 542	$ 716

Age Groups	Women's % of Men's Earnings
20–24	92.9 %
25–34	88.7 %
35–44	77.4 %
45–54	73.6 %
55–64	75.3 %
65+	76.1 %

Data based on U. S. Bureau of Labor Statistics: Current Population Survey. Median Weekly Earnings of Full-time Wage and Salary Workers by Selected Characteristics, 2007.

Together with your partner(s) discuss the topic "Equality". Refer to different spheres of life. Plan a convincing speech.

Prüfungsteilnehmer B

Topic: Equality

As an assignment in your English class you are expected to write and deliver a speech on the topic “Equality”.

Comment on the results of this survey.

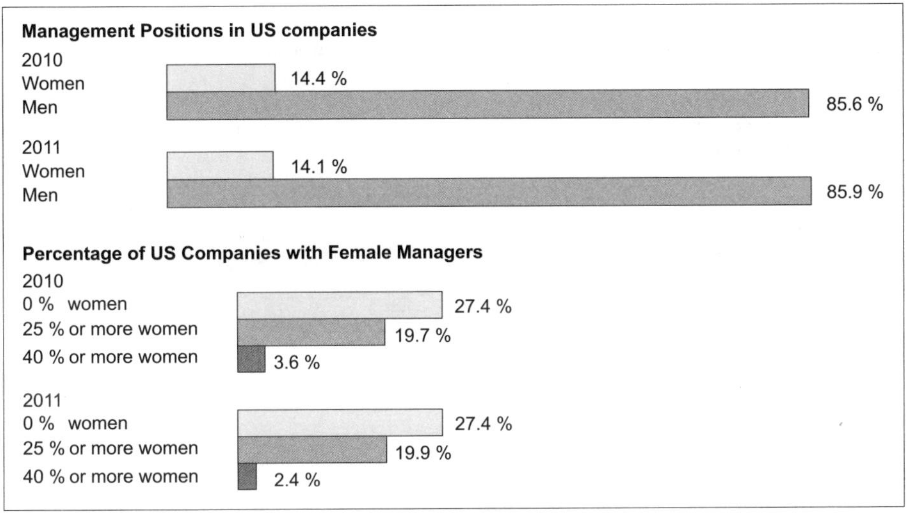

Source: Catalyst Quick Take: Statistical Overview of Women in the Workplace. New York: Catalyst, 2012.

Together with your partner(s) discuss the topic “Equality”. Refer to different spheres of life. Plan a convincing speech.

Prüfungsteilnehmer C

Topic: Equality

At an assignment in your English class you are expected to write and deliver a speech on the topic “Equality”.

Comment on the results of this survey.

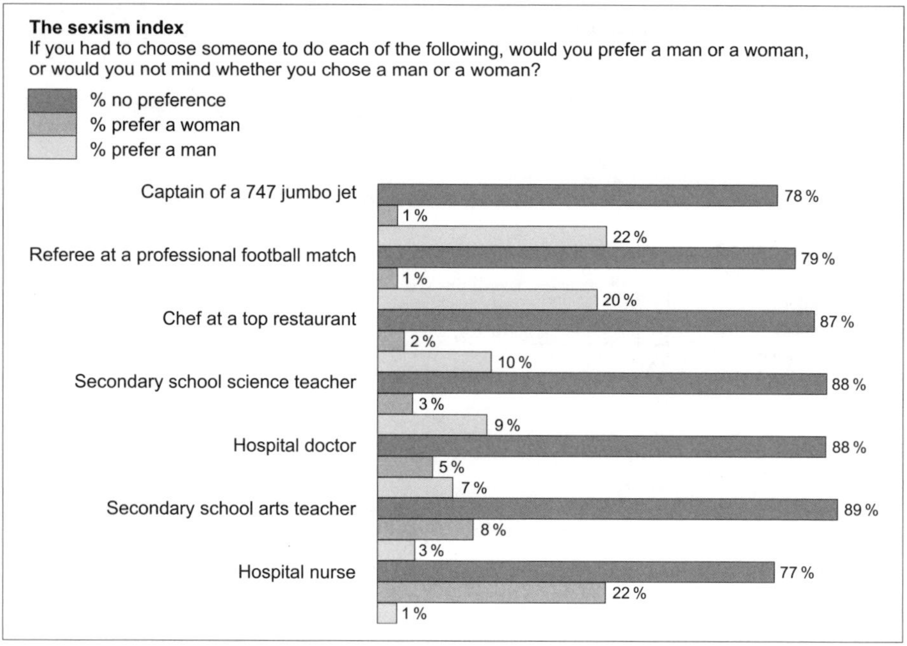

Source: Peter Kellner: Number cruncher: How sexist is Britain? In: Prospect, Issue 180, 23rd February 2011.

Together with your partner(s) discuss the topic “Equality”. Refer to different spheres of life. Plan a convincing speech.

Lösungsvorschläge

Equality

The representation of the values in the diagram for Test Participant C is distorted. This distortion can be included in the analysis.

Partner A: Alina

Right, here we go. We are supposed to write a speech on the topic "Equality" and deliver it as an assignment in our English class. Now, I have been given some statistics from 2007 about earnings by degree and sex for men and women aged 30 to 44 in the US. You will hardly find it surprising that academics with doctoral degrees are the top earners, closely followed by people holding a master's degree. Then come people with a Bachelor's degree. At the bottom of the table are people without a college education.

It also comes as no surprise that women earn considerably less for obviously doing the same job. The differences in weekly earning amounts to more than 500 dollars as regards people with a doctoral degree, which, if my calculation is correct, results in men getting almost 40 percent more pay than women. This more or less accounts for the other groups as well.

Another table shows the differences between the earnings of women related to that of their male counterparts in relationship to their respective age group.

Here it becomes obvious that young women, aged 20 to 24 receive about 93 percent of the men's earnings. However, this number gets smaller the older the women are. Funnily enough, with 73.6 percent the difference in the age group of the 45 to 54 year-olds is the greatest.

So this leaves us with two messages. Number one: the bad news, which is: women earn considerably less than men. Number two: there is hope, as the income gap, with "only" about 7 percent, doesn't seem to be quite so big as regards the younger generation, which is encouraging for the people who have just started a career.

Anyway, what matters is that women do not get the same pay for doing the same work. That's not fair and must not be tolerated. So that is definitely a point to be mentioned in our speech: the inequality as regards pay, which is one of the most significant forms of sexual discrimination, and I really wonder how companies and employers can get away with it. *(353 words)*

Partner B: Zita

I can't agree more. It is a scandal. But the facts you have just mentioned fit nicely into the statistics I have been given. They show that in US companies, in 2010 and 2011, management positions in companies were largely held by men, with 85.6 percent in 2010 and even more – 85.9 in 2011. So there has even been a slight dwindling in numbers of women in management. The same is true for the number of companies with 40 percent or more women as managers. In fact this number fell from 3.6 percent in 2010 to 2.4 percent in 2011. Quite a significant decline, which might allow the speculation that for whatever reason women find it harder to become managers these days. Although, of course, we do not have sufficient data, for example the numbers for 2012, to prove that this is a general development.

On the other hand, to me it is significant that companies with no female managers at all remained at a steady percentage of 27.4 percent. That's almost a third of all American companies.

To sum up, women are still largely underrepresented when it comes to managerial positions, or any of the top jobs in the economy. And that's of course true for every country on this planet, also for Germany where they have been discussing affirmative action to change things for the better.

So affirmative action as a tool against discrimination ought to be discussed in our speech. It's not enough to go on moaning and groaning about inequality. We should try to show a way out. *(262 words)*

Partner C: Luca

Well, I don't know if affirmative action is the right way, but I agree, the current state of affairs is not satisfactory, especially if you take into account that by now, in most western countries, if not all, women have at least as many academic degrees as men, and that they are as well qualified. The question I ask myself is: Why do they often apply for what are typically "female" jobs, if I may say so.

You see, my statistics, referred to as "The sexism index", show that, when it comes to jobs traditionally regarded as "a man's job" like flying a plane, or being a ref at a football match, significantly more people would prefer a man to a woman. It is the other way round, when referring to a job traditionally associated with women. The classic one being that of a hospital nurse. I mean, as far as I know, there isn't even a proper word for a male nurse. It's just "male nurse". Well, there we are then ... Anyway, the good news is that the great majority of people, between 89 and 77 percent, do not have any preference.

For our speech I would suggest that we should also consider traditional role models and expectations when it comes to women's position in society, and also discuss if there are genuine differences between men and women as regards job preferences. *(234 words)*

Discussion

ALINA: What do you mean?

LUCA: What I mean is that if you look at job preferences you still find rather few women taking degrees in technology, or engineering, or maths, or physics. Isn't that so?

ZITA: So you mean, that it is a man's world out there. I suppose numerically, you are right, but perhaps we should ask ourselves the question why that is so.

ALINA: I know that in other countries, there aren't such great differences. Perhaps our school system does not do enough to encourage girls to take up sciences and maths?

LUCA: I don't know. As far as I know there have been attempts to involve more girls in this field, by establishing extra natural science and maths classes for girls.

ALINA: Be that as it may, it is fact that nowadays, apart from some fields where women are underrepresented, women are as well qualified as men, but still earn less and do not get into the top jobs.

ZITA: True, that cannot be denied. And that's what we should focus on in our speech. Because that can and that must be changed.

ALINA: To quote Obama: "Yes, we can!"

LUCA : Only if we really want to. But I assume, men are not really willing to make way for women, that is, to give up their dominant position in society.

ZITA: That's why we need affirmative action. A law that forces companies to make a change.

LUCA: I don't agree. For the same reason, laws like this have not yet been implemented, or only partly. It must be up to the companies to decide who is running them. In a free economy, politics must not interfere with entrepreneurial decision making.

ZITA: I see, you are a real liberal then.

LUCA: Well, I don't know about that. But perhaps we can agree on other measures, like making it easier for women to reach top positions in society.

ALINA: Now, wait a minute. First we should agree that there must be equal pay, no matter what. That to me is not negotiable.

LUCA: We are in agreement. Equal pay is a must for any democratic society, and that can be enforced by law, or at least it should be. Equal pay for equal work.

ZITA: Right. Unequal pay is discrimination on the grounds of sex. And that's illegal. So that would be our starting point.

ALINA: And then, we have to talk about ways in which society can enable more women to reach top positions, as Luca has rightly suggested. How to make it possible to have a family and a good job.

JUCA: Something they seem to manage in France, or Scandinavian countries.

ZITA: Yes, we could point out some facts about countries where things are better than in Germany. By putting forward some convincing arguments we could show that things could work a lot better.

ALINA: Like hinting at the fact that Germany will soon face a shortage of qualified workers, so it would be indeed wise to improve working conditions for women.

LUCA: Good point. And closing the income gap would mean that more women would be motivated to find a job, and have a family as well.

ZITA: And men taking paternity leave, as younger men apparently do in growing numbers. By the way, would you, Luca?

LUCA: I would indeed. No problem, at least not for me. We could show that in the new generation, both men and women want to have a good life, that they are not prepared to sacrifice everything just for the sake of their jobs, and that this development is a positive one.

ALINA: I read about this tendency in young people as well. This might indeed be a great step forward towards equality, if both, men and women, concentrate on what is really important for them, not just on working as hard as they possibly can in order to earn as much as possible.

ZITA: Talking about a great step forward – why don't we include some of the historical landmarks as regards the development of sexual equality in order to show how far we have progressed on the one hand, and how far we are still lagging behind on the other hand. Did you know, for instance, that some 50 years ago, women in West Germany needed their husband's written consent to take on a job? Or he could go and terminate his wife's employment, if he wanted to.

ALINA: Sounds absolutely absurd to me.

ZITA: As absurd as receiving 30 percent less pay for doing the same job?

LUCA: True. That's a very good strategy, juxtaposing the "good old times", with all its overt sexism and discrimination with the injustices applying to today's situation.

ALINA: Yep. First we should make people think: Oh, yes, those were terrible times, but now … And then they realize that things are still absurdly bad, for instance when it comes to equal pay.

ZITA: And equal opportunity.

ALINA: And preconceived notions of what is a man's or a woman's job. *(841 words)*

Leerseiten verbilligen in diesem Fall die Herstellung des Buches!

Ihre Meinung ist uns wichtig!

Ihre Anregungen sind uns immer willkommen. Bitte informieren Sie uns mit diesem Schein über Ihre Verbesserungsvorschläge!

Titel-Nr.	Seite	Vorschlag

Bitte hier abtrennen

Bitte hier abtrennen

Zutreffendes bitte ankreuzen!

Die Absenderin/der Absender ist:

- ☐ Lehrer/in in den Klassenstufen: ______
- ☐ Fachbetreuer/in
  Fächer: ______
- ☐ Seminarlehrer/in
  Fächer: ______
- ☐ Regierungsfachberater/in
  Fächer: ______
- ☐ Oberstufenbetreuer/in
- ☐ Schulleiter/in
- ☐ Referendar/in, Termin 2. Staats-
  examen: ______
- ☐ Leiter/in Lehrerbibliothek
- ☐ Leiter/in Schülerbibliothek
- ☐ Sekretariat
- ☐ Eltern
- ☐ Schüler/in, Klasse: ______
- ☐ Sonstiges: ______

Unterrichtsfächer: (Bei Lehrkräften!)

______

STARK Verlag
Postfach 1852
85318 Freising

23_VDN

Bitte ausfüllen und im frankierten Umschlag an uns einsenden. Für Fensterkuverts geeignet.

Kennen Sie Ihre Kundennummer?
Bitte hier eintragen.

Absender (Bitte in Druckbuchstaben!)

Name/Vorname

Straße/Nr.

PLZ/Ort/Ortsteil

Telefon privat

Geburtsjahr

E-Mail

Schule/Schulstempel (Bitte immer angeben!)